Fr. Spiegel

Arische Studien

Erstes Heft

Fr. Spiegel

Arische Studien
Erstes Heft

ISBN/EAN: 9783742808035

Hergestellt in Europa, USA, Kanada, Australien, Japan

Cover: Foto ©Thomas Meinert / pixelio.de

Manufactured and distributed by brebook publishing software
(www.brebook.com)

Fr. Spiegel

Arische Studien

ARISCHE

STUDIEN

VON

FR. SPIEGEL.

ERSTES HEFT.

———————

LEIPZIG.
VERLAG VON WILHELM ENGELMANN.
1874.

I.

Beiträge zur altbaktrischen Grammatik.

Es will mir scheinen, als ob zwischen der Art und Weise, wie ich meine Aufgabe als Darsteller der altbaktrischen Grammatik gefasst habe, und den Ansichten vieler anderer Sprachforscher ein ziemlich beträchtlicher Unterschied bestehe. Ich schliesse dies — um von anderen Beweisen zu schweigen — besonders aus einer Aeusserung Schleichers (s. Kuhn, Beiträge 5, 373) in seiner Anzeige meiner altbaktrischen Grammatik: »Es ist eher noch, sagt er, dem Verfasser einer Schulgrammatik zu verzeihen, wenn er den alten Schlendrian über Gebühr beibehält; in einer Grammatik jedoch, die nur für Sprachforscher und solche, die es werden wollen, geschrieben ist, ist es durchaus nicht zu billigen, wenn z. B. die Lehre von der Bildung des Comparativs und Superlativs, der Zahlworte, der Causativstämme u. s. f., des Verbums, der Participia, des Infinitivs u. s. f. u. dgl. bei der sogenannten Flexionslehre, anstatt bei der Lehre von der Stammbildung ihren Platz findet.« So Schleicher und ich bezweifle nicht, dass wenigstens ein grosser Theil der gegenwärtigen Sprachforscher ihm vollkommen beistimmen wird. Was mich betrifft, so kann ich diese Worte meines verstorbenen Freundes nur anführen, um gegen sie zu protestiren. Ich habe keineswegs meine altbaktrische Grammatik nur für Sprachforscher oder solche, welche es werden wollen, zu schreiben beabsichtigt, ja nicht einmal vorzugsweise für diese. Als Verfasser der ersten ausführlichen Darstellung der altbaktrischen Grammatik glaubte ich allerdings, dass meine Aufgabe der einer Schulgrammatik ähnlich, jedenfalls eine rein philologische und keine linguistische sei. Es handelte sich darum, vor Allem eine sichere Grundlage zu schaffen, dafür zu sorgen, dass die altbaktrische Sprache studirt werden könne wie jede andere Sprache. Die erste Aufgabe war also natürlich: die alt-

baktrischen Spracherscheinungen richtig zu beobachten und möglichst vollständig zu sammeln. Allerdings war mir in dieser
Hinsicht die Grammatik von Justi von grossem Nutzen, doch
musste ich die in ihr gegebenen Daten prüfen und wo möglich vervollständigen. Die zweite Aufgabe, die mir zufiel, war:
das gefundene Material in der Weise darzustellen, dass die einzelnen Spracherscheinungen in einander griffen und die altbaktrische Sprache als selbständiges, lebenskräftiges Sprachindividuum
hervortrat. Aus diesem Grunde musste die Sprache möglichst für
sich selbst und zwar allein sprechen; Vergleichung anderer Sprachstämme habe ich vermieden, auch wo sie nahe lag, um nicht die
ohnehin mehr als billig verbreitete Meinung zu fördern, es be-
dürfe das Altbaktrische fremder Krücken, um sich bewegen zu
können. Die dritte Aufgabe endlich, welche ich mir zu lösen
vorgenommen hatte, war allerdings eine vergleichende, aber nur
eine Vergleichung innerhalb des éranischen Sprachstammes.
Nachdem das Altbaktrische als selbständiges Sprachindividuum erkannt war, musste dasselbe mit seinen nächsten Verwandten verglichen werden, damit in demselben das specifisch Eranische ermittelt werde; mit den übrigen éranischen Grammatiken suchte
ich also das Altbaktrische zu verbinden und namentlich an meine
Darstellung des Altpersischen anzuschliessen. Indem ich also
meine Aufgabe auf die philologische Seite beschränkte, glaubte
ich auch der Linguistik den grössten Dienst zu leisten; denn es
ist meine Ueberzeugung, dass diese nur zuverlässig ist, wenn sie
auf fester philologischer Unterlage beruht. Dass die Linguisten
den gesammelten Stoff nun auch ihren Bedürfnissen gemäss zu
ordnen suchten, wie diess seitdem von Hovelaque geschehen ist,
habe ich natürlich gefunden, aber für meine Aufgabe habe ich
angesehen, mich von allen linguistischen Systemen fern zu halten.
Wir muthen natürlich den Linguisten nicht zu, dass sie es selbst
unternehmen sollen, die altéranische Grammatik in Ordnung zu
bringen; unbegreiflich aber finden wir es, dass sie so wenig Gewicht auf eine objective philologische Darstellung dieser Grammatik legen und es sogar lieber sehen, wenn bei dieser Arbeit
von bestimmten linguistischen Voraussetzungen ausgegangen wird.
Nach dieser Methode hört der Linguist allerdings am ehesten,
was er zu hören wünscht, ob aber auf diese Art immer die Wahrheit zu Worte kommt, ist eine andere Frage.

Ich beabsichtige nun, hier nach und nach eine Anzahl Bemerkungen über die altbaktrische Grammatik niederzulegen, theils solche, in welchen ich meine früher ausgesprochenen Ansichten gegen inzwischen laut gewordene Einwürfe zu vertheidigen suche, theils solche, wo ich, durch fremde Belehrung oder eigene Erfahrung veranlasst, meine in der altbaktrischen Grammatik vertretene Ansicht geändert habe. Dabei werde ich mich bestreben, meinen eben ausgesprochenen Grundsätzen treu zu bleiben, und mich besonders bemühen, den êranischen Sprachen zu der Mitwirkung zu verhelfen, zu welcher sie berechtigt sind. Es ist die Herbeiziehung der êranischen Sprachen für das richtige Verständniss des Avesta von grösstem Werthe, die Erfahrung lehrt, dass sie bis jetzt über Gebühr vernachlässigt worden sind.

I. Zur altbaktrischen Lautlehre.

Ehe wir zu den Einzelnheiten übergehen, dürfte es angemessen sein, eine Frage allgemeinerer Art zu erledigen: die Frage, wie wir die altbaktrischen Zeichen in lateinische umschreiben sollen? Am Schlusse der Vorrede meiner altbaktrischen Grammatik habe ich bereits zugestanden, dass meine bisherige Art, das Altbaktrische zu umschreiben, mir unzulänglich scheine, zugleich aber auch erklärt, bei derselben verharren zu wollen, bis eine andere gefunden sei, welche nicht blos wissenschaftlich haltbar, sondern auch praktisch durchführbar sei. Das System, nach welchem ich das Altbaktrische noch immer umschreibe, ist im Wesentlichen das System Burnoufs, und man hat es auffallend gefunden, dass ich mich dabei beruhigen könne, da ich mehrere Laute anders bestimme als Burnouf, folglich auch seine Umschreibung für mich nicht mehr passe. Die Sache ist, dass ich über den Zweck der Umschreibung eine etwas andere Ansicht habe als die jetzt gewöhnliche; diese will ich nun mit einigen Worten näher angeben.

Es ist nicht nöthig, hier eine Geschichte der Umschreibung asiatischer Laute in europäische Zeichen zu geben, wer nach einer solchen sucht, den darf man auf Lepsius' Standard Alphabet, p. 30 flg. (2. Aufl.) verweisen, wo er sie finden wird. Es wird daraus erhellen, dass die älteren Versuche, welche von der Zeit W. Jones' an gemacht wurden, durchaus von der Philologie ausgingen. Es handelte sich immer nur um gewisse Culturspraechen,

wie das Sanskrit und das Arabische, man betrachtete die Umschreibung in europäische Zeichen nur als einen Nothbehelf, um
sich derselben zu bedienen, weil die Originalschrift der betreffenden Sprache nicht zugänglich oder aus sonst einem Grunde
ihre Benutzung nicht rathsam war.   Es ist diess der Standpunkt, den der Philologe eigentlich immer einnehmen muss.
Die philologische Thätigkeit ist in sehr vielen Fällen an die einheimische Schrift gebunden, es ist bei vielen ihrer Operationen
unerlässlich, dieselbe zu kennen; wenn also das einheimische
Alphabet in der Art umschrieben ist, dass man mit Sicherheit
das europäische Lautzeichen in das ihm entsprechende einheimische zurückübersetzen kann, so ist den philologischen Bedürfnissen Genüge geleistet, und diess war es, worauf die älteren
Umschreibungen hinarbeiteten.   So blieben die Dinge bis zum
Jahr 1853.   In diesem Jahre begannen in England die Versuche,
ein standard alphabet oder, wie man bald auch sagte, ein lin-
guistisches Alphabet aufzustellen; über dieselben geben die Schriften von M. Müller Proposals for a Missionary alphabet, London
1854) und von R. Lepsius (Standard Alphabet for reducing un-
written languages and foreign graphic systems 2. ed. London u.
Berlin 1863) ausführlich Nachricht.   Der Zweck dieser neueren
Versuche war von dem der älteren ganz verschieden.   Nicht
philologische, sondern Missionszwecke gaben in erster Linie die
Anregung zu diesen Versuchen.   Es handelte sich nicht um die
Wiedergabe dieses oder jenes Alphabetes, sondern vor Allem um
ein Alphabet, mit dem man auch Sprachen schreiben könne, die
niemals eine Schrift besessen haben.   Ueberhaupt handelte es sich
in dem neuen Alphabete nicht um die Wiedergabe dieser oder
jener Laute, sondern um Bezeichnung aller Laute, welche mit
menschlicher Stimme hervorgebracht werden können.   Diese Aufgabe ist keine philologische, nur die Physiologie im Vereine mit
der Linguistik vermochte sie zu lösen; man hat daher dieses
Alphabet mit Recht das linguistische genannt.   Obwol nun Philologie und Linguistik Vieles mit einander gemein haben, so
treffen doch ihre Interessen nicht immer zusammen; daher darf
man immer erst fragen, ob die Philologie es auch angemessen
findet, sich dem linguistischen Alphabete anzubequemen.   Theo-
retisch gesprochen, glaube ich, dass sie es kann und sogar soll.
Wenn auch die Philologie sich nicht gut von dem einheimischen

Alphabete abtrennen kann, so kann es doch auch ihr nicht
gleichgültig sein, ob ein Zeichen mit dem richtigen Aequivalente
wiedergegeben wird oder nicht; dabei sind andere Vortheile ganz
augenscheinlich, welche aus der erzielten Gleichmässigkeit der
Umschreibung entspringen. Eine Vorbedingung aber wäre, dass
man in allen Druckereien die nöthigen Zeichen für das linguistische Alphabet vorfände. Diess ist nicht der Fall, und so lange
diess nicht der Fall ist, dürfte es gerathen sein, an der herkömmlichen Art der Umschreibung möglichst wenig zu ändern. Man
muss eben die lateinischen Zeichen nicht als einen genauen lautlichen Ersatz des Einheimischen ansehen, sondern mehr als ein
Erinnerungszeichen, welches uns das letztere in das Gedächtniss
zurückrufen soll.

a. a á = â.

Joh. Schmidt (zur Geschichte des indogerm. Vocalismus I, 10)
findet es mit Recht unklar, warum ich in meiner altbaktrischen
Grammatik § 19) dem Zeichen, das man gewöhnlich mit añ oder
ã umschreibt, die Aussprache des â zuschreibe. Ich konnte an
jenem Orte, ohne zu weitläufig zu werden, meine Ansicht nicht
näher begründen, glaube aber nichts desto weniger gute Gründe
für dieselbe zu haben. Ein solcher Grund ist wol, dass es wahrscheinlich ist, das Altbaktrische werde, nachdem es einmal den
ursprünglichen â Laut nicht überall festhielt, sondern an vielen
Stellen ê dafür eintreten liess, auch ein aus â entstandenes â
gehabt haben, ganz wie auch das Griechische das sanskritische
â durch a, η, ω wiedergiebt. Für sich allein möchte dieser
Grund wol zu schwach sein, aber folgende Thatsachen werden
ihn verstärken. Betrachten wir das Neupersische, so erfahren wir,
dass diese neue éranische Sprache den â Laut nicht festgehalten
hat. Chodzko in seiner grammaire persane, § 10, sagt darüber
Folgendes: L'elif loug, ¹ â, des Persans marque une articulation
prolongée et emphatique qui ressemble au aô français dans le
mot Saône. Ils n'ont, dans leur langue, aucun son identique
avec celui de nôtre a. En général, les Persans se plaisent, en
parlant, à faire sentir le son prolongé de cette voyelle. Les na-
tifs de la province de Fars, qui passent pour avoir le mieux con-
servé la tradition de la vraie prononciation des Iraniens, articu-

leut l'elif lung comme oû. Aussi prononceront ils ڭ noûn »pain«;
بی beyoû »vieux«, ماه moûhoû »o lune«, que les personnes
de la cour de Téhéran prononcent nân, beyâ et mâhâ. In Uebereinstimmung mit dieser Mittheilung schreibt Tornauw in seiner
Darstellung des moslemischen Rechts consequent ô statt â. Dass
diese Abneigung vor dem reinen â schon alt ist, das zeigen uns
schon die Gâthâs (cf. meine altb. Gramm. Anh. § 5. Anm.).
Dort finden wir khshnu statt khshnâ, wissen, du statt dâ
geben, unter den von letzterer Wurzel abstammenden Formen ist
besonders daduyê, Yç. 45, 15 zu bemerken, wo das a in der Re-
duplicationssilbe geblieben ist. Im gewöhnlichen Dialecte ist wol
thru eine bloße Spielart von thrâ. Was nun aber den Voral aû
betrifft, so finden wir die Wurzelformen thrañç und thruç wechseln (cf. meine Varianten zu Vd. 14, 9. 16, 144), ferner finden
wir gerade in den besten Handschriften die Formen thrishaûm,
cathrushaûm, pañgtaghaûm für thrishûm, cathrushûm, pañgtaghûm
(cf. die Varianten z. H. zu Vd. 8, 69. 16, 7 in meiner Ausgabe). Daraus geht hervor, dass aû und û sehr ähnlich gelautet
haben müssen. Ferner verweise ich auf die Accusative naréus,
çtréus (vgl. meine altb. Gramm. §§ 27. 116), die ich nicht anders
zu erklären vermag, als dass das ursprüngliche aû von naraûs,
çtraûs in éu aufgelöst worden ist. Zum Schlusse mag noch die
hebräische Schreibung הינד für Indien erwähnt werden, wofür das
Altpersische hindus, das Altbaktrische heñdu hat.

b. Ueber die ancipites ô, ọ, ṛ.

Fr. Müller hat im dritten Hefte seiner Zendstudien zunächst
den Vocal einer näheren Prüfung unterzogen, welchen ich gewöhnlich (nach Burnoufs Vorgange) mit ô umschreibe und von
dem ich (altb. Gramm. § 11) gesagt habe, dass er bald kurz,
bald lang sei. In dieser Ansicht hat mir auch Hovelaque bei-
gestimmt (grammaire de la langue zende p. 2, und Revue linguistique 5, 291 flg.), wenn auch mit einigem Vorbehalte und
mit Modificationen. Müller dagegen kommt zu dem Ergebnisse,
es sei dieses ô durchweg als kurzer Vocal zu bezeichnen und er
stützt sich für seine Annahme auf folgende Gründe. Erstens
steht ô an solchen Stellen, wo in den verwandten Sprachen ein
kurzes a steht, wie môuru, altp. margu; pôuru, altp. paru, gr.

πολύ; môshu = skr. maxu y. s. w. Zweitens findet man ó
wieder in dem Diphthonge ói, dieser aber ist, wie sich leicht
zeigen lässt, mit ac durchaus identisch, wir finden also auch
hier an der Stelle des ó ein kurzes a. Wenn ó dann weiter im
Nominativ sg. der Wörter auf a vorkommt, wie z. B.
baghô, so ist zu bemerken, dass diese Nominative aus einem ältern
baghah = altp. baga(h) entstanden sind, deren h später abfiel,
ó steht also auch hier einem a gegenüber, nicht etwa dem sanskritischen as, wie man früher glaubte, und es ist klar, dass sich
a in ó verdunkelt hat, darum braucht es aber nicht auch verlängert zu sein. Ferner, wenn sich ó statt a bei männlichen wie
weiblichen Themen auf a findet, welche den ersten Theil eines
Compositums bilden, so giebt uns auch diess keinen Grund, ó für
lang zu halten, denn wir sehen hier eben keine andere Erscheinung, als wie in gr. ἱπποκόμος, γαιομέτρης u. a. m. Endlich mit
den Wörtern auf an, wie ρρô-jata u. s. w., verhält es sich ähnlich wie mit den Nominativen auf as: das n ist abgefallen und
das a wurde verdunkelt, aber nicht verlängert.

Mit allen diesen Angaben bin ich vollkommen einverstanden
und ich brauche eben nur noch diejenigen Gründe hinzuzufügen,
welche mich bestimmen, ó zuweilen für lang zu halten. Hier
berufe ich mich vor Allem auf die Gâthâs, in diesen ist es bekanntlich die Regel, dass ein auslautender Vocal verlängert wird,
dass für a, e, i, u die Vocale â, ê, î, û eintreten. Dagegen bleibt ó
unverändert und wir müssen darum schliessen, dass ó auch lang
sein kann. Verstärkt wird dieser Grund noch durch das Wort
jyôtu, welches in den Gâthâs im acc. sg. jyôtûm bildet (z. B.
Yç. 31, 15. 32, 12), im gen. sg. jyâtêus (Yç. 32, 9. 15, 4), es
entspricht also hier das ó dem â. Ganz dasselbe ist im gewöhnlichen Dialecte der Fall mit vîdôtus, abl. sg. vîdâtaoî.

Der Vocal ę, den ich in meiner altb. Grammatik (§ 43)
gleichfalls als bald lang, bald kurz betrachtet habe, geht dem ó
ziemlich parallel und es ist darum nur consequent, wenn Müller
auch ę für durchaus kurz hält. Ganz sichere Beispiele von ę für
â sind allerdings schwer zu finden, ein solches ist jedoch âγχçê
für âγàçè, darum möchte ich auch in diesem Punkte meine Ansicht nicht aufgeben.

Ueber den Vocal ǫ äussert sich Müller nicht weiter, wohl
aber Hovelaque (a. a. O. 5, 293), welcher glaubt, der Unter-

schied sei blos graphisch. Meinen eignen Zweifel habe ich in der Altb. Grammatik § 14 init. zwar angedeutet, aber wol zu kurz, als dass ich glauben dürfte verstanden worden zu sein. Es ist kein Zweifel, dass o am häufigsten vorkommt in der Verbindung ao, es fragt sich aber eben, ob es auf diese Verbindung beschränkt ist. Dieses ist der Fall, wenn man wie ich (und auch Müller theilt diese Ansicht) die Schreibarten vouru, pouru, moghu, die mit den Varianten vaouru, paouru u. s. w. vorkommen, für fehlerhaft hält. Anderer Ansicht ist offenbar Westergaard, denn er hat die Formen vouru, pouru, moghu in seinen Text aufgenommen. Hier hätten wir also eine Parallele zu e. Was mich stört, ist, dass die Schreibart nicht durchgeführt wurde, man sieht nicht ein, warum dann nicht auch mouru, jyotu, vidotu geschrieben werden sollte, diess erlauben uns aber die Handschriften nicht zu thun. Auf jeden Fall ist diese Anwendung des o, wenn sie je in Gebrauch war, von den Parsen selbst bald vergessen worden.

Was die Umschreibung durch ô, o, e anbetrifft, so überheben mich wol die oben bezüglich der Umschreibung dargelegten Ansichten der Nothwendigkeit, hier nochmals ausführlich auf sie einzugehen.

c. Ueber den Buchstaben l im Altérānischen.

Die Ansicht, dass in den altérānischen Dialekten das l fehlt, ist ziemlich verbreitet und keineswegs neu. Für das Altbaktrische bemerkt schon Burnouf (Yaçna Alph. p. LXXVIII) bei Gelegenheit des r: Nous serons remarquer en outre que ce signe remplace non-seulement le r dévanagari, mais même le l, liquide que ne possède pas le zend. Später hat Burnouf (Notes et Ecl. p. XLVIII) in einer besonderen Note: sur l'absence de la lettre l en Zend, seine Ansicht ausführlich begründet. Bopp in der vergleichenden Grammatik (§ 15) findet es zwar merkwürdig, dass dem Altbaktrischen das l fehlt, da doch das Neupersische dasselbe besitzt, bezweifelt aber offenbar die Richtigkeit der Angabe nicht im mindesten. Als das Altpersische bekannt wurde, da fand man es ganz natürlich, dass sich auch dort kein l zeigte. Schon Lassen (Zeitschrift für Kunde des Morgenlandes 6, 503) nahm an, dass auch das Altpersische das l entbehre, ebenso

Rawlinson (Journal of the R. As. Society 10, 115), letzterer äussert sich wie folgt: The impossibility of articulating the l was, I believe, peculiar to the early Persian branches of the Arian family. It continued as a striking orthographical defect in the Zend. as well as in the language of the inscriptions and it was owing probably to the influence of Semitic intercourse alone that it was eventually overcome. Dasselbe wie für das Altéränische galt auch für die mitteléräuische Huzvâreshsprache. Diese Sprache zeigt zwar ein l, dasselbe ist aber, wie schon J. Müller (Essai sur le pehlvi, p. 324) bemerkte, von dem r nicht scharf geschieden, da die Sprache den Laut eben erst gewonnen hatte. In der That steht zumeist r oder auch n, wo man ein l erwartet; in den ältesten Handschriften tritt l nur selten auf und erst in jüngeren ist es in beständiger Zunahme begriffen.

Neben dieser älteren Ansicht hat sich nun nach und nach eine andere entwickelt, welche das Fehlen des l bezweifelt. Für das Altbaktrische hat Lepsius das Vorkommen dieses Buchstabens behauptet (das ursprüngliche Zendalphabet, p. 326 flg.). Er stützt sich auf das Vorkommen des Zeichens für l in den Parsenalphabeten und in einigen ostéränischen Eigennamen bei Ptolemaeus und Strabo, wie des Stammes Σαλατάραι, der Stadt Ἁλιχόδρα in Baktrien, der Αὐγαλοί und der Stadt Χολβίσίνα in Sogdiana, Ταλαβρόχη in Hyrkanien. Für das Altpersische hatte schon Oppert in seiner Erstlingsschrift über das altpersische Lautsystem (p. 15) seine Zweifel erklärt, ob das l nicht diesem Dialekte doch zukomme, wegen der Eigennamen Τάβαλος und Ηανθαλαῖοι (vgl. Herod. 1, 125. 153). In neuerer Zeit hat er sich nun mit grösserer Bestimmtheit für das altpersische l erklärt (Revue de Linguistique 1, 205, und mehrere Namen bei Ktesias, wie Melonta, beigefügt, ferner die Namen der beiden Söhne Hamans, Delphon und Adalia aus dem Buche Esther. Er erinnert endlich an einige als altpersisch von den Alten überlieferte Wörter wie ἀβλταχα u. s. w. Schwer wiegen ihm auch die vielen neupersischen Wörter mit l, in welchen dieses l dem gleichen indogermanischen Buchstaben entspricht, doch ist bis jetzt keines dieser Wörter im Altéränischen nachweisbar.

Gegenüber diesen zwei verschiedenen Ansichten habe ich (vgl. Kuhn, Beitr. 4, 305, altb. Gr. § 44) einen Mittelweg eingeschlagen: ich glaube nämlich, dass die Eränier zwar ein l hatten, dass ihnen dieses

aber nicht so weit zum Bewusstsein gekommen war, um es in
der Schrift auszudrücken. Darin beirrt mich nicht, dass Masudi
(vgl. Lepsius l. c. p. 338) uns belehrt, die Avestaschrift habe
aus 60 Zeichen bestanden und dass wir mithin nicht alle Zeichen
dieser Schrift kennen, denn Masudi sagt uns auch ausdrücklich,
diese Schrift sei nicht ausschliesslich für die Avestasprache bestimmt gewesen. Besass die Schrift also ein l, so folgt daraus
nicht, dass auch die Avestasprache ein solches gehabt haben
müsse. Auffallend genug wäre es, wenn dieser Buchstabe wirklich vorhanden war, dass derselbe in den nicht so unbeträchtli-
chen Ueberresten des Altbaktrischen gar nicht vorkäme, ja sogar
in dem Worte bawri für Babylon durch r vertreten würde. Was
das Altpersische betrifft, so finden wir dieselbe Erscheinung.
Für בבל, Βαβυλών, giebt der altpersische Text bâbiruš, für Ἄρβηλα,
assyr. Ar-ba-il, finden wir Arbirâ oder Arbairâ, endlich für
Λαβύνητος steht im Altpersischen Nabunita. Dass n und r sich
in der Aussprache nahe gestanden haben müssen, erweist auch
die Vergleichung des Namens Nabukadracara mit hebr. Nebu-
kadnezar und Ναβουδοχονόσορ. Ich vermuthe, dass den alten
Persern das l bald wie ein r, bald wie ein n geklungen habe.
Dies bestätigt auch das Huzvâresh, wo wir r und n als Vertreter von r, l finden. Zu beachten ist auch, dass das Armenische, obwol es ein l besitzt, das griech. λ nicht durch diesen
Buchstaben bezeichnet, sondern durch einen andern, den wir gh
zu lesen gelehrt werden.

Den stärksten Einwand indess, den man gegen das Fehlen
des l im Altpersischen vorgebracht hat, müssen wir noch erwähnen. In den Inschriften des Darius findet sich nämlich dreimal der sonst nicht vorkommende Buchstabe ►E◄ und dieser ist
es, den man aus nicht zu verachtenden Gründen l lesen wollte.
Es wird indessen nöthig sein, über dieses Zeichen etwas ausführlicher zu sprechen. Wir finden dasselbe zweimal in dem
Namen eines Armeniers, beide Male in der Inschrift von Be-
histân (3, 78), es ist diess der Name, den wir Handita gelesen
haben. Das dritte Mal findet sich dasselbe Zeichen in dem an-
scheinend babylonischen Namen Dubâla an derselben Stelle
(3, 78). Wie man sieht, kommt dieser Buchstabe dreimal in derselben Zeile vor, sonst nirgends, es ist daher von Interesse zu
wissen, wie es mit dieser Stelle steht. In seinen kritischen Noten

zu der Behistân-Inschrift äussert sich Rawlinson Jour. R. A. S.
10, LV) wie folgt: I examined the rock with the utmost care,
and found that the signs, as far as I could trace them, would
admit of arrangement into no other character but ▶⊏⫼; an
identification at the same time which I should have supposed im-
possible (for the letter ▶⊏⫼ belongs to the Median, and not to
the Persian alphabet) had I not met with apparently the same
character, in a name immediately following. Certainty is not to
be obtained, for in both cases the surface of the rock is slightly
injured; but the repetition tends, I think, to a mutual verifica-
tion. In seinen Bemerkungen über das Alphabet (l. e. 10, 134
liest nun Rawlinson diesen Buchstaben n, weil er in den saki-
schen Inschriften bestimmt diesen Lautwerth hat, und glaubt, man
habe das Zeichen aus dem Alphabete zweiter Gattung herüber-
genommen, um damit einen Laut auszudrücken, den man im
Altpersischen nicht auszudrücken wusste. Dieser Laut könnte
eben l gewesen sein. Diese Bemerkungen Rawlinsons haben
Oppert in seiner Ausgabe der Achämeniden-Inschriften zu der
Vermuthung veranlasst, es möge ▶⊏⫼ eine falsche Lesart sein für
⊏⫼, r; diese Vermuthung ist von Westergaard angenommen
worden, unter der Voraussetzung, dass der Name ursprünglich
Haklita lautete und l durch r ausgedrückt werden musste. Nach
erneuerter Durchsicht der Behistân-Inschrift auf dem Felsen selbst
äussert sich Rawlinson Jour. R. As. Soc. 12, V) über Bh. 3,
78 nur wie folgt: For Nañditahyâ read Haûditahyâ, the initial
letter being h and the following character ▶⊏⫼, which also oc-
curs in Dubâla. Vielleicht habe ich in meiner Ausgabe dieser
Inschriften in der Note zu der Stelle die spätere Aeusserung
Rawlinsons etwas zu rasch so verstanden, als sei nun die Lesung
des ▶⊏⫼ gesichert. Oppert scheint sie indessen ebenso zu verstehen und liest den fraglichen Buchstaben l.

Wie man sieht, bewegt sich die Untersuchung in ziemlich
engen Gränzen. Es fragt sich erstlich, ob hier ein eigenes, sonst
nicht vorkommendes Zeichen vorliegt oder eine Verstümmelung.
Man ist ziemlich einig, dass der fragliche Buchstabe ein l aus-

1) Om den anden eller sakiske Art af Akhaemeniderners Kileskrift, p. 118.

drücken sollte, nur darüber, ob ►◄ dieser Buchstabe selbst oder ein Ersatz für denselben sei, gehen die Meinungen aus einander. Oppert hält fest an der Ansicht, dass ►◄ das l selbst sein solle, während dagegen Ménant (Revue linguist. 3, 75 flg.), wie auch ich selbst, nur einen Ersatz für l durch n sieht, wie in Nabunita = Λαβύνητος. Nun wird man freilich fragen, warum man denn bei Haldita ein anderes n für l gewählt habe als in Nabunita. Hierauf lässt sich erstlich entgegnen, dass eben wahrscheinlich den Persern der Laut in Haldita anders geklungen haben wird als in Nabunita. Sehr zu beachten ist aber auch der von Ménant angeführte Grund. In éranischen Wörtern pflegt bekanntlich das Altpersische das n vor Consonanten nicht zu schreiben, es wird der Sprachkenntniss des Lesers überlassen, dasselbe zu ergänzen. Bei einem Fremdworte wagte man dies nicht und griff nunmehr zu dem fremden Zeichen, da das gewöhnliche altpersische n sicher als n aufgefasst worden wäre. Am einfachsten wäre freilich die Sache, wenn man annehmen dürfte, es sei an dieser Stelle ein r zu lesen. Wir hätten dann den gewöhnlichen Vertreter des l im Altpersischen vor uns.

d. Palatale und Sibilanten in den eranischen Sprachen.

Eine sprachwissenschaftliche Untersuchung.

Ohne Frage gehört die Behandlung der beiden in der Ueberschrift genannten Lautreihen zu den schwierigsten Problemen der éranischen Lautlehre und der vergleichenden Grammatik. Die nahe Berührung derselben in den éranischen Sprachen kann in allen Perioden derselben nicht abgeleugnet werden, aber Fehler der Handschriften und auch tiefer liegende orthographische Schwierigkeiten erschweren die Ermittelung des richtigen Verhältnisses derselben. Wir hoffen desshalb, dass der nachfolgende Beitrag zur endlichen Regelung dieser Frage nicht überflüssig sein werde, auch nach den Arbeiten von Lepsius, Ascoli und Hübschmann, welche noch neuerdings wichtiges Material zum bessern Verständniss unserer Frage geliefert haben [1]).

1 Hierzu muss jetzt noch Fick gerechnet werden, der in seinem eben erschienenen Werke: Die ehmalige Spracheinheit der Indogermanen Europas (Göttingen 1873), p. 3 flg., das Verhältniss zwischen ç und k ausführlich behandelt. Die obige Abhandlung ist bereits im verflossenen Jahre geschrieben wor-

Es wird vor Allem nicht unnütz sein, unsere Blicke einmal
rückwärts zu lenken auf den Weg, auf dem wir zu unsern heutigen Kenntnissen gekommen sind, es wird dadurch so manche
Verschiedenheit der Ansichten erklärt werden. Als Burnouf in
der Einleitung zu seinem Commentaire sur le Yaçna zuerst über
das altbaktrische Alphabet handelte, da fand er (vgl. Alph. Zend
p. LXXXIX—C; für die harten Sibilanten bei seinen Vorgängern vier Zeichen angegeben, von welchen er das eine (sk), als
einen Doppellaut bezeichnend, sofort beseitigte. Es blieben ihm
also noch drei Laute, die er in lateinischer Umschrift mit ç, s
und ch wiedergab und die sich scheinbar ganz gut mit den drei
Sibilanten des Sanskrit ç, s und sh vergleichen liessen. Allein
von diesen Sibilanten des Sanskrit gehörte der erste zur palatalen, der zweite zur dentalen, der dritte aber zur lingualen
Reihe; da nun diese letztere Reihe dem Sanskrit eigenthümlich
ist und dem Altbaktrischen ebenso fehlt wie den übrigen indogermanischen Sprachen, so sollte man auch keinen lingualen
Zischlaut daselbst erwarten und man musste demnach die drei altbaktrischen Zischlaute auf die palatale und dentale Reihe vertheilen.
Diese Aufgabe auszuführen, hatte schon grosse Schwierigkeiten
wegen der Schwankungen in den pariser Handschriften, in
welchen ç und s, s und sh sehr häufig wechselten, es glaubte
Burnouf indessen folgendermassen schliessen zu müssen. Nach
seiner Ansicht war das altbaktrische ç das palatale ç des Sanskrit, hatte aber weiter um sich gegriffen als in den indischen
Sprachen und war an manchen Stellen eingetreten, wo das Sanskrit
dentales s oder andere Buchstaben setzte. So steht altb. çtâ für
skr. sthâ, zaçta für hasta, aber auch perç für skr. praçch, yaçna
für skr. yajña. Was nun das dentale s angeht, so wusste Burnouf
recht gut, dass in der Regel demselben im Altbaktrischen h entspreche, aber er zeigte (Alph. p. XCVIII. CXIV), dass davon
diejenigen dentalen s ausgenommen seien, welche ein i, u, ê vor
sich haben. Für diesen Fall nun glaubte Burnouf mit Rask, dass
sein dentales s eintrete, von dem er übrigens zugab, dass es von

---

den unter dem Eindrucke der Schriften von Ascoli und Hübschmann; ich habe
mich übrigens auch jetzt nicht überzeugen können, dass es nothwendig sei, ein
doppeltes k bereits in der Ursprache anzunehmen, und neige mich zur Ansicht
J. Schmidts, dass hier eine noch vorarische Entartung des k vorliege.

den Parsen sh gelesen werde, und er wurde noch bestärkt durch
Wörter wie tanus, barezis, wofür im Sanskrit tanus, barhis gefunden wurde. Der dritte Laut endlich, den Burnouf durch ch
ausdrückte, erscheint zwischen Vocalen, vor Halbvocalen, dann
nach kh und f, er ist niemals final und liebt in Gruppen die
zweite Stelle einzunehmen. Im Ganzen kam Burnouf zu dem
Schlusse 'Alph. p. CXVII), dass das Altbaktrische ebenso wie
das Sanskrit drei harte Zischlaute unterscheide und dass blos die
Handschriften diese Unterscheidung nicht festgehalten haben.
Auch die Verbindungen, welche diese Zischlaute mit anderen
Consonanten eingingen, haben Burnoufs ernstliche Aufmerksamkeit erregt, über zwei solche Gruppen, çe und çt, hat er ausführliche Abhandlungen veröffentlicht (Not. et Ecl. p. 50 flg.,
53 flg.). Was die erste Lautverbindung betrifft, so erkennt Burnouf an, dass man die Verbindung se neben çe nach den Handschriften als zulässig ansehen müsse, aber er schreibt diess der
geringen Entwickelung der altbaktrischen Sandhigesetze zu und
wagt schliesslich die Vermuthung, es möge diess eine spätere
Verderbniss sein, die Form des ç möge ursprünglich dem s ähnlicher gesehen haben als in der jetzigen Schrift meist der Fall
ist, und auf diese Weise zuletzt mit diesem letzteren verschmolzen
sein. Für die Gruppen çt und st kommt Burnouf zu dem Ergebnisse, dass çt besonders am Anfange der Wörter seine Stelle
habe, dass es aber in der Mitte der Wörter auf den Vocal an-
komme, welcher vorhergeht: a et à attirent après eux ç, comme i,
u, o, è veulent plus généralement s, quelle que soit la consonne
sur laquelle tombe la sifflante (Notes et Ecl. p. LIV). — Ueber die
beiden weichen Zischlaute z und zh können wir uns kürzer
fassen, Burnouf erkennt ihr nahes Verhältniss zu seinem ç und
s vollkommen an, macht aber darauf aufmerksam, dass ihnen im
Sanskrit meist h und j gegenüberstehen, womit ihre enge Berührung mit den Palatalen ausgesprochen ist. Eben so wenig bedürfen Burnoufs Untersuchungen über die Palatalen eine eingehendere Besprechung: er weist deren zwei, c und j, nach und
diese seine Annahme hat bis jetzt einen Widerspruch nicht
erfahren.

Man sieht leicht, dass aus diesen Ermittelungen Burnoufs
die Regeln hervorgegangen sind, welche Bopp in seiner vergleichenden Grammatik (§§ 49—52) über die altbaktrischen Nibi-

lanten gegeben hat. Einen wichtigen Zusatz hat jedoch Bopp in
§ 51 beigefügt, indem er annimmt, dass das s Burnoufs nicht
blos durch die vorausgehenden Vocale i, u, ê, ô, sondern auch
durch die Consonanten kh und besonders r bedingt werde. An
diesen Regeln habe auch ich noch festgehalten zur Zeit, als ich
meine Ausgabe des Vendidâd vorbereitete. Man findet demgemäss
dort irista geschrieben von irith, busti von budh; weil dem th,
dh ein j, u vorherging, nahm ich mit Burnouf und Bopp an, dass
das aus diesen Buchstaben entstandene ç in s verwandelt werden
müsse. Es war mir allerdings aufgefallen, dass man in den
besten Handschriften sehr häufig çt auch nach i und u fand, ich
hielt diess aber für eine spätere Entartung, ähnlich der des sanskritischen ç und sh in s im Prâkrit, wofür die neuern êrânischen
Dialekte Anhaltspunkte geben. Weiter noch als Burnouf ging
ich mit Rücksicht auf die Lautverbindung sc. Auch ich glaubte
in den Handschriften Anhaltspunkte zu haben, dass statt sc früher
çc geschrieben wurde, nämlich in der Form des ç, welche noch
im Huzvâresh nicht selten vorkommt, und da auch die Handschriften oft genug çc bieten, so glaubte ich diese Lautverbindung
herstellen zu können. Bei andauernder Beschäftigung mit den
alten kopenhagener und londoner Handschriften musste sich indessen meine Ansicht über die altbaktrischen Zischlaute mehrfach
modificiren, es konnte mir nicht entgehen, dass die fehlerhaften
Vertauschungen, von welchen Burnouf sprach, dort nur sehr
selten vorkamen. Schon ziemlich bald ist mir klar geworden,
dass Burnoufs Ansicht von dem vorwiegend palatalen Character des ç nicht richtig sein könne, dass ç das dentale s des
Sanskrit war, welches sich freilich als solches nur unter dem
Schutze eines folgenden Consonanten erhalten habe, und dass
vielmehr das palatale ç — welches das Altbaktrische ursprünglich
besass — mit dem dentalen verschmolzen sei. Für diess alles
gab namentlich das Neupersische unzweideutige Anhaltspunkte.
War diess aber der Fall, dann konnte auch Burnoufs s
nicht das dentale s sein, sondern war sh zu lesen, wie diess
gleichfalls nicht blos durch die Parsentradition, sondern auch
durch die alt- wie neuêrânischen Dialekte erwiesen wird. Für
Burnoufs ch war in Deutschland von jeher sh gelesen worden,
der Buchstabe setzte mich einigermassen in Verlegenheit, er
schien mir hsh oder auch shh gelesen werden zu müssen. Diess

sind die Ansichten, wie ich sie in Kuhns Beiträgen 2, S. 20
und 4, 310 flg. und später in meiner altb. Grammatik (§ 46—48)
ausgesprochen habe. Wenn ich demungeachtet bis heute die alte
Umschreibung Burnoufs nicht geändert habe und die drei Zischlaute nach wie vor durch ç, s und sh ausdrücke, so geschah dies
aus rein äusserlichen Rücksichten, von welchen oben schon die
Rede gewesen ist. Ich wiederhole also, dass die drei Zeichen ç,
s und sh nur dazu dienen sollen, dem Leser die betreffenden
altbaktrischen Zeichen ins Gedächtnis zurückzurufen, nicht aber
als phonetische Aequivalente.

Auch über die oben genannten Lautverbindungen hat sich
meine Ansicht theilweise geändert. Schon durch Westergaards
Ausgabe des Yaçna gewann ich die Ueberzeugung, dass ein aus
th, dh entstandenes ç nicht in s umzuwandeln sei, auch wenn
ihm andere Vocale als a vorhergehen, demgemäss findet man
auch in meiner Ausgabe des Yaçna iriçta, uruçta etc. geschrieben.
Hinsichtlich des sc gab ich meine frühere Ansicht nur für die
Gâthâs auf, da ich mich durch die altpersischen Keilinschriften
überzeugt hatte, dass die Verbindung sc alt sein müsse. Die
Lautverbindung çe lässt sich allerdings durch erhebliche hand-
schriftliche Zeugnisse stützen, doch würde ich sie jetzt kaum
mehr festhalten.

Nach diesen Vorbemerkungen können wir zu unserer Betrachtung der arischen Zischlaute und Palatale fortgehen. Gleich
der erste der zu betrachtenden Sanskritlaute ist eigenthümlicher
Natur. Es ist diess derselbe Laut, der gewöhnlich durch ç wiedergegeben wird und den man als den palatalen Zischlaut bezeichnet, weil er in den meisten indogermanischen Sprachen
nicht durch einen Zischlaut, sondern durch einen Gutturalen ersetzt wird. Es ist bekannt, dass dem skr. çata gr. ἑ-κατόν,
lat. centum, deutsch hundert entspricht, dem skr. çvan gr. κύων,
lat. canis, deutsch Hund, skr. daça gr. δέκα, lat. decem, got. tai-
hun. Das Altbaktrische dagegen, das Littauische und Slavische
ersetzen dieses ç durch Zischlaute. Für skr. çata findet sich altb.
çata, litt. szimtas, altsl. suto, für çvan, altb. çpan, litt. szuu,
für daça im Altb. daça, litt. deszimti, altsl. deseti. Es fragt sich
nun, wie dieser Buchstabe im Sanskrit ausgesprochen worden
sein möge, die Ansichten darüber sind sehr verschieden, man
findet die ältern zum grossen Theil gesammelt bei Pott (Wurzel-

wörterb. 3, 68 flg.). M. Müller in seiner Sanskritgrammatik gibt
ihm die Aussprache des englischen s in session, lt. v. Raumer
(Gesammelte sprachwissenschaftl. Schriften, p. 373) wie ch in
sichel, eine Ansicht, welcher auch Schleicher beistimmt. Dem sei
nun wie ihm wolle, man wird nicht umhin können anzunehmen,
dass schon bei Lebzeiten des Sanskrit der Laut des ç sich immer
mehr dem s genähert habe. Wir stützen uns dafür auf folgende
Gründe: 1) ç wird in einzelnen Wörtern geradezu für s gesetzt,
z. B. çushka, altb. huska, çvaçura, altb. qaçura, ἵκυρος. 2) Das
Wort puroḍâç wird so declinirt, als ob es puroḍâs lautete: nom.
sg. puroḍâh inst. du. puroḍobhyâm. 3) ç wird in den Prâkrit-
dialekten mit s verschmolzen. Auch die Verwandlungen des ç
zeigen an, dass sich die Natur des Lautes allmälig änderte. Es
geht ç in k über, wenn ein s folgt, z. B. vexyâmi von viç, aber
nur in einer beschränkten Anzahl von Wurzeln findet man ç iu
k umgewandelt, wie dik von diç, drik von driç in Uebereinstimmung mit den europäischen Sprachen, wo wir δαίκνυμι, δάρκω
finden. In weit mehr Wurzeln geht aber ç in ṭ über, so bildet
selbst viç im Locativ nicht blos vixu, sondern auch viṭsu. Ich
finde in dieser Entartung des ç zu ṭ gleichfalls ein Zeichen,
dass ç sich in der Aussprache mehr und mehr dem ts, s näherte.
Um es kurz zu sagen, die Verwandtschaft des ç mit den Gutturalen trat immer mehr in den Hintergrund und die Annähe-
rung an die Zischlaute wurde immer grösser. — Ueber das altbaktrische ç und seine Aussprache können wir weit weniger im
Zweifel sein: es wurde dasselbe, so lange wir in der Zeit zurückgehen können, wie s ausgesprochen, gleichviel ob sein etymologischer Ursprung auf einen Gutturalen oder einen Dentalen
hinwies. So sagt schon Herodot (1, 110) τὴν γὰρ κύνα καλέουσι
σπάκα Μῆδοι, so dass also çpâ schon damals mit s gesprochen
wurde. Ganz ebenso wird von ihm das altp. Vistâçpa mit
Ὑστάσπης gegeben. Auf dasselbe Resultat leitet das Neupersische,
wo wir çag für çpâ, açp für açva finden. Auch bei Lautver-
wandlungen zeigt sich weder im Altbaktrischen noch im Altpersischen irgendwo eine Spur, dass man sich der Herkunft des ç
in mit ç zu schreibenden Wörtern aus einem Gutturalen irgendwie
bewusst war, und wir können altb. açpa nur durch Vermittelung
von skr. açva, dereç durch Vermittelung von skr. driç mit lat.
equus und griech. δέρκω zusammenbringen. Im altp. vith statt

vic sehen wir sogar die dentale Spirans eintreten, die also ähnlich wie englisches th geklungen haben wird.

Viel näher steht der gutturalen Reihe im Sanskrit wie im Altbaktrischen der erste der Palatalen, den wir mit c ausdrücken. Ueber die Aussprache des indischen c besteht unter den Grammatikern ziemliche Einstimmigkeit: man lehrt uns dasselbe aussprechen wie das englische ch in church, im Deutschen wird es nicht selten durch tsch ausgedrückt. Genauere Bestimmung des Lautes sucht Ascoli, auf die Analogie der romanischen Sprachen gestützt, im § 36 seiner Vorlesungen zu geben, die Kritik seiner Aufstellungen müssen wir zunächst den Physiologen überlassen. Wichtig ist aber für uns, dass die Griechen, wie er nachweist, das indische c durch ihr σ ausdrückten, cf. Σανδρόκυπτος zu Candragupta, σάνδανον zu candana, Πράσιοι zu prâcya; wenn nun auch nicht anzunehmen ist, dass c und σ sich vollkommen deckten, so ist es doch immerhin von Wichtigkeit zu wissen, dass die Griechen den harten Palatal ihrem Zischlaute nahestehend betrachteten. Auch die altiranischen Dialekte nehmen bekanntlich an der Eigenthümlichkeit Theil, den Gutturalen k in c zu verwandeln, und dass der Buchstabe im Begriffe ist, weitere Fortschritte zu machen, können wir daraus schliessen, dass an manchen Stellen die Schreibart im Avesta schwankt: man findet noch cikithwâo neben cicithwâo, fraçkemba neben fraçciñbana u. s. w. Bemerkenswerth ist die Vorliebe des Palatalen für den i Laut, für welche sich im Altbaktrischen viele Beispiele vorführen lassen. Was die Aussprache des c betrifft, die wol im Altbaktrischen und Altpersischen nicht sonderlich verschieden war, so haben wir für die des letzteren zwei ziemlich untrügliche Zeugnisse. Es ist Thatsache, dass die babylonischen Uebersetzungen der Achämeniden-Inschriften c mit demselben Zeichen wiedergeben, mit welchem sie altp. s (ah) zu bezeichnen pflegen, wie man sich leicht überzeugt, wenn man die Schreibung der Eigennamen wie Caispis, Cicikhris, Citrataklma mit den Schreibungen von Hakhâmanisiya, Pisiyâuvâdâ u. s. w. vergleicht. Von den Griechen aber wissen wir, dass sie c mit τ wiederzugeben pflegten, cf. Caispis und Τάϊσης. Hieraus erhellt also, dass die Griechen die Aussprache des altpersischen c verschieden fanden von der des indischen palatalen c und die Wiedergabe des altpersischen Palatalen erinnert sehr an die Erscheinung im Griechischen, welche

Curtius mit Dentalismus bezeichnet hat (vgl. Ascoli, Vorlesungen,
p. 76 flg.). So findet man τέσσαρες = skr. catvâras, τίς = skr.
kis, altb. cis, τι = skr. u. altb. ca. Vielleicht darf man diese
Entartung des k in t, welche dem Griechischen allein eigenthümlich ist, für den Beginn einer palatalen Entwickelung in
dieser Sprache ansehen. Es würde sich dann auch der alte Streit
über die Priorität des ττ oder σσ in Verbis wie πράσσω und
πράττω dahin entscheiden lassen, dass ursprünglich ττ für κj,
σσ dagegen für τj geschrieben wurde und erst später der Unterschied zwischen diesen beiden Lautverbindungen aufhörte. Die
Entartung des ursprünglichen τ zu σ, namentlich unter Einfluss
eines folgenden ι ist im Griechischen äusserst gewöhnlich, es
kann also nicht auffallen, wenn auch dem κ unter ähnlichen
Verhältnissen das gleiche Schicksal zu Theil wurde.

Wir wenden uns jetzt zu dem sogenannten lingualen s des
Sanskrit, von dem nicht bezweifelt wird, dass es als das englische sh, das deutsche sch zu fassen sei. Es ist bekannt, dass
sich das dentale s im Sanskrit in sh verwandelt, wenn ihm andere Vocale als a, â oder wenn ihm ein k, r, l unmittelbar vorhergehen. In anderer Hinsicht wieder berührt sich sh mit ç: so
wird es vor einem dentalen s in k verwandelt, vor andern con-
sonantischen Lauten wird sh zu t, d, nur vor den Dentalen
bleibt es und verwandelt diese in die entsprechenden Lingualen;
letzteres ist natürlich eine sanskritische Eigenthümlichkeit, an
welcher die übrigen indogermanischen Sprachen nicht Theil
nehmen können. Parallel dem sanskritischen sh müssen wir den
Buchstaben im Altéránischen setzen, den wir im Altpersischen
und Altbaktrischen gewöhnlich durch s ausdrücken, der aber sh
zu lesen ist, wie wir dies schon oben entwickelt haben. Dieser
Laut ist — wie wir gleichfalls schon wissen — auch im Altéránischen theilweise eine Entartung aus dem dentalen s, wenn
nämlich demselben andere Vocale als a, â vorhergehen. Cf. çtâ,
histaiti ganz wie im skr. sthâ, tishthati; selbst auf ein weiteres
Wort erstreckt sich diese Einwirkung in Zusammensetzungen,
cf. rathaestâo von çtâ + ratha. Zu bemerken ist, dass diese
letztere Umwandlung des aus dem dentalen s entstandenen h in
sh zu eigenthümlichen Schreibungen führt, wie paitis. hê, hus.
haúm. çâçta, pairis. qakhta, ratus. mereta u. s. w. (vgl. meine
altb. Grammatik § 66), die man als etymologische gelten lassen

2*

kann. Zwischen Vocalen und vor Nasalen und Halbvocalen hat dieses éränische s im Altbaktrischen Beschränkung erfahren durch den Buchstaben, welchen ich gewöhnlich durch ṣh wiedergebe und über den ich gleich näher sprechen werde. Vor Consonanten behält indess s auch im Altbaktrischen seine Stelle ohne Einbusse. Von einer Umwandlung des s in k ist im Altbaktrischen nicht mehr die Rede, so wenig wie bei dem ç.

Ueber die aspirirte Palatale, die wir durch ch ausdrücken, können wir uns kurz fassen; natürlich wird dieselbe im Skr. wie c mit nachfolgender Aspiration ausgesprochen. Hinsichtlich der etymologischen Geltung steht fest genug, dass ch zumeist eine Entartung des sk ist: chäyá = σκία; chid = σχίζω, scindo; gacch = βάσκω. Im Altbaktrischen und Altpersischen findet sich bekanntlich ein entsprechender Laut nicht vor, dagegen haben wir in dem zuerst genannten Dialekte einen dritten Zischlaut sh, welcher die ganze Symmetrie der Reihe stört und von welchem ich schon in meiner altbaktrischen Grammatik gesagt habe, dass ich ihn am liebsten streichen würde. Indessen, er ist einmal da und alle Erklärer des Alphabetes, ich selbst mit eingeschlossen, haben ihn bis jetzt für einen Zischlaut erklärt, und dass er dies auch wirklich sein soll, dafür sprechen mancherlei Gründe. Darauf deutet schon die Form des Buchstabens hin, welche keine andere ist als die des s mit dem Striche, welcher gewöhnlich die Aspiration bezeichnet. Darauf deutet ferner auch der Gebrauch, denn für altb. gaosha steht im Altp. gausa, neup. gos, acsha wird im Altp. aisa u. s. w. Daneben steht aber nun ein seltener Gebrauch, auf den ich in meiner Grammatik hie und da zu sprechen gekommen bin. So findet sich nach § 152 von aka ein Comparativ ashyô, von takhma kommt der Comparativ taṅshyâo. Es scheint mir nunmehr nicht zweifelhaft, dass in diesen Wörtern sh nicht einen Zischlaut, sondern den aspirirten Palatalen vertritt. Sobald man auf diesen Umstand einmal aufmerksam geworden ist, findet man der Beispiele bald mehrere. Man wird dann nicht mehr wie ich Gr. § 124 A. 4. gethan habe, hakhi Freund, mit zwei verschiedenen Themen flectirt ansehen, hakhi ist vielmehr zu hash geworden, indem statt kh der Palatale ch eintrat, hinter welchem i, y elidirt wurde. Demnach steht inst. hasha = hakhya, dat. hashê = hakhyê, gen. plur. hashaûm = hakhyaṅm. Auch die Formen ashi = skr. axi, dashina == daxina wird man demnach als Formen wie Pràkrit acchi, dacchina auffassen müssen. Im Altpersischen findet man ebenso, dass s (sh) statt des Palatalen eingetreten ist in siyu gehen, welches man schon längst mit skr. çcyu zusammengestellt hat, identisch ist altb. shu, in welchem nach der im Altbaktrischen nicht seltenen Art y ausgefallen ist. Hiernach möchte ich nun annehmen, dass das altbaktrische sh besser mit ch zu bezeichnen sei, dass es ursprünglich den aspirirten harten Palatal bezeichnete, erst in zweiter Liuie aber einen Zischlaut. Klar ist übrigens, dass die Verschiedenheit von ch und sh niemals von den Eräniern bemerkt wurde, dies erhellt daraus, dass auch das Altpersische siyu für chiyu schreibt. Auch im Neupersischen ist der Infinitiv افراشتن afràshtan neben افراختن afràkhtan und Aehnliches auf diese Weise zu erklären. Vgl. auch skr. ashtau, altb. astan und ὀκτώ, asztuni; daxina, altb. dashina, litt. deszine; skr. ashtrâ, altb. astra, litt. asztru.

Eine Abart von sh ist im Altbaktrischen sk (cf. meine altb. Gr. § 45. A. 2). Fragen wir nach der Aussprache dieses sk, so ist auch hier kein Zweifel, dass dasselbe ursprünglich eine Zusammensetzung aus s und k ist, Beweis dafür ist huska, trocken, was sich sowohl im skr. çushka als im neup. خشک khoshk wiederfindet. Gewöhnlicher ist jedoch sk eine Modification des eben erwähnten sh, das sich gewöhnlich auch als Variante daneben findet. So schreiben die Vendîdâd-sâdes beharrlich maskyàka für mashyàka, in den besten Handschriften findet man çaoskyañç neben çaoshyañç, nur selten kommt aber sk vor ohne nachfolgendes y, so in skata, wofür sich aber auch die Variante skyata findet. Auch dieses sk entspricht an einigen Stellen einem Palatalen, am bekanntesten ist skyaothna, das man längst und wol auch richtig mit skr. cyautna verglichen hat. Aber auch in einigen andern Wörtern wird dies anzunehmen sein, nämlich in hisku, hiskva (cf. Vd. 8, 109. 9, 125), trocken, die auf die Wurzel hic zurückgehen und für hichu, hichva stehn müssen.

Das dentale s des Sanskrit erfordert nur eine ganz kurze Bemerkung. Es ist unser gewöhnliches s, findet sich aber im Altbaktrischen als Zischlaut nicht wieder, sondern ist in h verwandelt, ausser in den oben schon namhaft gemachten Fällen, wo es sich unter dem Schutze eines folgenden Consonanten als

ç geschrieben findet oder wenn es sich nach andern Vocalen als
s, å in s verwandelt hat.

Gehen wir nun zu den weichen Zischlauten über, so müssen
wir uns hinfort der Vergleichung des Sanskrit enthalten, weil
dasselbe keine weichen Zischlaute besitzt; dagegen hat das Altpersische wenigstens z, das Altbaktrische aber z und zh entwickelt,
wodurch diese Reihe vollständig ist. Das Sanskrit hilft sich
theils durch Umwandlung der Zischlaute in r, theils auf andere
Art, wie wir sehen werden. Der Unterschied zwischen dem
Sanskrit und dem Altbaktrischen ist indessen so gross nicht wie
es scheinen könnte, denn auch das Sanskrit hat, wie Ascoli in
seinen vortrefflichen Vorlesungen (§§ 24. 25) nachgewiesen hat,
j wie z gekannt, hat aber beide Laute in ein einziges Zeichen
zusammenfallen lassen. Das altbaktrische z ist etymologisch zumeist aus skr. h und j hervorgegangen, was Manchem Veranlassung gegeben hat, z unter die Palatalen zu setzen. Ich kann
diese Sitte nicht billigen, denn z ist doch nicht ausschliesslich
im Altbaktrischen eine Entwickelung aus Gutturalen und Palatalen, es steht wenigstens einige Male auch für Dentale cf.
yêzi = skr. yadi, açperezatå = skr. spardh, dann tritt es für d
ein vor weichen Consonanten cf. pazdayêiti für padh-dayêiti,
zaraдåti wol für zarad-dåti, dann ist es auch Erweichung aus ç,
welches, wie wir wissen, seiner Aussprache nach das dentale s
ist, cf. måz-dråjahim für mås-dråjabim, zogaz-daçtema für zogaç-
daçtema. Das Sanskrit wie das Altbaktrische stimmen darin
überein, dass j dem harten ç entspricht, aber im Altbaktrischen
entspricht auch z consequent dem ç, während im Sanskrit j in
einem Theile der Wörter dem ç entspricht. Das Altpersische erfordert einige gesonderte Bemerkungen. Auch dieser Dialekt
kennt ein s, wendet es aber nur spärlich an, mit Vorliebe vor
andern Consonanten, wie auramazdå, uvårazmi, vazrka bezeugen (vielleicht ist auch zraäka zu lesen, doch findet sich auch
zaumkara, zazåna', sehr gewöhnlich finden wir aber am Anfange
und in der Mitte der Wörter d statt z eingetreten in darшya für
altb. zaraya oder zraya, yadi für yêzi. Dass dieses so entstandene
d, wenigstens in der Mitte der Wörter vor i eine zischende Aussprache gehabt habe, sieht man aus den assyrisch-babylonischen
Uebersetzungen der Achämeniden-Inschriften, in welchen di in Arta-
vardiya, Mardiya mit demselben Zeichen wiedergegeben wird wie

ji in Kaṁbujiya. Diese Wiedergabe des z durch d im Altpersischen erinnert uns wieder an den Dentalismus der Griechen und es liegt nahe zu fragen, ob in Wörtern wie ὀνόφος neben γνόφος, δελφύς neben altb. garewa, gerebus nicht eine ähnliche Erscheinung vorliege.

Der altpersische weiche Palatale muss ausführlicher besprochen werden. Ich habe nach reiflicher Ueberlegung in meiner altpersischen Grammatik zwei Formen dieses Buchstabens gegeben, von welchen der eine vor a, der andere vor i vorkommt. Dass diese Lautbestimmung Widerspruch finden werde, liess sich erwarten, und derselbe ist auch in der That nicht ausgeblieben. Kern (Zeitschr. der d. m. Gesellschaft 23, 213) sagt dagegen: »Der Buchstabe, den Spiegel mit j wiedergiebt, verhält sich zu eh wie eine Media zur Tenuis. In den iranischen Sprachen wird das auslautende eh, z. B. von duah, im Inlaut vor weichen Lauten, ausgenommen vor m im Baktrischen, und auch vor y im Altpersischen gewöhnlich in zh (ausgespr. wie französisches j) verwandelt; z. B. duzhôkhta, duzhdâma. Statt nish-âyam sagte man im Altpers. nizhâyam. Nach Spiegels Schreibweise entspräche j als Media dem s als Tenuis! Wie wir gesehen haben ist die Sache ganz einfach.« Aehnlich wie Kern hatte sich früher schon Oppert geäussert. Ich setze auch dessen Worte her (Inscriptions des Achem. p. 122): »Il ne sera pas superflu de parler ici d'une règle phonétique de l'ancien perse, qui, que je sache, n'a encore été développée nulle part. Il est connu que la sibilante du sanscrit se change quelquefois en r, et que, dans d'autres cas, elle s'élide ou forme une diphthongue avec la voyelle précédente. Par exemple, le as (ah) se change, devant les lettres molles (moyennes et semi-voyelles), en ô, le is et us en ir et en ur; le as (ah) se transforme en esprit rude (visarga) devant les tenues, ou se maintient devant eux; le is et us devient ish et ush. Pour remplacer le as devant les moyennes et semi-voyelles, le perse et le zend emploient a z; pour exprimer is et us devant ces mêmes sons, ils se servent de iz et uz, plus rarement de iz et uz, comme on trouve aussi en sanscrit apratiskuta à côté de apratishkuta. D'après cette règle, le sanscrit nirâyam est changé en nizâyam. Le as, devant les tenues, se transforme en as ou s'élide, le is et lo us restent is et us.« Oppert und Kern stimmen demnach überein, den von uns mit j bezeichneten Buchstaben durch zh zu geben. Wir

müssen nun zuerst bemerken, dass für die Verwandlung des s
in j oder zh nur das eine Beispiel nijâyam vorliegt, in einem
anderen Worte, in welchem man die Umänderung gleichfalls erwarten sollte, in dusiyâra, tritt sie nicht ein. Gegen die Bestimmung des Buchstabens als zh habe ich aber zuvörderst einzuwenden, dass das Altpersische nirgends ein Zeichen für die
weiche Spirans entwickelt hat und wir daher kaum erwarten
dürfen, dass man es bei den Zischlauten thun werde. Dann fügt
sich aber auch die Mehrzahl der mit dem vorgeblich für die
Spirans bestimmten Zeichen geschriebenen Wörter am besten zu
j, wollte man für jan, jiv, jad, duruj etwa zhan, zhiv etc. schreiben, so würde man das Altpersische in lautlicher Beziehung
noch unter das Neupersische herabdrücken. Auch das Wort
Kambujiya und die Uebereinstimmung desselben mit skr. Kamboja
ist zu beachten. Die Schreibung nijâyam ist freilich merkwürdig, sie zeigt, dass man nicht nizâyam sprach und sich desshalb
nach einem andern Aequivalent für den fraglichen Laut umsah.
Dass man den weichen Palatalen wählte, kann uns nicht auffallen,
nachdem wir oben bereits s als einen Vertreter des harten
Palatalen kennen gelernt haben. Vgl. auch draj und drazh, druj
und druzh im Altb.

Es bleibt uns nur noch zh zu betrachten übrig und über diesen
Buchstaben können wir uns kurz fassen. Eine Spirans des weichen
Palatalen kennt weder das Altpersische noch das Altbaktrische,
das Sanskrit hat zwar jh, aber, wie Ascoli mit Recht bemerkt
hat, der Buchstabe ist fast überflüssig, er findet sich nur in ono-
matopoetischen Bildungen, von welchen höchstens jhillikâ =
Grille ausgenommen werden könnte. Dagegen kennt nun das
Sanskrit überhaupt keinen weichen Zischlaut, das Altpersische
wenigstens keine Spirans, so dass also nur das altbaktr. zh allein
zu betrachten ist. Von allem Anfange an war man einig, dass
sich zh zu s ebenso verhalte wie z zu ç. Hinsichtlich seines
etymologischen Werthes entspricht zh theils einem ursprünglichen
s, sh (r im Sanskrit), wie nis, niz = skr. nis, nir; duzh = skr.
dush, dur; yûs, yûzhem = skr. yushme, aber auch sehr häufig
einem ursprünglichen Gutturalen oder sanskritischen Palatalen,
zwischen Vocalen oder sonst an Stellen, wo Aspiration einzutreten
hat, wie azhi = ahi, ἔχις; zhenu, zhnu (neben shnu cf. frashnu =
πρόχνυ) = skr. jñu, jânu; zhnâ, Nebenform für zan, wissen,

= jñâ. Gewöhnlich wird angenommen, dass der Buchstabe ähnlich wie französisches j zu sprechen sei.

Anhangsweise müssen wir auch noch den Halbvocal y hieher ziehen. Ich glaube, dass Lepsius ganz recht gethan hat, dem anlautenden y des Altbaktrischen eine palatale Aussprache zu geben, wenigstens theilweise; die Gestalt dieses Buchstabens in der Form, wie er gewöhnlich bei uns gebraucht wird, weist darauf hin, denn er nähert sich sehr dem ak und soll jedenfalls aus einem Zischlaute modificirt sein. Allein dieses Zeichen ist nicht das einzige, es ist für anlautendes y noch ein zweites vorhanden, welches offenbar aus 1 entstanden ist. Das anlautende y wird demnach in verschiedenen Wörtern verschieden gesprochen worden sein, in manchen Wörtern wie y, in andern ähnlich wie j; darauf weisen auch die neuern Sprachen hin, wenn sie altb. yima in jem verwandeln, aber yazata in yazdân bestehen lassen. Da indessen unsere Handschriften die Gewohnheit haben, für y entweder das eine oder das andere Zeichen zu gebrauchen, so vermögen wir nicht mehr mit Sicherheit zu sagen, in welchen Wörtern y und in welchen j gesprochen wurde, und es dürfte diese Verwirrung sich schwer beseitigen lassen.

Absichtlich haben wir noch nicht die Verbindung der Palatalen und Zischlaute mit anderen Consonanten besprochen, um dieselben mehr im Zusammenhange übersehen zu können. Für die Palatalen liegt die Sache einfach genug: sie werden vor andern Consonanten zu Gutturalen, oder, wie man besser sagt, der Gutturale hat sich unter dem Schutze eines folgenden Consonanten erhalten. Nur darin weichen die altérânischen Sprachen vom Sanskrit ab, dass sie die Gutturalen auch noch aspiriren, cf. altb. Citratakhma von tanc; durukhta von duruj, ebenso im Altb. yukhta, taokhman. Es liegt aber am Tage, dass in Beziehung auf die Zischlaute das Sanskrit für die altérânischen Sprachen nicht massgebend sein kann. Im Altérânischen ist die Reihe der Zischlaute den übrigen Reihen (mit Ausnahme der Palatalen und Halbvocale) ganz gleich: sie zerfällt in eine entsprechende Anzahl harter und weicher Laute. Wenn nun auch das Altérânische die allgemeine Regel der Indogermanen befolgt, dass harte Laute vor weichen weich und umgekehrt die weichen Laute vor harten hart werden müssen, so kann dasselbe doch diese Regel in Ausführung bringen, ohne deswegen in eine au-

dere Classe von Consonanten ausweichen zu müssen, wie diess
das Sanskrit, in Ermangelung der weichen Zischlaute, zu thun
gezwungen ist. Aber noch eine andere Frage drängt sich hier
auf, nämlich, ob das Altéranische beim Zusammentreffen eines
Zischlautes mit einem anderen Consonanten den ersteren aspirirt
oder nicht? Für Beides sind im Eränischen Anhaltspunkte gegeben. Wird aspirirt, so richtet sich das Altéranische im Betreff
seiner Zischlaute nach derselben Analogie, welche für die Gutturalen und Dentalen gilt, wird aber nicht aspirirt, so folgen die
Zischlaute der Analogie der Labialen. Als Ausgangspunkt für
diese Untersuchung nehmen wir am liebsten das Altpersische,
weil die Lautverhältnisse desselben durch keine Abschreiber entstellt, sondern vollkommen gut erhalten sind. Die Zahl der Consonanten, welche im Altpersischen mit Zischlauten zusammen-
stossen, ist keine sehr grosse und die Zahl der vorhandenen
Beispiele eine ziemlich beschränkte. Am häufigsten sind die
Verbindungen mit den Consonanten c, t, n und m. Vor c bleibt
natürlich der harte Zischlaut hart, während der weiche sich in
den harten verwandeln muss, ebenso vor dem Dentalen t. Vor
c erhält sich das altpersische s (l. sh), wie man aus Bh. 1, 49
ksaciy und Nh. 1, 65 vithibisca sieht, wo freilich c ergänzt ist.
T wird vor c zu s (sh), dieses s ist natürlich in diesem Falle
Stellvertreter des aspirirten Palatalen, so finden wir cisciy für
citciy, avasciy für avatciy, diese Wörter stehen also von Verbindungen wie skr. anyacca nicht sehr weit ab. Ein ursprüngliches
indogermanisches s, das im Altpersischen zwischen Vocalen gewöhnlich zu h wird, erhält sich vor t in der Form von ç, cf.
thaçtanaiy von thah, sprechen, auch das aus einem ursprünglichen
Palatalen stammende ç wird nicht unterschieden, wie man aus
ufraçta von fraç == skr. praçch, precor sieht. Ebenso verwandelt
sich auch das aus einem Gutturalen stammende z vor t in ç, cf.
râçta, vgl. skr. rju. Dagegen bleibt s bestehen, niyapisam, ni-
pistam von pis == pish, das Herabsinken in ç in neup. naviçam
ist also erst später. Ebenso daustar, Freund, neup. doçt, cf. skr.
jushta. Dagegen verwandelt sich ç vor n im Altp. in s, cf.
vaenâ von vaç, altb. vaçna, asnaiy, in der Nähe altb. açnê. Vor
m bleibt ç in açman, dass auch z blieb, lässt sich aus uzma-
yâpatiy, uvârazmi schliessen. Etwas anders als im Altpersischen
liegt die Sache im Altbaktrischen. Darin stimmt dieser Dialekt

mit dem Altp. überein, dass ç bestehen bleibt, wenn es aus ursprünglichem s entstand, cf. fraçaçti, aiwiçaçta von çaȟh, aiwyáçta von yáȟh; allein Wurzeln, welche mit einem ursprünglich palatalen ç endigen, behalten es selten, wir wüssten nur daoçtra — skr. daȟṣtṛ̇ zu nennen, von daṅç, beissen, meistens ist ç in s verwandelt: pursta gegenüber dem altp. ufraçta, darsti von deṛç, thwarsta von thwereç u. s. m. Für den Uebergang eines palatalen z in ç wüsste ich blos aṅçtar, Ketzer, zu nennen, welches von der Wurzel aṅz — skr. aṅh zu kommen scheint. Dagegen findet man dista von diz, paiti-darçsta von darez, varsta von varez, harsta von harez, rásta von ráz, vielleicht auch vastar von ȟaz. Eigenthümlich ist auch das Verhältniss des ç und z vor n und m. Die sanskritische Regel, dass der Schlusslaut der Wurzel unverändert bleibe vor Suffixen, die mit n oder m anlauten, gilt nicht für das Altbaktrische; vielmehr haben diese Consonanten die Kraft, den vorhergehenden Consonanten zu verhärten, wenn er weich ist. Demnach finden wir vaçna von vaç, çáçna von çaȟh, açman von aç, vaeçman von viç, aber auch yaçna von yaz, maeçman von miz, bareçman von berez, vareduçna von varedva und zema, was mit altpersischen Formen wie uvârzmis im Widerspruche steht. Die altpersische Sitte ç zu aspiriren, scheint nur theilweise durchgedrungen; wir finden rashnu von raz, baṅshnu von baṅz, bareshnu von barez. Açan (Nebenform von açman) bildet im gen. ashnô, dagegen kommt von azan, Tag, loc. açni oder açnê, oder es steht, wie man sieht, altb. vaçna dem altp. vasna, altb. açna dem altp. âsna gegenüber.

Diess ist in Kürze der Thatbestand, wie er in den Denkmalen vorliegt, und es entsteht nun die Frage, wie wir uns die Entstehung dieses Verhältnisses denken sollen? Ist anzunehmen, das Altpersische habe das Ursprüngliche bewahrt und das Altbaktrische sei entartet, oder ist der umgekehrte Fall eingetreten? Die erste Möglichkeit habe ich früher angenommen. Ich glaubte, dass ç vor t immer zu bleiben, z aber sich in ç zu verwandeln habe, ausgenommen wenn dem Laute ein anderer Vocal als a vorhergehe oder der Consonant r. Die Wurzeln, welche mit einem palatalen ç oder z schliessen, entsprechen zumeist diesen Bedingungen, es giebt deren namentlich viele mit r vor dem Endconsonanten und nur wenige sind ausgenommen. Bestärken musste in der Meinung, dass das r die Ursache der Umwandlung in s sei, dass auch ein dentaler

Zischlaut in s überging, wie tarstô von tereç, neup. tarçida, skr. trasta. Einige Ausnahmen waren allerdings da: nasta, apanasta, yasta, aber bei dem ersten Worte musste nach den Lesarten zweifelhaft bleiben, ob man nicht lieber nista lesen sollte, das zweite Wort zeigte sowol die Schreibung apauaçta als apanasta, auch liess es sich ebenso auf naç wie auf nash zurückleiten, yasta schloss sich an skr. ishṭa an. Neuerdings hat nun Hübschmann die zweite Erklärung vertheidigt und ich bin geneigt mich ihm anzuschliessen, weil sich dann die Formen wie marsta, harsta etc. genauer an das Sanskrit mṛishṭa, sṛishṭa fügen, das s oder sh ist natürlich in diesen Fällen als ein Vertreter des aspirirten Palatalen anzusehen. Ganz ohne Schwierigkeit ist auch die Hübschmannsche Erklärung nicht. Die Aspirirung des Zischlautes ist zwar im Altéranischen ganz unbedenklich, nicht aber im Sanskrit; dort würde man erwarten, dass ç, j in ṭ oder in s zunächst übergehen würden, wie in avayâḅ, avayobhyâm von avayâj. In Wörtern wie mṛishṭa, sṛishṭa etc. wäre die Umwandlung in sh durch den vorhergehenden heterogenen Vocal bedingt und naç etc. nur in eine falsche Analogie hineingezogen worden. Für die Priorität der altpersischen Sitte, das ç vor t zu bewahren, scheint mir zu sprechen, dass das Littauische in solchen Fällen sz setzt, wo im Sanskrit und Altbaktrischen ç bereits in sh oder s umgewandelt worden ist. Vgl. skr. ashṭau, altb. asta, neup. hast (هشت), aber litt. asztuni; skr. ashṭrâ, altb. astra, litt. asztra. Alles in Allem genommen, scheint es mir wahrscheinlich, dass schon in der vorarischen Zeit die Entartung des k zu ç oder z erfolgte, daran schloss sich dann vor t im Sanskrit und Altbaktrischen eine weitere theilweise Entartung des ç zu sh, an der auch das Altpersische bis zu einem gewissen Grade theilgenommen haben mag, doch können wir aus Mangel an Material nicht bestimmen, wie weit dies der Fall war. Für diese Ansicht sprechen auch skr. und altb. açru, Thräne, neup. اشك esk (durch Umsetzung von açru entstanden), litt. aszara; açva litt. aszva; skr. daṅç, altb. dazh = δάκνω beissen, altb. naç nanaçiaçi, litt. neszu, skr. pracch, praçua, altb. pereç, frashna, litt. praszau.

Kurz können wir uns über s, sh, zh und die Verwandlungen dieser Buchstaben vor andern Consonanten fassen. Vor t bleibt

s und sowol sh wie zh werden in dasselbe verwandelt, cf. tåsta
von tash, thraosta von thrush, upaçbista von çbish, çrusta von
çrush etc. Eine Form, welche sich mit Sicherheit auf eine mit
zh endigende Wurzel zurückführen liesse, kann ich nicht angeben. Vor n, m treffen wir sh und zh: tarshnô von taresh,
varshni von veresh (skr. vṛish), cashman, caeshman, zhnâtâ. Eine
Frage, die hier aufgeworfen werden muss, ist: ob sich nicht s,
sh und zh — wenigstens ausnahmsweise — auch in ç verwandeln können? Es wäre dies ein präkritartiges Herabsinken des
sh in ç, wovon wir wenigstens in den neueren éränischen
Sprachen Beispiele haben: z. B. naviçam, ich schreibe, von na-
vistań; doçt, Freund, altp. daustâ; altb. tasta, Tasse wird sowol
tast als tâç. Für das Altbaktrische kann diese Frage entstehen
bezüglich qâçta, dessen Ableitung von qâsh wir später besprechen
wollen. Das altpersische içu nehme ich Anstand hierher zu
ziehen. Zwar wird das Wort allgemein mit »Pfeil« übersetzt
und demgemäss für das altb. ishu gehalten, einen Beweis für
diese Bedeutung hat man nicht, die alten Uebersetzungen, die
allein massgebend sein könnten, beweisen sie nicht. Ich möchte
jetzt içuvâm dâçyamâ lieber mit »Zügelhalter« übersetzen und
skr. abhiçu mit içu vergleichen[1].

Wenn nicht blos ç und s, sondern auch z und zh vor harten
Dentalen zu s werden, so sollte man erwarten, dass auch ç vor
weichen Dentalen zu zh werde, wenigstens soweit es ursprünglich palatal ist. Der Schluss ist ganz logisch, damit ist aber
nicht gesagt, dass die Sprache ihn machen muss. Die Sprache
kann auch inconsequent sein, wenn sie will, und wir, die wir
keine wichtigere Aufgabe haben als zu sehen, ob das Eine oder
das Andere der Fall war, sind nicht in der Lage, etwas fordern
zu dürfen. Nach den wenigen uns vorliegenden Beispielen
bezweifle ich vor der Hand, dass die altbaktrische Sprache in
diesem Punkte consequent gewesen sei, denn nur um das Alt-

---

[1] Das indische h zeigt dieselben Eigenthümlichkeiten wie ç, es wird zumeist in t, in Wörtern, welche mit d beginnen, in k verwandelt. Dass sich
gerade bei den mit d anfangenden Wurzeln die ältere Vertretung erhalten hat,
wird seinen Grund im Wohllaute haben. Ganz damit übereinstimmend ist es,
wenn h vor t mit diesem sich vereinigt und in dh übergeht, wobei dann der vorhergehende Vocal verlängert wird. Auch hier dürfte eine zischende Aussprache
des ç Lautes anzunehmen sein. Etwas verschieden Ascoli l. c. p. 144 fg.

baktrische handelt es sich, da das Altpersische keine weiche Spirans unterscheidet und mithin z und zh in dem einen z zusammenfallen. Da nun auch im Altbaktrischen die weiche Spirans erst später unterschieden wurde, wie so manche Anzeichen beweisen, so ist es möglich, dass die Orthographie mancher bedeutender Wörter schon früher festgesetzt war und beibehalten wurde. Gegen die Annahme, dass ein palatales ç vor d aspirirt werden müsse, sprechen mir die Wörter mazdá, nazda, myazda. Ueber diese hochwichtigen Wörter mögen hier einige Bemerkungen stehen. Dabei schliessen wir zunächst mazdá noch aus, um unten ausführlicher auf diesen Ausdruck zurückzukommen.

Zwischen verschiedenen altbaktrischen Wörtern, die zd enthalten, besteht ein eigenthümliches Verhältniss zu ihren sanskritischen Verwandten, indem diese nämlich e statt az zeigen. Sie sind von Sonne zusammengestellt (Programm der Wismarer Stadtschule 1869, p. 12 flg.):

$$myazda = miyedha,$$
$$nazda, nazdista = neda, nedishṭha,$$
$$dazdi = dehi$$

Dazu kann man noch ein altb. azdi, sei, voraussetzen von ah, sein, wozu dann skr. edhi zu stellen wäre. Jedenfalls behaupten wir diesen Wörtern gegenüber, dass das höhere Alter der Form auf Seite des Altbaktrischen ist: es lässt sich eher der Uebergang von az in e denken, als umgekehrt der von e in az. Ob nun dieses azd durchgängig aus ursprünglichem addh entstanden sei, möchten wir bezweifeln. Zwar die Imperativform dazdi kann sehr gut aus dath-di oder dad-di entstanden sein und im Sanskrit mag auch früher daddhi für dehi gestanden haben. Dagegen nehme ich Anstand, nazda mit skr. naddha zu vergleichen (cf. Hovelaque in der Revue linguist. 3, 174), das Sanskrit zeigt neda, nedishṭha, nicht nedha u. s. w. Die übrigen indogermanischen Sprachen zeugen auch nicht für einen Dental, sondern für einen Gutturalen, wir billigen es daher vollkommen, wenn Fick in seinem indogermanischen Wörterbuche nazda unter die indog. Wurzel nagh stellt und mit lat. nec-tere und germ. nahe vergleicht. Dass myazda mit skr. miyedha sehr nahe verwandt sci, lässt sich nicht gut bezweifeln, aber die Etymologie ist dunkel. Jedenfalls steht fest, dass altb. myazda Mahlzeit bedeutet, das

Wort ist noch erhalten in neup. ميزد nuyazd, convivium; die früher von mir angenommene Bedeutung »Fleisch« ist unrichtig und auch in meinem Commentare (2, 8) bereits zurückgenommen. Sonne (a. a. O. p. 14 flg.) hat sie ausführlich widerlegt. Das Wort miyedha sucht Sonne allerdings mit miyat, part. von mā, messen, zu vereinigen, woraus dann miyat-dha, miyedha geworden wäre. Ich selbst habe (vgl. m. Commentar zu Vd. 18, 30) mit Rückert an مز mêz, apparatus convivii und an ميزبان mêzbân, is qui homines hospitaliter excipit, gedacht, diese Wörter dürften mit μίγνυμι, miechen, verwandt sein und würden auf eine mit einem Gutturalen schliessende Wurzel führen. Dasselbe Resultat erhalten wir, wenn wir etwa an مزه maza (pārsi mîza) gustus, sapor und an die persischen Verben مكيدن makîdan und مزيدن mazîdan, sugere, gustare denken wollen.

Noch ein Wort, ehe wir schliessen, über die auf die Palatalen und Sibilanten folgenden Vocale. Nach c, sh, j und z finden wir häufig den Vocal i, ebenso häufig aber auch die Vocale a und e. Man schreibt vâcim und vâcem, drujim und drujem, irishaûtô oder irishiûtô, verezeûti und verezîûti. Es ist diess eine wie ich glaube unbedeutende orthographische Verschiedenheit. Ich halte Schreibarten wie verezcûti, irishaûtô für die älteren, sie stehen für verez(y)aûti, irish(y)aûtô, der Halbvocal wurde als der Palatalen oder dem Sibilanten einverleibt gedacht, während er in irishiûtô, verezîûti den folgenden Vocal gefärbt hat.

Als die Summe der oben geführten Untersuchungen dürfen wir wol bezeichnen, dass nachweislich in den beiden arischen Sprachen die Gränzlinie zwischen Palatalen und Sibilanten keine ganz genaue gewesen ist, dass man namentlich die Palatalen in älterer Zeit vielfach für Zischlaute gehalten hat. Dass auch das Littauische und Slavische an dieser Erscheinung sich betheiligen, wissen wir längst. Nicht ohne Interesse ist es aber, auch in dem Dentalismus der Griechen den Beginn einer palatalen Entwickelung erkannt zu haben.

Beilage I.
Der Wechsel zwischen r und s.

Auffallend kann es auf den ersten Blick erscheinen, dass im Erânischen ein r nicht selten in s übergeht, aber die Thatsache

selbst ist darum nicht unsicher. Es wird auch hier erspriesslich
sein, den Gang anzugeben, welchen die Untersuchungen über
diese Spracherscheinung bis jetzt genommen haben. Soviel wir
wissen, ist Oppert der Erste, welcher die Untersuchung in Anregung gebracht hat. Bei Gelegenheit des Eigennamens Fravartis
macht er (Inscriptions des Achem. p. 105) folgende Bemerkungen:
Il est connu que la divinité féminine des Fervers se nomme en
zend Fravasi. Or, il est connu que l' s zend est très-souvent
l'altération d'un rt persan; nous avons déjà rencontré les exem-
ples de aso, en persan arta; de masya, en persan martiya.
Puisque le pehlevi פרורד, le pazend farvar, au pluriel farvardîn, le persan فرور, appuient la vraisemblance de l'application
de la règle susdite, je n'hésite pas à conclure que nous avons
en Fravartis la vraie et ancienne forme pour désigner cette
divinité. Diese Ansicht hat vielen Beifall gefunden. So führen
Sonne (Wismarer Progr. für 1869, p. 9) und Fr. Müller (Kuhn,
Beiträge 5, 383) nicht nur altp. hasiya auf skr. satya, uvâmar-
siyus auf skr. svamṛityu zurück, wobei das y eingewirkt haben
könnte, der zuletzt genannte Gelehrte erkennt auch ausdrücklich
*(a. a. O. 5, 382) altb. s als Vertreter von rt an und vervollständigt die
von Oppert gegebenen Beispiele mit andern, die meistens schlagend
sind. Er vergleicht altb. mesha mit skr. mṛita, mashya mit altp.
martiya, peshana, Schlacht mit skr. pṛitanâ, peshu, Brücke, mit
altb. perethu, asha mit areta, auch in peshô-tanu sucht er eine
Wurzel part, Gewaltthat üben. Neuerlich ist auch Hübschmann
(ein zor. Lied, p. 78) den Spuren Müllers gefolgt, er stellt peshô-
tanus richtig zu peretô-tanus und erklärt auch den altbaktrischen
Wurzeln qâsh und bâsh den Krieg, erstere ist schon von Ascoli
(Beiträge 5, 65) und Hovelaque (Revue de Linguist. 3, 172) in
Zweifel gezogen worden.

Was nun meine Ansicht betrifft, so habe ich den Uebergang
von rt in s von je her beanstandet. Gegen Oppert habe ich
bemerkt, dass der Eigenname Fravartis ein masc., das altb.
fravashi ein fem. sei, beide also nicht ohne Weiteres identisch
sein können, dass farvardîn wahrscheinlich auf parvardan zurück-
gehe, nicht aber der Plur. von fravashi sein könne, endlich dass
die Form farvar eine Unform sei, die nicht vorkomme, sondern
blos fravas und frohar. Auch Müller gegenüber hatte ich meine
eigene Ansicht festgehalten. Die Sache ist, dass ich eben von

einer ganz andern Seite an diese Spracherscheinung herangetreten
war und darum ein anderes Resultat erhielt. Es erregte zuerst
meine Aufmerksamkeit, dass es im Neupersischen eine ganze Klasse
von Zeitwörtern giebt, in welchen r und s wechseln. Mit Bezug
auf diese hatte ich früher (Kuhn, Beitr. 2, 479) gesagt: »Ich halte
es für das Wahrscheinlichste, dass das s ein der Wurzel zugesetz-
ter Laut sei, der aber im Infinitiv allein übrig blieb, als das
schwache r abgefallen war. Entschieden ist diess wenigstens der
Fall bei kâstan, säen, wo schon im Avesta das Präs. kârayêmi
heisst, wie im Neup. kârăm, das part. pass. karsta, neup. kâsta.«
Für dieses Verschwinden des r vor s kann allerdings im Neupersischen eine Anzahl von Beispielen angeführt werden, wie
mustan aus altb. marez, histan aus harez, post, Rücken, aus
pursti u. s. w. Dass dieser Abfall des r bereits im Altb. bisweilen
eingetreten sei, konnte man aus kâshayêiti vermuthen, welches
für karshayêiti stehen muss; ein ganz sicheres Beispiel ist pâshna
für akr. pârshni, fairzna, Ferse. Wie neben kârayêiti karsta, so
finden wir neben perenê parsta, eine Form amereshêûta existirt
wirklich und kann zur Erklärung von Wörtern wie amesha, mesha
verwendet werden. Einen ernsthaften Einwurf gegen diese Theorie
begründet immer das neup. Ardabihist gegenüber von altb. asha
vahista, hier steht ard entschieden für asha. Da aber areta auch
im Altb. vorkommt, so nahm ich an, asha und arĕta seien ziemlich synonym gewesen und das eine Wort sei für das andere
gebraucht worden.

Diese meine frühere Ansicht ist, wie ich auch jetzt noch
glaube, nicht zu verwerfen. Man wird, auf pâshna und kâshayêiti
gestützt, den Ausfall des r vor s und sh zugeben müssen. Auch
der Zusatz eines s oder sh nach r wird mit Rücksicht auf karsta
und parsta nicht ganz zu verwerfen sein. Dagegen glaube ich
jetzt, dass diese Erscheinung nicht die grosse Ausdehnung hatte,
die ich ihr früher zuschrieb. Wenn einige Wörter auf diese Weise
durch Ausfall eines r zu erklären sind, so folgt daraus noch nicht,
dass alle Wörter, welche hier in Betracht kommen können, auf
dieselbe Weise erklärt werden müssen. Es lässt sich also sehr
wohl denken, dass einige Wörter, die s, sh zeigen, durch Schwächung aus rs entstanden sind, während diese Buchstaben in andern aus rt umgewandelt waren. Zugegeben nun, dass s oder
sh für ursprüngliches rt stehe, so lässt sich doch noch immer die

Frage aufwerfen, auf welche Weise dieses s entstanden sei, ob
beide Laute in s zusammengeflossen sind oder ob dieser Buchstabe nur einen dieser Laute ersetzt, während der andere abgefallen ist. Das letztere ist nun meine jetzige Ansicht. Ich glaube,
dass ich früher zu vorschnell erklärt habe, es könne sich r im
Eranischen nicht in s verwandeln, eine ganze Reihe neupersi-
scher Wörter hätte mich aufmerksam machen müssen, dass allerdings s für r steht. So findet man dort gudâstan neben gudârdan,
nigâstan neben nigârdan, âghâstan neben âghârdan und âghâlidan.
Diese Wörter nun erklären uns die altbaktrischen Wurzeln qâsh
und bâsh, die man mit Unrecht bezweifelt hat, es sind wirkliche
Wurzeln, wenn auch keine primären. Wir finden die Wurzel
bâsh wieder in neup. anbâstan, welches neben anbârdan vorkommt, auch ôbâstan, projicere gehört wol hierher. Das Verbum
ôbâstan, sich vollstopfen (praes. ôbâram), ziehe ich zur Wurzel
pash (cf. avo pashât Vd. 4, 147 m. A.), die ich für eine Nebenform von par, anfüllen, halte. Ein neupersisches Verbum qâstan
giebt es zwar nicht, aber es könnte ein solches neben qârdan
und qâlidan ebenso gut bestehen wie âghâstan neben âghârdan
und âghâlidan. Diese Wörter scheinen mir zu erweisen, dass s
blos das r ersetzt, nicht das rt, wie diess auch in vielen andern
neupersischen Wörtern der Fall ist wie angâstan, dâstan, guda-
stan, gumâstan. Wenn wir also im Altbaktrischen bâshar für
baretar, peshô für peretô finden, so ist t abgefallen und diese
Formen verhalten sich etwa wie lat. censor zu umbr. censtur.

Wir kommen bei dieser Gelegenheit nochmals auf die Frage
zurück, ob s, sh vor t auch in ç übergehen könne, sie wird uns
nahe gelegt durch die Formen qâçta und qâçtra, welche ich mit
Justi von qâsh abgeleitet habe. Ich würde über die lautlichen
Schwierigkeiten mich leichter hinwegsetzen, wenn die Bedeutungen besser passten. Nach der Tradition soll qâçta an den meisten
Stellen »gekocht« bedeuten und wir dürfen diess nicht bezweifeln, da diese Erklärung vollkommen passt. Allein qâçta kommt
auch Yç. 11, 5 vor und dort soll es so viel wie neup. خوراک
qâçta, Vermögen, bedeuten und gewiss ist, dass die Bedeutung
»gekocht« an der genannten Stelle nicht passt. Soll man nun
einen Bedeutungsübergang annehmen, so müsste dieser etwa so
gedacht werden : 1) gekochte Speise, 2) Speise überhaupt, 3) Gut,

Vermögen. Der Uebergang wäre ähnlich wie im lat. pecus und
pecunia. Gleichwol halten wir diese Annahme für sehr unsicher.
Gewöhnlich pflegt man qáçta und das nahe verwandte qáçtra
von qáḁh abzuscheiden und auf skr. svàd zurückzuführen, welches
im Altbaktrischen zu qàd geworden sein müsste. Für qáçtra hat
diess schon Burnouf vorgeschlagen und Hovelaque folgt ihm
(Revue ling. 3, 172). Was mir Bedenken erregt ist, dass sich
die Wurzel qàd im Altbaktrischen nicht sicher belegen lässt und
in solchem Falle bin ich mit der Herübernahme von Sanskrit-
wurzeln sehr bedenklich. Das Eränische kennt allerdings die aus
svàd erweiterte Wurzel qañd in qañdrakara, freundlich lächelnd,
neup. khandîdan, lachen, arm. khandâm, ich freue mich (vgl.
meine Bemerkungen zu Vd. 13, 139 und Revue ling. 3, 117),
dazu stimmt aber skr. sundara, schön und gr. ἀνδάνω, aber die
Bedeutung des Süssen, Schmackhaften zeigt sich nirgends, es
steht im Gegentheil dem svàdu, ἡδύς, suavis, sutis der übrigen
indogermanischen Sprachen, im Neup. خوش, qas, gegenüber,
was auf einen andern Ausgang der Wurzel als d hinweist, im
Altb. ist auch qarezu, superl. qarezista, zu beachten. Man sieht,
es ist eben so schwer die Zugehörigkeit von qáçta, qáçtra zu
qáḁh zu begründen als sie zu verwerfen. Mehr Licht erhalten wir
vielleicht, wenn wir von der Bedeutung von qáçta, Vermögen,
ausgehen, welches offenbar mit neup. خواستن qáçtan zusammenhängt. Fr. Müller (Beitr. 2, 399) sucht dieses Verbum gleichfalls von qàd = svàd abzuleiten, allein dieser Versuch scheitert
an dem Präs. خوارم qàhem, welches uns auf eine altéränische
Wurzelform qàh oder qáǵh hinweist. Mehr zusagend ist die Vermuthung von Ascoli (Beitr. 5, 55), welcher skr. çvas, athmen
vergleicht, was dann freilich statt svas geschrieben wäre (cf.
huska und çushka, qaçura und çvaçura). Die Grundbedeutung
wäre »aufwallen«, daraus würde sich sowol kochen, sieden, wie
auch wünschen ableiten lassen. Ob man auch das Vd. 7, 93
vorkommende qaçta und aqaçta hierher ziehn soll, wie Justi will,
lasse ich unentschieden. Die Tradition übersetzt »gemahlen und
ungemahlen«, vielleicht sind diese Wörter anderswo anzuschliessen.

Schliesslich bemerke ich noch, dass sich der Wechsel zwischen
r und e auch auf indoskythischen Münzen findet: Huska und
Oerki, Kaniska und Kanerki.

3 *

Çpeñtô mainyus — Aĝrô mainyus.
Aburô mazdão — duzhdão.

Wir haben oben versprochen, über das Wort mazdão noch
einige besondere Bemerkungen nachzutragen. Die Natur der
Sache bringt es mit sich, dass wir bei dieser Gelegenheit eine
etwas weitere Umschau halten unter den Namen für die beiden
höchsten Principien der Erânier. Der streng ausgebildete Dualismus des Avesta zeigt sich auch im Gegensatze der Namen,
dieser Gegensatz kann nun möglicher Weise auch die Etymologie
auf die richtigen Spuren leiten. Unter diesen sich entgegengesetzten Namen sind nun die zuerst in der Ueberschrift genannten die durchsichtigsten. Beiden Namen ist das Wort mainyus
gemeinsam. Dass dieses Wort von der indogermanischen Wurzel
man, denken, abstamme, dass dasselbe lautlich genau mit dem
sanskritischen manyus übereinstimme, bedarf ebensowenig des
Beweises, als dass die Bedeutung desselben im Erânischen und
im Sanskrit verschieden ist. Das Erânische scheint dem Ursprünglichen näher geblieben zu sein, anfangs muss mainyu
»Gedanke« bedeutet haben, wie auch aus dem Worte dush-
mainyu, schlechte Gedanken habend, Feind (np. ‫دشمن‬) zu er-
sehen ist. Bald indessen muss das Wort die Bedeutung des nur
mit dem Gedanken zu erfassenden, überirdischen Geistes erhalten haben. Neriosengh übersetzt das Wort bald mit adriçyamûrtih,
mit unsichtbarem Körper, bald mit paralokin, himmlisch. Es
wäre für die Kritik des Avesta von grosser Wichtigkeit, wenn
sich ermitteln liesse, in welcher Zeit man im Oriente aufhörte,
den höchsten Gott als körperliche Person anzuschauen und anfing,
ihn als unsichtbaren Geist zu verehren. Dass nicht erst Neriosengh
es war, welcher diese Auffassung aufbrachte, dass sie wenigstens
die Huzvâresh-Uebersetzung, wahrscheinlich auch schon die
Schreiber des Avesta theilten, ersieht man aus Yç. 4, 12, zu
welcher Stelle man die Bemerkungen in meinem Commentare
vergleichen kann. In den neuern êrânischen Sprachen hat sich
mainyu in mînô verwandelt und hat die Bedeutung Himmel, wie
man namentlich aus Firdosi sehen kann; die Huzvâresh-Uebersetzung hat sich desshalb genöthigt gesehen, ein Adjectivum
mînôi zu bilden, um das altbaktrische mainyus auszudrücken.

Wo der Dual mainyû im Avesta vorkommt, da sind die beiden sich entgegengesetzten Principien zu verstehen [1]). — Ueber das Beiwort çpeñta, welches dem guten Geiste beigelegt wird, brauche ich hier nur das Wesentlichste zu erwähnen, da ich bereits anderswo (Kuhn, Beitr. 5, 401) ausführlich über dasselbe gesprochen habe. Es kann nicht zweifelhaft sein, mag man nun die Wurzel çpau selbst oder die traditionelle Uebersetzung von çpeñta berücksichtigen, dass çpeñta zunächst »vermehrend« bedeutet, dass also çpeñtô mainyus heisst: der vermehrende Geist, d. h. wie die Parsen wol richtig erklären, derjenige, welcher aus einer Sache viele Dinge zu machen im Stande ist. Da indess çpeñta von Neriosengh auch mit guru i. e. gravis, oder mit mahattara, sehr gross, übersetzt wird, so kann man annehmen, dass die Grundbedeutung von den Erâniern nicht immer berücksichtigt wurde und in ihren Augen das Wort çpeñta so viel als »heilig« bedeutete. Das Alter dieser Bedeutung wird durch das identische littauische szventas erhärtet.

Durch diese Bemerkungen über den Namen Çpeñtô mainyus ist die Bedeutung des Gegensatzes Agrô mainyus grösstentheils schon gegeben. Wenn Çpentô mainyus der Geist ist, welcher die Dinge vermehrt, so muss Agrô mainyus der Geist sein, welcher die Dinge vermindert oder vernichtet. Damit stimmt denn auch die Tradition. Agrô mainyus wird von Neriosengh (Yç. 27, 2) mit hantâ adriçyamûrtiḥ übersetzt, ebenso wird agra, wo es allein vorkommt, stets mit hantâ gegeben (Yç. 42, 15. 43, 12. 44, 2), nur an einer Stelle (Yç. 47, 10) steht für añgrayâ das Wort anyâyinaḥ, aber mit der Erklärung hantârah. In der Huzvâresh-Uebersetzung steht für agrô mainyus gewöhnlich גَנַאכ מינוי ganâk mínôi oder auch גَנַّאכ מינוי gannâk mínôi, mit Verdoppelung des n, wie in mehreren Wörtern. Das Pârsi setzt dafür گَنا مِينُو oder Ganâ mainyô. Ebenso steht an allen Stellen, wo agra allein vorkommt, in der H. U. ganâk oder gannâk oder auch das daraus verkürzte ganâi. Hieraus erhellt, dass ganâk ==

---

1) Dass übrigens auch die indische Bedeutung von manyu, Zorn, bis in die indogermanische Zeit zurückgeht, beweist nicht blos gr. μαίνομαι, sondern auch altb. mainis (Yç. 31, 15. 13, 19), welches Sündenstrafe bedeuten soll und wol mit μῆνις zusammenzustellen ist.

hantà ist und damit uns kein Zweifel darüber bleibe, wird
(Yç. 47, 10c) ganàk durch רמרע i. e. زادر erklärt, was dasselbe
wie hantà ist. Demnach kann man ganz sicher behaupten, dass
nach der traditionellen Auffassung Aĝrô mainyus bedeuten soll:
der schlagende Geist. So habe denn auch ich denselben erklärt
und in meinem Commentare (l, 14) huzv. ganàk, ganài als part.
praes. eines verlornen Verbums gandan gefasst, das ich auf alt-
indog. ghan, schlagen, zurückführte und in neup. آگَندَن, àgandan, füllen, und اَفگَندَن, afgandan, werfen, noch erhalten sah.
Diese Etymologie hat neuerlich Hübschmann bestimmt für falsch
erklärt. Ehe ich mich auf eine weitere Besprechung einlasse,
will ich eine Bemerkung machen, die nicht überflüssig sein wird.
Wenn meine Etymologie falsch ist, so versteht es sich, dass sie
aufgegeben werden muss. Damit ist aber nicht gesagt, dass
auch die traditionelle Uebersetzung falsch sei, diese ist viel früher
dagewesen als meine Etymologie und durchaus nicht auf diese
letztere begründet, sondern umgekehrt, meine Etymologie auf
die Tradition. Wenn also meine Etymologie falsch ist, so er-
setze man sie durch eine andere, aber durch eine solche, mit
welcher der geschichtlich überlieferte Begriff des Wortes bestehen
kann. Vor der Hand indess halte ich meine Etymologie nicht
nur nicht für widerlegt, sondern nicht einmal für ernstlich an-
gegriffen. Hübschmann sagt blos, ganàk könne nicht von akr.
han herkommen, denn dieses heisse im Altb. jan. Damit ist aber
Nichts gesagt. Die Wurzel han hat in der 3 pr. pl. praes.
ghnanti und im part. praes. ghnant, warum soll das identische
jan sein Particip nicht ebenso gebildet haben, um so mehr, da
auch im Altb. Formen wie ghnàna und avaghnàt, ghna vorkommen? Es steht also nichts im Wege ganàk, ganài mit altb. jan,
neup. زدن in Verbindung zu bringen. Wollte man die Form
gannàk als die ursprüngliche ansehen (was ich nicht glaube), so
wäre gan-nàk zu theilen, gan müsste einem Substantiv ghana,
Schlag, entsprechen, nàk wäre neup. ناك wie in خشَّناك. Was
die neuern von mir früher beigezogenen Wörter betrifft, so bestehe ich nicht mehr auf اَفگَندَن, weil ich nicht gewiss bin, ob
afkandan oder afgandan die richtige Schreibung ist. Dagegen
scheint mir àgandan mit der Nebenform àghandan (s. Vullers s. v.)

bestimmt hierher zu gehören, der Imperativ **àgin** beweist, dass das Verbum nach cl. 4. flectirt wurde, mit Rücksicht auf die Bedeutung ist skr. samhan zu vergleichen.

Noch bleibt uns das altbaktrische Wort **aǧra** zu betrachten übrig, welches sich übrigens in den Gâthâs bisweilen auch aṅgra geschrieben findet. Ich habe aǧra auf die Wurzel aǧh, schlagen, zurückgeführt, neuerdings hat man mit Rücksicht auf die Schreibung aṅgra an die Wurzel aṅh, beengen, gedacht, so Fick im Wurzelwörterbuch p. 5, 2. Aufl. und Hovelaque, Revue ling. 5, 79. Die Lautverbindungen ǧh und ṅg müssen im Altbaktrischen ziemlich ähnlich geklungen haben, darum finden wir sie nicht blos in aǧra, sondern in noch mehr Wörtern wechseln. Welche Schreibart immer die richtige sei, kann nur die Etymologie entscheiden, es zeigt sich nämlich, dass ursprüngliches ṅg im Neupersischen ng bleibt, während ursprüngliches ǧh zu h wird. So schreibt man im Altb. aǧusta und aṅgusta, aber neup. اَنگُشت angust, Finger, Zehe; baǧha und baṅga aber neup. بَنگ baṅg, dagegen wird daǧhus zu دِه dih, aǧrô mainyus zu âharman. Demnach dürfte die Ableitung aus aǧh, skr. as werfen, schlagen, vorzuziehen sein.

Wir wenden uns nun zur Betrachtung der beiden noch übrigen Namensformen. Wir finden im Namen der guten Gottheit zuerst das Wort ahura, welches im Namen des bösen Princips nicht wiederkehrt. Dass übrigens die Verbindung des Wortes ahura mit dem Namen mazdâo schon alt sei, sieht man daraus, dass in den Keilinschriften der Name der obersten Gottheit fast durchgängig Auramazdâ lautet, so zwar, dass das Ganze ein einziges Wort bildet, dessen letzter Theil blos declinirt wird. Auch bei Diogenes von Laërte finden wir die Form Ὠρομάσδης, die spätere Form Ὠρομάζης stützt sich ohne Zweifel gleichfalls auf eine eranische Aussprache, denn es kommt dort öfter vor, dass der Bequemlichkeit willen von Doppelconsonanten der zweite nicht ausgesprochen wird. Im Avesta dagegen werden beide Theile des Namens ahurô mazdâo flectirt, ein Gebrauch, der sich im Altpersischen nur ein einziges Mal in einer Inschrift des Xerxes (C, 10) findet. Dass aber das Wort ahura im Avesta nicht einen wesentlichen Bestandtheil des Namens bildet, sieht

man daraus, dass mazdâo auch ohne den Beisatz von ahura für
den Namen der Gottheit gebraucht wird, ebenso auch ahura
ohne den Beisatz von mazdâo. In der That heisst ahura nichts
weiter als Herr und wird auch von menschlichen Herrn gebraucht; wo ahura ohne weiteren Beisatz von der obersten Gottheit gebraucht wird, da heisst es eben der Herr κατ' ἐξοχήν.
Wir haben also mit diesem Worte hier weiter nichts zu schaffen
und benutzen blos die Gelegenheit, um nochmals recht energisch
die Ansicht der Sanskritisten zurückzuweisen, als ob ahura ursprünglich »lebendig« bedeute. Es ist dazu gar kein Anhalts-
punkt gegeben; denn wenn asu im Sanskrit Leben bedeutet, so
ist bis jetzt auch nicht der geringste Beweis erbracht, dass diese
Bedeutung jemals über Indien hinaus gereicht habe. Im Altbaktrischen heisst bekanntlich das identische ahu »Ort« und »Herr«,
diese Bedeutungen aus der Bedeutung »Leben« abzuleiten, ist
nur dann möglich, wenn man entschlossen ist, die altbaktrischen
Wörter um jeden Preis dem Sanskrit zu retten. Gewöhnlich legt
man das Hauptgewicht auf die Wurzel, die keine andere als as,
ah sein kann. Die abstracte Bedeutung »sein«, so schliesst man,
könne doch keinenfalls die ursprüngliche gewesen sein, eine
andere concretere müsse ihr vorangegangen sein, als diese wird
nun — lediglich dem sanskritischen asu zu lieb — »leben,
athmen« angenommen (cf. M. Müller, Lectures 2, 349). Gewiss
ist einmal so viel, dass die Wurzel as nirgends in einer indogermanischen Sprache in einer anderen Bedeutung als »sein« vorkommt, weiter dass auch gar Nichts ausser skr. asu für die
Bedeutung »leben« spricht, und dieses Wort ist zur Begründung
der Bedeutung nicht ausreichend. Viel ansprechender ist die
Annahme Potts (Etym. Forschungen 2, 4. 229, 2. Aufl.), dass as
in nächstem Zusammenhange mit âs, sitzen, stehen möge. Diess
ist um so wahrscheinlicher, als auch âs in den beiden arischen
Sprachen gelegentlich als Hülfsverbum gebraucht wird.

Gehen wir nun zu den Wörtern mazdâo, duzhdâo fort. Wir
beginnen mit dem letzteren und müssen vor Allem erklären, warum
wir diese beiden Wörter zusammenstellen. Sie stehen keineswegs
in demselben Verhältnisse zu einander wie çpeñtô mainyus und
aĝrô mainyus; während mazdâo ein wesentlicher Bestandtheil des
Namens ahurô mazdâo ist, haben wir in duzhdâo nur ein hie und

da gelegentlich erscheinendes Beiwort des Aĝrô mainyus. Der
Grund zur Zusammenstellung liegt erstens in der gleichen Bildung
und Flexion. Im Altbaktrischen finden wir die Casus mazdâo,
mazdaúm, mazdâi, mazdât, mazdâo, dadurch ist dargethan, dass
das Wort auf eine Wurzel ausgeht, an welche die Flexions-
endungen angehängt sind. Ganz ähnlich im Altpersischen, wo
die Formen Auramazdâ, Auramazdâm und Auramazdâha vorkommen; letzteren Casus (gen.) erkläre ich Auramazdâ-h-a(h), so
dass ein h zwischen Endung und Stamm eingeschoben wäre, cf.
Dârayavahus. Andere theilen Auramazdâh-a(h), wodurch wir
auf die Wurzel dah = daĝh geführt werden. Ebenso finden
wir nom. duzhdâo, acc. duzhdaúm oder duzhdem, voc. duzhda.
Ein zweiter Grund, mazdâo und duzhdâo zu verbinden, ist die
gleichartige Auffassung durch die Tradition. Duzhdâo wird immer
durch דושדאין oder dushtajñânin wiedergegeben, mazdâo zwar
in der H. U. nur mit מזדאה umschrieben, aber von Neriosengh
mit mahâjñânin übersetzt. Treten wir nun dem Worte duzhdâo
etwas näher, so finden wir, dass vor Allem ein anderes Wort da
ist, welches einen noch bessern Gegensatz zu demselben bildet
als mazdâo. Diesen ist das in den Gâthâs vorkommende Wort
Wort hudâo, welches die H. U. mit הודאין, Neriosengh mit
uttamajñânin übersetzt. Yç. 44, 6 ist von hudâo yôi heäti, dem
Weisen (derer), welche sind die Rede, dieser ist nach der Tradition Ahura Mazda, Yç. 50, 10, von duzhdâo yôi heäti, dem
Schlechtes wissenden (derer) welche sind, diess ist Aĝrô mainyus.
Allein Yç. 41, 5 finden wir hudçtema = הודאשתמא oder sujñâ-
uitama, es dürfte also ein Thema hudâoĝh anzunehmen sein, zu
dem wir auch hudâobyô, Yç. 34, 13 und hudâoĝhô, Yç. 30, 3
ziehen müssen, während das an derselben Stelle vorkommende
duzhdâoĝhô nach Allem was wir wissen gebildet sein muss wie
mazdâoĝhô. Wenn wir nun aber duzhdâo übersetzen: Schlechtes
wissend, wie die Parsen wollen, so werden wir den letzten Theil
des Wortes auf eine Wurzel dâ zurückleiten müssen, welche
»wissen« bedeuten muss. Es fragt sich nun, welche Anhaltspunkte für diese Wurzel wir sonst im Altêrânischen haben. Aus
dem Altbaktrischen ist hieher zu ziehen: daúm = דאין, Wissen,
Vsp. 16, 7, ähnlich gebraucht wie maúm von mâ, Vd. 5, 170.
Ferner hudâ-uus = הודראין oder uttamajñânin, Yç. 31, 10, gen.

hudánaos, Yç. 43, 9 oder hudánáus, Yç. 49, 9. Im Altpersischen gehört hieher: adáná, er wusste, im Neupersischen dánięten, wissen (wahrscheinlich Denominativ von dánu) und dánis, Wissen. Trotz dieser Zeugnisse kann man immerhin fragen, ob man eine Wurzel dá, wissen, annehmen soll. Im Sanskrit bildet jñá, wissen, im Präsens jánámi, dasselbe könnte im Altpersischen der Fall gewesen sein, die Imperfectform adáná würde sehr gut zu skr. ajánát stimmen. Allein dagegen spricht, dass die Abplattung des ŕ zu d nur westeránisch ist, nicht osteránisch; wir haben aber nicht blos altp. adáná, sondern auch die altbaktrischen Wörter wie dańm, hudáuus auf eine Wurzel dá zurückzuführen. Da nun auch das Griechische ein Thema ΔΑΩ neben γιγνώσκω anerkennt und Griechisch und Altéránisch auch sonst vielfache Berührungspunkte haben, so wird es am besten sein, auch für das Altéránische die Wurzel dá anzunehmen. Es hat nicht an Sprachvergleichern gefehlt, welche nicht nur die Wurzel dá, wissen, ableugnen, sondern auch hudánu zu skr. sudánu stellen und mit »schöne Gaben habend« übersetzen wollten. Ein solches Beginnen kann nicht scharf genug zurückgewiesen werden. Was würde ein klassischer Philologe sagen, wenn man ihm zumuthete, Formen wie δίδωα und ὀαῆγοι zu δίδωμι zu ziehen und mit »geben« zu übersetzen? Ebenso unzulässig ist es im Altbaktrischen. Die Sprachvergleichung kann keine Bedeutungen machen und braucht keine zu machen, thut sie es dennoch, so überschreitet sie ihre Befugnisse und schädigt den historischen Gehalt alter Urkunden. Dass es mit der nahen Verwandtschaft des Altbaktrischen und Sanskrit nicht so weit her ist, dass man dieses Verfahren entschuldigen könnte, liegt jetzt schon am Tage.

Wir kommen nun endlich zu mazdáo. Wenn wir von der Erklärung Neriosenghs (mahájñánin) ausgehen, so liegt es am nächsten, den letzten Theil des Wortes für identisch mit dem in duzhdáo gefundenen dáo, Wissen, zu halten. Die Silbe maz müsste dann dem indischen mahá entsprechen und Alles wäre in Ordnung. Die altbaktrischen Wortformen maç und maz, die beide gross bedeuten, bieten sich nun ungesucht zur Composition mit dáo dar. Auf diese Weise ist mazdáo bereits von Burnouf erklärt worden und Sonne, ich selbst und viele Andere

haben sich ihm angeschlossen. Zweifelhaft ist diese Erklärung
erst durch die Behauptung geworden, dass ein aus ursprünglichen
Gutturalen entstandener Zischlaut vor Consonanten nicht in ç
und z, sondern in s und zh überzugehen habe. Wir haben diese
Ansicht oben gebilligt, aber bereits wegen des Ueberganga in zh
einen Vorbehalt ausgesprochen, einen weiteren wollen wir noch
mit Bezug auf das Wort mazdåo selbst hinzufügen. Offenbar ist
die Zusammensetzung maz-dåo beträchtlich jüngeren Datums als
die Vereinigung von Wörtern wie frayasti, thwarsta u. dgl., sie
wird erst aus einer Zeit herrühren, wo ç, z nicht mehr anders
denn als Zischlaute gefühlt wurden. Da kann es denn nicht auffallen, wenn man maç-dåo ebenso in mazdåo verwandelte wie sogaç-
daçtema in sogazdaçtema, ursprüngliches maz-dåo aber einträchtig
bei einander bestehen liess. Ich halte an dieser Erklärung so fest,
weil sie mir immer noch die wahrscheinlichste zu sein scheint.
Sie erhält eine Art von Bestätigung durch Yç. 40, 1. åhû at paiti
adåhû mazdå ahurå mazdanmcå bûiricå kerešvå. Ich will die
schwierige Stelle nicht nochmals besprechen, über welche ich
nichts Neues beizubringen wüsste, ich bemerke blos, dass die
Tradition mazdanm durch מַדַע oder mahattå übersetzt und dass
diese Erklärung durch das daneben stehende bûiri sehr wahrscheinlich wird. Zu vergleichen ist ferner mazdåiti, Vsp. 18, 7,
nach der Tradition heisst das Wort Entgegenkommen, ich wäre
geneigt es mit neup. مزد muzhda, frohe Botschaft, zu verbinden,
ein Wort, das bei der Erklärung von mazdåo nicht ausser Acht
gelassen werden darf.

Um uns nicht dem Vorwurfe auszusetzen, als ob wir sonstige
passende Erklärungen des Wortes mazdåo von der Hand wiesen,
so wollen wir mit einigen Worten noch erwähnen, was sich sonst
darbietet. Wollten wir, im Anschluss an die obige Yaçnastelle,
mazdåo etwa Grösse, grosse Gabe übersetzen, so würden wir sehr
stark von der Tradition abweichen, weder einen passenden Sinn
noch sonst einen Vortheil erlangen, denn die lautlichen Schwierigkeiten würden fortbestehen. Diese wären allerdings gehoben,
wenn man maz = altb. madh, Wissen, nehmen wollte, also
mazdåo Wissensgabe oder auch Wissen gebend. Allein diese
Bedeutung scheint mir für den ganzen Charakter des Ahura
Mazda viel zu beschränkt. Oft genug hat man mit mazdåo auch

das sanskritische medhas verglichen. Dieses Wort kann nun nicht dem mazdâo entsprechen, eher medhâ, Weisheit, welches sich ähnlich dazu verhalten müsste wie neda zu nazda. Allein wo soll das Wort herkommen? weder maddhâ noch masdhâ führen auf etwas Bestimmtes. Mir ist wahrscheinlich, dass die Inder Recht haben, wenn sie medhâ von midh ableiten, ich sehe in dieser Wurzel eine Schwächung von altbaktr. madh, mâdh, μανθάνω, wissen.

(Fortsetzung folgt im nächsten Hefte.)

II.

Der Einfluss des Semitismus auf das Avesta.

Seitdem ich mich mit dem Avesta beschäftige, hat sich bei mir mehr und mehr die Ueberzeugung festgesetzt, dass zur vollkommenen Erklärung dieses Buches die Ideen nicht ausreichen, welche dasselbe mit seinem östlichen Verwandten in Indien gemeinsam hat, sondern dass wir in gar manchen Dingen auch den Einflüssen Rechnung tragen müssen, welche von Westen her auf Erân einwirkten. Die Natur der Dinge bringt es mit sich, dass wir diese letztere Einwirkung mehr in den Sachen als in der Sprache beobachten können, doch hat sich auch diese meiner Ueberzeugung nach davon nicht ganz frei gehalten und ich finde daher einzelne Spuren des Semitismus sowol in der Grammatik wie auch im Lexikon. Dass diese meine Ansicht nicht sofort allgemeinen Beifall gefunden hat, ist begreiflich genug und ich selbst gebe zu, dass die Anrufung eines fremden Sprachstammes zur Erklärung einer Sprache nur durch die Nothwendigkeit gerechtfertigt wird und dass dabei grosse Vorsicht geboten ist. Wenn wir somit einer leichtfertigen Vergleichung durchaus nicht das Wort reden wollen, so können wir es andrerseits doch nur für eine Beschränktheit ansehen, wollte man eine Vergleichung des Semitismus von vorn herein als unberechtigt abweisen. Ein solches Verfahren würde zu sehr an das Vorgehen der sogenannten Stockphilologie erinnern, als dass wir dasselbe einem einsichtigen Sprachforscher zutrauen möchten.

Die ersten Forscher auf dem Gebiete des Avesta haben sowol die Grammatik als das Lexikon erst schaffen müssen und auch heute noch kommt man zu oft in die Lage, bei der Nachprüfung der Resultate die gleichen Wege zu gehen, als dass es nicht nützlich sein sollte, mit einigen Worten die Grundsätze anzugeben, nach denen man sich bei diesem Verfahren zu richten hat. Vor Allem

muss es festgehalten werden, dass unsere erste Pflicht ist: die
Thatsachen zu ermitteln, wie sie waren. Es muss festgestellt werden, wie die Sprache war, und zwar zunächst aus der
Sprache selbst, ob ein Wort diese oder jene Bedeutung besessen, welche Bedeutung diese oder jene Form, diese oder jene
Construction gehabt hat. Erst wenn der Thatbestand sicher ermittelt ist, kann man sich an die Vergleichung wagen. Man wird
natürlich zuerst fragen, wie sich im gleichen Falle die Sprachen
derselben Sprachfamilie verhalten, dann wird man auch die Sprachen der übrigen Sprachstämme herbeiziehen können und zwar
vorzugsweise die älteren unter ihnen. In welchem Falle wird nun
die Annahme einer semitischen Einwirkung gerechtfertigt sein?
Es wäre sehr thöricht, wenn wir im Voraus bestimmen wollten,
wie diese semitische Einwirkung ausgesehen haben müsse. Wir
werden eben auf die semitischen Sprachen zurückgreifen dürfen
in allen Fällen, wo es erspriesslich erscheint, also wenn uns die
indogermanischen Sprachen im Stiche lassen, während die zu
erklärende Spracherscheinung mit dem semitischen Sprachgebrauche
oder die Bedeutung eines betreffenden Wortes mit der eines
semitischen Wortes in schönem Zusammenhange steht.

Nach diesen Vorbemerkungen können wir unsere Untersuchung anfangen. Ich beginne mit dem Einflusse des Semitismus auf die altbaktrische Grammatik, weil ich diesen für den
unerheblichsten halte. Selbst wenn alle die nachfolgenden Fälle
sich als unrichtig herausstellten, würden wir, auf das Lexikon
und die Mythologie gestützt, die Einwirkung des Semitismus
noch immer festhalten können. Es liegt in der Natur der Sache,
dass die von uns aufzuzählenden Fälle aus der Syntax entnommen werden müssen.

Es wird bekanntlich als eine bezeichnende Eigenthümlichkeit
der indogermanischen Sprachen angesehen, dass dieselben ursprünglich drei Geschlechter unterscheiden: neben Masculinum
und Femininum auch ein Neutrum. Auf dieser Stufe pflegen
freilich die indogermanischen Sprachen nicht stehen zu bleiben,
man findet es nicht selten, dass sie diesen Reichthum zu beseitigen suchen, dann dürfte das Gewöhnlichste sein, dass Masc.
und Fem. in ein genus comm. zusammenfallen und das Neutrum
für sich bestehen bleibt. Das Eränische hat, um zu seinem Ziele
zu gelangen, einen etwas verschiedenen Weg eingeschlagen. Es

giebt im Avesta nur wenig Wörter, die gen. comm. sind, nicht
selten sind aber die Beispiele, dass Femininum und Neutrum zusammenfallen. Diess zeigt sich theils syntaktisch, indem man das
Femininum mit dem Neutrum verbinden kann wie kaŝmciļ paiti
vacaĝhaŝm (Vd. 9, 35), kaŝmciļ taokhmanaŝm (Vd. 12, 63), naçus daevô-dâtem (Vd. 19, 17), theils aber auch in der Formenlehre, indem Neutra geradezu Femininendungen annehmen können, wie nmânâo (Vd. 5, 122), nmânâhu (Yç. 61, 2) von nmâuem,
dakhstâbyô (Vd. 13, 60) von dakhstem; zuweilen erhalten die Femi-
nina Neutralendungen wie naçu statt naçus (Vd. 9, 168. 10, 2). Es
ist unzweifelhaft, dass diese Formen nicht etwa der Verderbniss
der Handschriften ihre Entstehung verdanken, sondern wirklich
in der Sprache vorhanden sind, es fragt sich nur, welche Gründe
diese Erscheinung hervorgerufen haben. Man hat nun jedenfalls
die Grundbedingung für dieselbe in der altbaktrischen Sprache
selbst zu suchen, diese wünschte den Unterschied der drei Geschlechter aufzuheben und auf den Standpunkt der heutigen êrânischen Sprachen zu gelangen, in welchen blos Lebendiges und
Lebloses unterschieden wird. Dass man aber das Femininum
lieber an das Neutrum anschloss als an das Masculinum, dazu
dürfte die Analogie der semitischen Sprachen mitgewirkt haben.
Im Syrischen finden sich die Beispiele häufig, dass das Femininum das indogermanische Neutrum vertritt, namentlich bei Uebersetzungen aus dem Griechischen; der Kürze wegen verweisen
wir auf Uhlemanns syrische Grammatik § 70. 3. Dass aber diese
Eigenthümlichkeit auch dem weiteren Kreise der semitischen
Sprachen angehört, zeigt Ewald, hebr. Gr. § 172. b, womit man
noch die Bemerkungen Schraders über das Assyrische (die assyrisch-babylonischen Keilinschriften, p. 217) vergleichen kann.

Noch bezeichnender für das Verhältniss des Altbaktrischen
zum Semitischen scheint mir der Gebrauch des Dualis zu sein,
den man in meiner altb. Grammatik § 245 flg. dargestellt findet.
Seitdem W. v. Humboldt seine klassische Abhandlung über den
Dualis veröffentlicht hat, wissen wir, dass die Grundanschauung
dieses Numerus nicht auf den Begriff der Zweiheit zurückzuführen
ist, sondern dass derselbe das paarweise Existirende zu einer Einheit zusammenfassen will. Von dem griechischen und indischen
Dualis unterscheidet sich nun der altbaktrische dadurch, dass in
ihm nicht zwei beliebige Personen oder Gegenstände zu einem

Paare zusammengefasst werden können, sondern derselbe nur gefunden wird: an einigen Zahlen, dann an den Gliedern, welche
paarweise vorhanden sind, endlich an einigen Dingen, welche zu
einem Paare verbunden gedacht wurden, ganz wie im Hebräischen.
Auch darin stimmt das Altbaktrische zum Hebräischen, dass der
Begriff der Zweiheit, wo er hervorgehoben werden soll, durch
Beisetzung des Zahlwortes für zwei noch besonders bezeichnet
werden muss (vgl. m. altb. Gr. § 246 und Ewald, hebr. Gr.
§ 180). Dass das Verbum nach dem Dual gewöhnlich nicht im
Dual, sondern im Singular oder Plural stehe, ist von mir altb.
Gr. § 321 gezeigt worden. Ganz ebenso im Hebräischen, wo es
Job 10, 6 heisst יָדֶיךָ עִצְּבוּנִי deine Hände bedrängen mich, oder
Micha 7, 10 עֵינַי תִּרְאֶינָה meine Augen werden schauen, oder auch
1 Sam. 4, 15 עֵינָיו קָמָה seine Augen starrten. Vgl. Ewald l. c.
§ 317 a. b. Schrader l. c. p. 225.

Die grosse Aehnlichkeit im Gebrauche des Duals bei den
alten Baktriern und den Semiten regt die Frage an, ob sich
nicht für den Plural ähnliche Berührungspunkte finden. Ueber
die Anschauungen, welche dem semitischen Plural zu Grunde
liegen, dürfen wir auf die Untersuchungen verweisen, welche
Dietrich in seinen Abhandlungen zur hebräischen Grammatik
(Leipzig 1846) angestellt hat. Es wird gezeigt, dass der semitische Plural nicht zur Bezeichnung der Vielheit dienen soll, dass
er vielmehr die Vielheit zu einer Einheit höherer Art zusammenfassen will, so dass er mehr Aehnlichkeit mit einem Collectiv-
nomen hat als mit unserem Plural. Aus dieser Anschauung erklären sich manche Eigenthümlichkeiten der semitischen Syntax
und wenn wir im Altbaktrischen ähnliche Eigenthümlichkeiten
finden, so wird man sie ähnlich erklären müssen. Hier machen
wir vor Allem auf die Plurale der Wörter auf a aufmerksam,
welche die Mehrzahl aller Plurale bilden dürften. Dass der abgekürzte Plural der Masculina, welcher auf a ausgeht, nichts
Anderes sei als die Neutralendung, hat schon Bopp gezeigt (Vergl.
Gr. I, 456, 2. A.). Wenn wir also Plurale finden wie mazdayaçna,
so werden wir dieselben ebensowol mit »die Mazdayaçnas« übersetzen können als wie »das Mazdayaçnathum«, und aus dieser
Eigenthümlichkeit habe ich mir den Umstand erklärt, dass diese
Plurale ebenso mit dem Singular wie mit dem Plural des Verbums
construirt werden, mit Verweisung auf Ewald h. Gr. § 317.

Aus den Beispielen dieser Constructionen, welche ich in meiner altb. Gramm. §§ 243. 320 gesammelt habe, wird man übrigens sehen, dass sich dieselben nicht auf Wörter auf a beschränken, und wenn es Vd. 5, 25. 27 heisst: vayô dim baçtem nayêiti vayô dim paçaeta fraguharenti, so wird man übersetzen müssen: das Gevögel führt ihn gebunden fort, die Vögel fressen ihn dann auf, Vd. 6, 61: acté naçâvô frithyêitica pûyêitica etwa: dieses Leichenthum ist stinkend und faul. Ueberhaupt wird man am besten thun, wenn man solche mit dem Singular construirte Plurale durch Wörter ausdrückt, welche durch Suffixe wie schaft, heit oder thum gebildet sind. Wenn man im Griechischen sagt τὰ θηρία τρέχεται, so hat man allerdings auch dieselbe Erscheinung, aber in viel engeren Gränzen.

Wenden wir uns nun vom Numerus zu den Casus, so finden wir auch dort ähnliche Analogien. Wir heben hier namentlich den Gebrauch des Accusativs hervor, welcher den Zustand ausdrückt und nach meiner Ansicht derselbe ist wie der im Semitischen, namentlich im Arabischen gebräuchliche (cf. Ewald hebr. Gr. § 341. gr. ar. § 552. de Sacy 2, 72). Für den altbaktrischen Zustandsaccusativ habe ich in meiner Grammatik § 255 Beispiele gegeben, weitere würden sich ohne Schwierigkeit beschaffen lassen; man wird sie alle nach der Vorschrift arabischer Grammatiker auflösen können, indem man seiend (لِسْ) vor ihnen ergänzt. So Yt. 5, 65: frâyatayaṱ thwakhshemnô avi zanm ahuradhâtanm .... drûm avantem siristem, er eilte rüstig zur von Ahura geschaffenen Erde (seiend) gesund, nicht krank, unverwundet. Oder Vd. 6, 54: yaṱ acté yô mazdayaçna ayantem vâ taciṅtem vâ baremnem vâ ... frajaçanm, wenn diese Mazdayaçnas vorwärts eilen (seiend) gehend, laufend, reitend. Und so in allen übrigen Fällen. In engster Beziehung zu der eben besprochenen Construction steht auch der Prädikatsaccusativ nach den Verbis sein, gehen (man vergl. m. altb. Gr. § 256 mit Ewald gr. ar. § 553). Vsp. 2, 18: hô zi açti ahûmca ratûmca heisst nämlich: er existirt (seiend) Herr und Meister, Yt. 13, 17 tâo ughrâhu peshanâhu upaçtanm heṅti, sie existiren in schrecklichen Schlachten (seiend) Beistand. Ebenso bei den Verbis des Kommens, Vd. 13, 60: narem bôiṱ idha ashavanem iaçenti, man kommt (seiend) ein reiner Mann. So leicht sich nun

diese Construction aus dem Semitischen erklären lässt, so wenig
findet sich Entsprechendes in den indogermanischen Sprachen. Zwar
weist Pauli in Kuhns Beiträgen 7, 200 auch in deutschen Volksmund-
arten diese Construction nach, als Stütze für das Altbaktrische
wird man aber dieselbe kaum gebrauchen können. Mit Recht
könnte man an Ausdrücke wie skr. corayâm-âsa, corayâm-ba-
bhûva denken, allein diese sind zu vereinzelt und lassen sich anders
erklären [1]). — Bemerkenswerth scheint mir auch das Vorkommen
der Construction, welche die arabischen Grammatiker das absolute
Object nennen (مفعول مطلق cf. de Sacy gr. ar. 2 , 113) wie ava-
oiristem avaourvaçrayêiti (Vd. 4, 73) âgereptem âgéurvayêiti
(Vd. 4, 58) pairidaezanm pairidaêzayaûn (Vd. 3, 58) u. a. m.
Dieselbe Construction findet sich auch im Assyrischen, vgl.
Schrader l. c. p. 298. Ich weiss recht gut, dass man auch im
Griechischen πόλεμον πολεμεῖν und Aehnliches sagt, aber auch
diese Sprache ist der theilweisen Berührung mit dem Semitischen
ausgesetzt gewesen.

Bei der Syntax des Verbums möchte ich vor Allem die Aufmerksamkeit auf den Gebrauch des Imperfectum lenken, welchen
ich in § 303 meiner altb. Grammatik besprochen habe. An verschiedenen Stellen bezeichnet das altb. Imperfectum die Fortdauer
einer Handlung über die Vergangenheit und Gegenwart hinaus
bis in die Zukunft. Wenn es z. B. Vd. 19, 102 heisst: uçehistat

---

1) Diese meine Erklärung des Zustandsaccusativs aus dem Semitischen hat
neulich Orterer in seiner eben erschienenen Schrift: Beiträge zur vergleichenden
Casuslehre des Zend und Sanskrit (München 1873) p. 15 flg. bestritten. Allein wenn
man auch über die Fassung einzelner Stellen anderer Meinung sein kann als
ich, so ist es doch nicht gelungen, alle Fälle des Zustandsaccusativs zu beseitigen, derselbe muss als Thatsache nach wie vor bestehen bleiben. Auch habe ich
weder in meiner Grammatik noch oben alle Beispiele des Zustandsaccusativs angeführt, die mir bekannt sind, ihre Zahl lässt sich ohne Schwierigkeit vermehren.
Das Auskunftsmittel, das Orterer vorschlägt, die Annahme von Textesfehlern
und mithin Aenderungen gegen die Handschriften, ist, wie man leicht einsieht,
ein höchst bedenkliches. Man wird besser thun, die Thatsachen anzuerkennen,
wie sie vorliegen, und nöthigenfalls unsere Theorien zu ändern, statt umgekehrt
die Thatsachen nach den gegenwärtigen Theorien umzugestalten. — Bezüglich
corayâmâsa etc. bemerke ich noch, dass ich mir diesen im Sanskrit sonst unge-
wöhnlichen Accusativ (an dem übrigens auch das Altbaktrische Theil nimmt) aus
einer früher concreteren Bedeutung der Verba as, bhû erkläre, welche den Accusativ erforderte.

vôhumanô, es pflegt Vohumano aufzustehen, so soll damit gesagt
werden, dass dieser Genius immer aufsteht, wenn eine reine Seele
im Himmel ankommt, er hat dies früher immer gethan, thut
dies noch und wird es thun bis zum Ende der Welt.　Ganz so
Yç. 23, 2, wo es von den Fravashis heisst: yào açmanem vidhâ-
rayen, welche den Himmel zu erhalten pflegen, oder Vd. 16, 57:
ahmâi âtars âfrînât, ihn pflegt das Feuer zu segnen, es hat dies
gethan und thut es immer noch, wenn Jemand Holz zum Feuer
legt.　Ich kenne diesen Gebrauch des Imperfects nur im Semitischen, cf. Ewald hebr. Gr. § 136. c.

Von etwas anderer Art ist die Verwandtschaft des altbaktrischen
Infinitivs mit dem semitischen, aber auch hier erweist sich die
Vergleichung der semitischen Sprachen als sehr lehrreich, und
zwar nach meiner Ansicht nicht blos für das Altbaktrische, sondern für das Indogermanische überhaupt.　Kein Kapitel der Sanskritsyntax hat so viele Beachtung erfahren wie die Lehre vom
Infinitiv.　Schon im Jahre 1840 behandelte A. Höfer dieses Thema
in einer eigenen, heute noch lesenswerthen Schrift, die neueren
Arbeiten über denselben Gegenstand von Ludwig (1871) und
Wilhelm (1873) zeigen, welch' eine ungeheuere Masse von Material uns in den letzten dreissig Jahren zugewachsen ist.　Mit
den Ergebnissen der eben genannten Schriften stimme ich übrigens in der Hauptsache überein.　Sie bestätigen die schon im
Jahre 1816 von Bopp ausgesprochene und später gegen W. von
Humboldt festgehaltene Ansicht, dass der Infinitiv der indogermanischen Sprachen der Casus eines Verbalnomens sei, sie zeigen
aber auch weiter, dass die altindogermanische Sprache mehrere
Verbalnomina im Gebrauch hatte, aus denen man wählen konnte,
denn die Infinitive stammen nicht alle von demselben Verbal-
nomen her, sondern sind mit verschiedenen Suffixen gebildet.
Zu einem ähnlichen Ergebnisse gelangen wir, wenn wir den Casus
des Infinitivs betrachten; obwol der Gebrauch des Dativs der
überwiegendste ist, so finden wir doch danebeu auch andere Casus
bezeugt, namentlich den Accusativ und Locativ, an mehreren
Stellen muss der Infinitiv sogar als Nominativ gefasst werden.
Wie wenig fest der Gebrauch eines bestimmten Casus stand,
sehen wir daraus, dass sich im Westëränischen Locative auf
tanaiy als Infinitive festsetzten, während dagegen im Ostëränischen
Dative und andere Casus eines Thema auf ti dafür genommen werden.

4*

Die semitischen Sprachen, das Arabische besonders, haben bekanntlich die Fähigkeit, aus dem dreibuchstabigen Verbalstamme mehrere nomina verbi zu bilden, welche man wol auch als Infinitive bezeichnet hat. Es ist eine Eigenthümlichkeit dieser semitischen Infinitive, dass sie unter Umständen den Casus des Verbums regieren müssen (de Sacy gr. ar. 2, 161 flg. Caspari §§ 401. 410). Ganz dieselbe Eigenthümlichkeit treffen wir auch im Altbaktrischen, auch in dieser Sprache giebt es Verbalnomina, welche den Casus ihres Verbums regieren. So sagt man Vd. 9, 239 aetem âtarem uzdareza, aus diesem Feuer gezogene Bündel. Vd. 9, 116 âthravanem yaozhdathô, die Reinigung des Athrava, andere Beispiele habe ich in meiner altb. Gr. § 250 gegeben. Besonders aber finden wir diesen Gebrauch bei Substantiven auf ti und thi, welche als Infinitive gelten müssen. Der altbaktrische Infinitiv erscheint gleichfalls am häufigsten als Dativ, auf têê endigend, und regiert auch in dieser Form bisweilen den Casus des Verbums, wie aus meiner Gramm. § 314 zu sehen ist. Deutlicher ist dies noch bei andern Casus, wie beim Accusativ, z. B. Vd. 8, 71 paçça naçârô nizhbereithi paçça âpô para hikhti, nach dem Heraustragen der Leichen, nach dem Aufgiessen des Wassers; daneben freilich auch mit dem Genitiv, wie Vd. 2, 58 paçça vîtakhti vafrahê, nach dem Aufthauen des Schnees. Oft genug kommen diese Infinitive als Nominative vor: Vd. 3, 123 nikañti çpânaçça iriçta naraçca iriçta, das Eingraben todter Hunde und Menschen. Vd. 7, 122 cvañtem drâjo zrvânem çairi mashya iriçta nidhâiti, eine lange Zeit hindurch das Niederlegen todter Menschen. Vgl. noch nikañti (Vd. 3, 27. 40), vîkañti (Vd. 3, 43), yaokarati (Vd. 3, 95), anuçkañti (Vd. 3, 127). Man sieht, dass diese Infinitive als Neutra betrachtet werden. — Ferner sagen uns die arabischen Grammatiker, dass die nomina verbi aufgelöst werden

können vermittelst der Partikeln ما und أنْ in Verbindung mit dem Verbum finitum (de Sacy gr. ar. 2, 174). Etwas ganz Aehnliches finden wir im Altbaktrischen (vgl. m. altb. Gr. § 296) nach den Verbis des Könnens, wo wir den Infinitiv setzen, wie khshayamna jaçôit, er vermag zu kommen. Auch sonst lassen sich vielfach Stellen, in welchen zwei Verba unverbunden neben einander stehen, im Altbaktrischen dadurch erklären, dass man das zweite in unseren Infinitiv wendet, z. B. Vd. 5, 155 tbrikh-

shaparem upamaúnayen thrikhshaparem upamaitim àçtê qareñti
gañmca yaomca madhuca, drei Nächte sollen sie warten, drei
Nächte ist zu warten, um zu essen Fleisch, Getreide und Wein.
Vd. 7, 112 náuiti há aeté yö mashyäka qareñti frumanyéité,
wolau, es mögen die Menschen bedenken um zu essen. Vd. 19,
56. 57 hakhshânê narem ashavanem ... zañm ahuradhâtanm
nipârayañta, soll ich den reinen Mann antreiben ... die von
Ahura geschaffene Erde zu durchschreiten? Aehnlich in den Keil-
Inschriften Bh. 2, 88 Citratakhmam agarbâya anaya abiy mâm,
er ergriff den Citratakhma, um ihn zu mir zu führen. Es erinnert dieser Sprachgebrauch wieder an eine Regel des Arabischen
(cf. Caspari § 523), nach welcher ein verbum finitum ohne weitere Verbindung zu einem anderen gesetzt werden kann, wenn
das vorausgehende das vorbereitende, das zweite das vorbereite-
tete ist.

Dass das Neupersische ganz ähnliche Erscheinungen zeigt wie
die altéränischen Sprache, kann nicht auffallen. Ich begnüge
mich hier die Aeusserungen eines bewährten Kenners dieser
Sprache wiederzugeben. Wir finden bei Barb (der Organismus
des persischen Verbums, p. 25) Folgendes: »Sätze wie: »ich höre
sprechen, ich fürchte zu fallen, er hiess ihn tödten, er sah ihn
kommen« vermag der Perser in seiner Sprache durchaus nicht
in dieser synthetischen Weise zu geben; er greift hier zur analytischen Ausdrucksweise, wie میزنند که حرف میشنوم ich höre,
dass man spricht, oder میزند که کسی خرف میشنوم ich
höre, dass Jemand spricht, بیفتم که میترسم ich fürchte,
dass ich falle, بکشند اورا که فرمود er befahl, dass man
ihn tödte, میآید که بدیم ich sah, dass er kommt. Auch
bei den modalen Constructionen des »wollen und können« giebt
der Perser dieser analytischen Ausdrucksweise den Vorzug, namentlich in der gewöhnlichen Umgangssprache, und sagt viel lieber:
بگویم میخواهم ich will dass ich sage, بگویم میتوانم ich
kann dass ich sage, als کفت میخواهم, کفت میتوانم. Bei jenen
des »müssen und sollen« muss er sich sogar derselben bedienen,
wenn sie nicht unpersönlich lauten sollen, nämlich بگویم باید ich
muss sagen, بگویم شاید ich soll sagen (wörtlich: es liegt ob,
dass ich sage, es ziemt sich, dass ich sage), denn کفت باید heisst:

man muss sagen, شايد گفت man soll sagen. — Andrerseits finden wir Constructionen mit dem vollen Infinitiv, wo der
sogenannte Infinitivus apocopatus nicht zur Anwendung kommt,
wie بنا کرد حرف زدن er begann zu sprechen, باريدن گرفت es
fing an zu regnen. In diesen Beispielen erscheint der Infinitiv als ein im Abhängigkeitsverhältnisse des Objectes gesetztes
nomen actionis, welches rein substantivische Bedeutung hat, gerade wie in den Fällen, wo er Subject des Satzes ist." Hinzufügen will ich nur noch, dass auch die unverbunden neben einander gesetzten Verba im Neupersischen ebenso aufgefasst werden
können wie im Altbaktrischen. So z. B. Shâhn. p. 1296, 5. v. u.

بيايم پرسش دنم بندحوار ich komme um zu fragen, wie ein Diener.
Oder ibid. p. 1309, 2:

سواری فرستاد نزديک فور
که اورا بخواند بگويد زدور

d. i. er sandte einen Reiter an den Fûr, dass er ihn rufe, um
ihm von ferne zu sagen. Alles in Allem genommen glaube ich,
dass die Vergleichung mit den semitischen Infinitiven nicht blos
die altéránischen Infinitive erklären hilft, sondern sogar zum Verständniss des gesammten indogermanischen Infinitivs von eingreifender Wichtigkeit ist.

Dieses sind die grammatischen Eigenthümlichkeiten des Altbaktrischen, bei welchen die Frage angemessen sein dürfte, ob
sie nicht ihren Ursprung der Einwirkung des Semitismus verdanken. Ich weiss übrigens recht gut, dass sie nicht vollkommen
beweisend sind und dass man sie eben so gut als blosse Analogien auffassen kann. Darum wenden wir uns jetzt zu einer
andern Classe von Einwirkungen, deren Ursprung weniger zweifelhaft ist, nämlich der Entlehnung von Wörtern. Unmittelbare
Entlehnungen aus dem Semitischen finden sich zwar nur wenige,
aber doch einige. Hierher ist vor Allem das Wort tanûra zu
rechnen, das im Oriente so weit verbreitet ist und auch im A. T.
unter der Form תַנּוּר schon mehrfach vorkommt (z. B. Hos. 7, 4.
Ex. 7, 26). Die Etymologie des Wortes ist zwar dunkel, doch
scheint sich mir die Annahme Ewalds (hebr. Gr. § 79. d), als sei
dasselbe aus נֵאוֹר zusammengezogen, immer noch am meisten
zu empfehlen. Ein weiteres Wort ist naçka, welches gewiss mit

dem aramäischen אתרנצ transcriptum und arab. ـ صبـ abschreiben
zusammenhängt, im Indogermanischen aber keine Verwandtschaft
hat als das angeblich vulgärarmenische nesch, Abtheilung, Ordnung. Auch das altbaktrische açperenô findet sich bekanntlich
im semitischen רפסמ wieder (cf. Geiger, Zeitschr. der DMG. 21,
460 flg.), doch muss es hier zweifelhaft bleiben, auf welcher Seite
die Entlehnung ist, weil die Etymologie bis jetzt dunkel bleibt.
Weit grösser ist jedoch die Zahl derjenigen Wörter, in welchen
das Semitische zwar nicht auf die Laute, aber doch auf die Bedeutungen eingewirkt hat. Voran stellen wir, wie billig, den
Ausdruck zrvan, Zeit. Dass derselbe mit zaurvan, Alter, nahe
verwandt sei, ja vielleicht selbst geradezu mit Alter übersetzt
werden dürfe, wird kaum bestritten werden. Nun gehen aber die
altindogermanischen Wörter, welche die Zeit bezeichnen, keineswegs auf den Begriff des Alters zurück, sondern eher auf den
des Gehens oder einen ähnlichen, wie diess die einzelnen Wörter
bezeugen, vgl. âyu, αἰών, aevum, aivs und Ableitungen wie ayana,
yâre, ὥρα, Janus etc., dann Wörter wie kâla, καιρός, hveila.
Wenn Burnouf früher zrvan mit χρόνος verglich, so hatte diess
seinen Grund darin, dass er zrvan mit skr. hrasva zusammen-
stellte, diese Ableitung hat er jedoch (Études, p. 197) förmlich
zurückgenommen und zrvan richtig mit zaurvan verbunden; dadurch wird die Zusammenstellung mit χρόνος hinfällig; um sie zu
halten, müssen wir mit Fick ein indogermanisches ghrvana und
eine Wurzel ghar, altern, annehmen, die mir beide sehr problematisch erscheinen. Viel einfacher scheint es mir, wenn man
zrvan als den Zeitgott auffasst, den בעל חלדים der Semiten, wie
schon längst Schlottmann gezeigt hat (Weber, ind. Studien 1, 378),
der Zeitgott wird dann auch zum Namen der Zeit. Schon oft
genug habe ich auch Gelegenheit gehabt, auf die altbaktrische
Wurzel thwereç aufmerksam zu machen, welche ursprünglich
schneiden bedeutet, dann aber auch vom göttlichen Schaffen gebraucht wird. Der Begriff des Schaffens ist überhaupt kein in-
dogermanischer und weist uns zu den Semiten hin; bei diesen
finden wir nun auch dieselben Bedeutungsentwickelungen, wie
denn auch das hebr. ברא in demselben beiden Bedeutungen vorkommt. Ohne Zweifel ist dieser schon in den Gâthâs gebräuchliche Ausdruck mit Hülfe der Semiten entstanden. Ebenso er-

innert u z d à, emporheben, was von den Draonas und ähnlichen
Darbringungen gebraucht wird, an das hebr. רום vom Emporheben der Opfergaben. Ein ähnliches Wort ist p a i t i t i, dass dieses
Rückwärtslaufen bedeute, zeigt uns Yç. 69, 16 deutlich genug,
ebenso sicher ist Vd. 18, 135 paititis die Reue, das Part. paitita,
bereut, kommt oft genug vor. Wie sollen wir nun die beiden
scheinbar so weit auseinanderliegenden Begriffe vereinigen? Offenbar in derselben Weise wie diess auch die Semiten thun, bei
welchen שוב oder תוב zurückkehren heisst, zu Gott zurückkehren
ist ihnen aber dann die Reue. Die indischen Ausdrücke wie
anutâpa, prâyaççitta führen auf ganz andere Ideenverbindungen. —
Das altbaktrische zaçta heisst Hand, wie das identische skr. hasta,
aber nicht blos dieses, sondern auch Macht, eine Bedeutung,
welche dieses Wort nicht blos mit neup. daçt, sondern auch mit
dem hebräisch-assyrischen יד theilt (cf. Schrader l. c. p. 194). —
Ueber die Endung g h n a in hazağraghna etc. habe ich in meinem
Commentare zu Vd. 7, 137 gesprochen. Man würde am liebsten
diese Endung mit »mal« übersetzen und da läge es nahe, dieselbe mit der neup. Endung گی oder auch mit skr. gaṇa zu verbinden. Der Umstand jedoch, dass statt hazağraghna auch ha-
zağraja in gleicher Bedeutung erscheint, nöthigt uns bei der
Ableitung von jan, schlagen, tödten, zu bleiben. Nun heisst aber
im Hebr. מפע Stoss, Schlag und wird dann in der Bedeutung
»mal« verwendet, ähnlich halten es die Araber mit كعبة. Sollte
nun nicht diese Bedeutung aus dem Semitischen ins Altbaktrische
übertragen sein? — Zum Schlusse einige Berührungen, die sich
mehr auf Sachen beziehen. Zweifelhaft muss bleiben, ob das
altb. h a r a, welches bekanntlich nur für den grossen Berg gebraucht
wird, der die ganze Welt umschliesst, ein indogermanisches oder
ein semitisches Wort sei. Es liegt nahe genug, hara mit dem
semitischen הר zu vergleichen, und es ist längst damit verglichen
worden; das Wort könnte mit der Sache von Westen her eingewandert sein; aber man muss bezweifeln, dass dem so sei, weil
die benachbarten aramäischen Dialekte gerade dieses הר nicht besitzen, zudem scheint das Wort in dem Namen des persischen
Berges Arakadris wieder vorzukommen und lässt sich ungezwungen
an gr. ὄρος anschliessen. Etwas anders stellt sich die Sache mit
dem Beinamen des Yima: h v a ú t h w a. Es ist jetzt kein Zweifel

mehr, dieses Wort bedeutet wie auch die Parsen sagen: mit guter
Heerde versehen, unter der Heerde sind aber hier die Menschen
zu verstehen, welche Yima um sich gesammelt hatte, die er
gleichsam als Hirte weidete oder als Oberherr regierte. Wir
haben also hier die bekannte Ansicht von einem Völkerhirten
vor uns und es fragt sich, woher die Erânier dieselbe erhalten haben. Von den Indern wohl kaum; zwar führt Kuhn das Wort gopa in
dieser Bedeutung an, aber das petersburger Wörterbuch kennt gopa
nur als Hirte, Wächter, Beschützer, nicht aber als König, dagegen
ist es bei den Semiten eine alte Vorstellung, den König als den
Hirten, die Unterthanen als die Geweideten darzustellen (cf.
2 Sam. 5, 2 und für das Assyrische Schrader, Keilinschr. und
A. T. p. 291). Man wird mich zwar an das griechische ποιμήν λαῶν
erinnern, darin finde ich aber keinen Beweis, dass diese Vorstellung ursprünglich indogermanisch sei, sie kann den Griechen,
so wie manches Andere, recht gut von den Semiten zugekommen
sein. — Endlich will ich noch auf einen Umstand aufmerksam machen. Der Bundehesh verlangt, dass man bei Zeit-
angaben immer zuerst den Tag und dann erst die Nacht zählen
solle. Dieses Verlangen steht mit den dualistischen Ansichten
der alten Erânier im vollkommenen Einklange und im Yaçna
finden wir die Vorschrift auch befolgt, indem die Aufzählung der
Tageszeiten im ursprünglichen Texte mit Ushahina, d. i. der
frühesten Morgenzeit, beginnt. Dem gegenüber finden wir jedoch,
dass der Vendidâd stets nach Nächten rechnet, was bei einem
Erânier auffallend genug ist und die Vermuthung rege macht,
es möge diese Anschauung von den Semiten nach Osten ge-
drungen sein.

Man sieht, die Zahl der Wörter, welche auf eine Berührung
mit den Semiten hinweisen, ist im Altbaktrischen nicht sehr gross,
was bei dem weiten Raume, der Baktrien vom semitischen
Gebiete trennt, nicht auffallen kann, aber diese Berührungen
scheinen mir bedeutsam genug. Noch unleugbarer wird der semitische Einfluss, wenn wir aus dem rein sprachlichen Gebiete
heraustreten. Wir finden ihn gleich höchst auffällig bei der
Schrift, denn das wird Niemand leugnen wollen, dass die west-
erânische Keilschrift mit den Keilschriftsystemen des Westens
und nur mit diesen verwandt sei. Was die Avestaschrift anbelangt, so nimmt man zwar gewöhnlich an, sie sei in Baktrien

in den dortigen Priesterschulen ausgebildet worden, aber meines
Wissens hat noch Niemand einen Beweis dafür erbracht, weder
für die Entstehung der Avestaschrift in Baktrien, noch auch für
die Existenz der baktrischen Priesterschulen. Aber auch wenn
wir die Entstehung der Avestaschrift in Baktrien zugeben, so
würde man doch nicht umhin können anzunehmen, dass sie sich
nach einem semitischen Muster gebildet habe, dafür spricht ihre
Richtung von der Rechten zur Linken, sowie die Form der einzelnen Buchstaben. Ebenso unleugbar ist die Einwirkung des
Semitismus auf die religiösen Anschauungen des Avesta. Den
Zrvan haben wir schon oben genannt und gesehen, dass man
denselben schon längst als eine semitische Gottheit erkannt hat
(vgl. auch meine Alterthumsk. 2, 9 flg.), ebenso ist es allgemein
anerkannt, dass Anâhita eine ursprünglich semitische Gottheit sei,
eine abgeblasste Form der babylonischen Mylitta (ibid. 2, 62 flg.).
Auch bei vielen andern wird eine semitische Einwirkung nicht
zu leugnen sein, am wenigsten bei Ahura-Mazda selbst, dem
alleinigen Schöpfer Himmels und der Erde. Es wird niemals gelingen, diese Lehre als eine Consequenz der arischen Mythologie
darzustellen, von dieser aus führt keine Brücke zu ihr hinüber;
die Idee des Schaffens ist nur eine semitische. Damit steht in
engem Zusammenhang die Vollendung der Schöpfung selbst innerhalb sechs Zeitperioden. Keine Frage, das Avesta selbst enthält schon diese Ansicht von der Schöpfung innerhalb dieser
sechs Perioden, wie man aus Vsp. 8, 18. Yç. 19, 2 und 16—19
ersicht (vgl. auch Yç. 50, 7), ebenso werden dort die Jahresfeste
oft genug erwähnt, die zur Erinnerung an die Schöpfung gefeiert
werden. Das dreissigste Kapitel des Yaçna beweist unwiderleglich, dass schon die ältesten Theile des Avesta die Schöpfungs-
ansicht kennen. Ganz in gleicher Weise verhält es sich mit der
Eschatologie. Es wäre überflüssig beweisen zu wollen, dass die
Lehre von der Auferstehung in allen Theilen des Avesta sich
findet, die ältesten mit eingeschlossen, wir verweisen der Kürze
wegen wieder auf das eben angeführte dreissigste Kapitel des
Yaçna. Wie bei der Schöpfungslehre, so dürfte es auch bei der
Auferstehungslehre sehr schwer sein, sich die Entstehung aus
indogermanischen Ideen zu erklären, dagegen finden wir bei
Ezechiel (der noch vor der Zerstörung Ninives lebte) im 37. Ka-
pitel ganz entschiedene Anklänge an diese Lehre. Ueberhaupt

glaube ich nicht, dass es jemals gelingen wird, den éranischen Dualismus zu verstehen, wenn man ihn nicht in Gemeinsamkeit mit den kosmogonischen und dualistischen Systemen Westasiens studirt. Es ist aber auch gar kein Grund einzusehen, warum man diess nicht thun sollte. Semitische Einwirkungen selbst bis nach Baktrien hin sind nicht etwas von vorn herein Unwahrscheinliches, sondern vielmehr das Natürlichste von der Welt, denn Niemand wird glauben wollen, dass Kulturstaaten wie die von Ninive und Babylon gar keinen Einfluss auf die benachbarten Landstriche geübt haben sollten. Es ist also nicht der mindeste Grund vorhanden, auf dem beschränkten Sanskritstandpunkte zu beharren; wenn die Verhältnisse gebieten, darüber hinaus zu gehen.

Es wird hier am Platze sein, auch mit einigen Worten auf die Verwandtschaft zwischen Genesis und Avesta zurückzukommen, ein Gegenstand, den ich schon mehrfach erörtert habe [1]. Ich muss bekennen, dass ich nicht wenig erstaunt war, diese Verwandtschaft in Zweifel gezogen zu sehen, da ich nichts weniger als der Erste gewesen bin, welcher sie ausgesprochen hat. Vor mir liegt S. T. G. Wahls altes und neues Vorder- und Mittelasien, Leipzig 1795, in diesem Buche ist von der eben berührten Verwandtschaft öfter die Rede und p. 658 not. heisst es endlich: »Quelle der Hieroglyphe. Dass sie ächt chaldäischen Herkommens ist, zeigt ihre grosse Uebereinstimmung mit dem System des Avestas. Dort Adam und Eva das erste Menschenpaar, des ganzen Menschengeschlechtes Stammältern, anfangs unschuldig, rein, heilig, unsterblich, hernach zum Bösen verleitet und sterbliche Sünder — hier Meschia und Meschiane auch des ganzen Menschengeschlechtes Stammältern, auch anfangs rein und unschuldig, des Himmels unbedingte Erben, nachher aber verführt zum Bösen und Darvands — Soroaster sowol als Mosseh lassen zuerst das Weib und dann den Mann berücken, der Gottheit unfolgsam zu werden . . . . Dort das bedeutende Bild vom Baume des Lebens, hier in gleicher Bedeutung durchs ganze System des Avestas der Baum des Lebens Hom . . . . Ist also

---

[1] Zuerst ganz kurz in meinem Werke über Erän, p. 274—290, ausführlicher in einer Reihe von Artikeln im Ausland 1868, no. 12 fgg., zuletzt in meiner éranischen Alterthumskunde.

die Quelle der Hieroglyphe chaldäischen Herkommens — vielleicht durch Abraham auf den ersten Geschichtschreiber des ebräischen Volkes herabgekommen — so wird uns dieselbe chaldäische Weisheit auch am sichersten zum Lokal des Gartens, den wir suchen, hinleiten.« Diese Stimme Walds ist nicht etwa eine vereinzelte; seitdem Anquetils Uebersetzung des Avesta veröffentlicht wurde, hat man auf diese Berührungen zwischen Genesis und Avesta hingewiesen, wir finden sie fast in allen ausführlicheren Commentaren der Genesis besprochen. Aber auch die nicht theologische Forschung hat die Verwandtschaft der beiden Bücher nicht aus dem Auge verloren, Renan ist zweimal auf dieselbe zu sprechen gekommen, einmal in seiner histoire des langues sémitiques, das zweite Mal in dem Anhange zu seinem Buche sur l'origine du language; Windischmann hat in seinen zarathustrischen Studien diese Berührungen ausführlich besprochen, Alles Beweise, dass ich mit meiner Ansicht nicht allein stehe.

Soviel ich aus den kurzen Andeutungen schliessen kann, welche mir zu Gesicht gekommen sind, so ist es nicht der Nachweis, dass schon frühe in den Semitismus éranische Elemente eingedrungen sind, welcher Widerspruch erregt hat. Man kann heutzutage, wenn man von dem Einflusse der Arier spricht, des Guten kaum zu viel thun, und so ist denn auch der Nachweis, dass die jüngere Quellschrift der Genesis (welche gewöhnlich ins 8. Jahrhundert v. Chr. gesetzt wird) éranische Bestandtheile enthalte und mithin damals schon ein éranisches Volk und eine éranische Religion bestand, nicht verworfen worden. Zweifel hat es aber erregt, wenn ich behaupte, dass auch das Avesta semitischen Einfluss erfahren hat und dass dieser Einfluss so alt sein möchte wie der des Éranismus auf den Semitismus. Es ist ganz richtig, dass sich diese Behauptung so unmittelbar nicht beweisen lässt. Wenn man uns fragt, wie alt der semitische Einfluss auf das Avesta sein möge, so lässt sich dafür nicht so ohne Weiteres eine Zahl angeben wie bei der Genesis. Wir können zunächst nur sagen, die Einwirkung des Semitismus auf das Avesta sei so alt als die ältesten éranischen Denkmale, die wir besitzen, denn in diesen zeigt sich diese Einwirkung schon unwiderleglich. Die Keilinschriften der Achämenidenkönige sind aus dem 5. Jahrh. v. Chr., sie sind also um drei Jahrhunderte jünger als die jüngere Quellschrift der Genesis nach unserer obigen Annahme. Der

Schwerpunkt der Frage ruht also in der Altersbestimmung des Avesta, und dieses ist, wenn wir die Vedaphilologen hören, weit älter, es würde dasselbe in seinen ältesten Theilen bis in das 12. Jahrh. v. Chr. zurückgehen. Allein diess ist bis jetzt nichts als eine unerwiesene Behauptung, und die Frage nach dem Alter des Avesta erwartet erst eine eingehendere Prüfung. Es ist natürlich, dass dabei sprachliche Gründe hauptsächlich in Betracht kommen, aber allein können sie die Sache nicht entscheiden. Selbst wenn wir die Behauptung als erwiesen annehmen wollten, dass die altbaktrische Sprache um 1200 v. Chr. gelebt haben müsse, immer bliebe noch die Möglichkeit, dass diese Sprache als gelehrte Sprache auch in einer weit späteren Zeit noch geschrieben werden konnte und dass das Alter der altbaktrischen Sprache und Literatur nicht nothwendiger Weise sich decken mussten. Wir sind aber gar nicht Willens zuzugeben, dass das hohe Alter der Sprache wirklich erwiesen sei, eine nicht einseitige Vergleichung mit den Vedas, sondern eine Untersuchung, welche alle Spracheigenthümlichkeiten berücksichtigt, dürfte ein ganz anderes Resultat geben. Dann ist es aber auch natürlich, dass die sprachliche Untersuchung allein nicht den Ausschlag geben kann, dass auch die hieher gehörenden sachlichen Fragen berücksichtigt werden müssen. Unter diesen Fragen ist nun eine von grosser Wichtigkeit, so dass wir ihr den vielfach gemissbrauchten Namen einer weltgeschichtlichen mit Recht beilegen dürfen. Diese Frage aber ist: Wann und wo entstand zuerst der Dualismus? Zu der Beantwortung dieser Frage gedenken wir im Folgenden einen Beitrag zu geben.

III.

Zur Geschichte des Dualismus.

Wenn wir unter Dualismus nur die Thatsache verstehen würden, dass sowol gute wie böse Götter in den verschiedenen Religionen erscheinen, so würden wir hier nicht nöthig haben, besonders von demselben zu sprechen. Es ist dieser Dualismus, welcher aus dem Gegensatze von angenehm und unangenehm, zuträglich und unzuträglich im physischen, oder von gut und böse im moralischen Sinne entspringt, den meisten Religionen gemeinsam, auch ist es nicht zu verwundern, wenn in den roheren Religionen gerade die bösen Geister am meisten hervortreten und die Verehrung derselben überwiegt; man hat eben am meisten Ursache sie zu fürchten und sucht sie darum zu begütigen, während die guten Genien, als unschädlich und harmlos, mehr in den Hintergrund gedrängt werden. Wir beschäftigen uns aber hier in beschränkterem Sinne mit dem Dualismus derjenigen Religionen des Alterthums, welche dem guten Geiste, der Schöpfer und Regierer der Welt ist, ein mit ähnlicher Machtvollkommenheit ausgerüstetes böses Wesen entgegensetzen. Die Zahl dieser Religionen ist nicht sehr gross, in der vorchristlichen Zeit wüssten wir neben den Eraniern nur die Hebräer zu nennen, und wir wollen hier untersuchen, welches dieser beiden Völker diese Lehre zuerst besessen hat, ob sie von dem einen von ihnen dem andern mitgetheilt worden ist oder ob wir den Ursprung noch weiter rückwärts bei einem anderen Volke suchen müssen.

Beginnen wir mit den Hebräern, so ist es gewiss, dass die Lehre von einem Widersacher der Gottheit ihnen nicht von allem Anfange an eigenthümlich ist. Jahveh, der allmächtige Schöpfer und Lenker aller Dinge, kann ebenso gut vernichten als schaffen, nach Gen. 19, 24 ist er es, welcher Feuer und Schwefel über Sodom und Gomorrha regnen lässt, und auch sonst enthält das

A. T. zahlreiche Belege für die strafende Gerechtigkeit Gottes.
Doch schon bald finden wir neben ihm dienende Wesen, welche
auf sein Geheiss seine Strafgerichte vollziehen; so ist es nach
Ex. 12, 23 ein Engel (המשחית, dem Jahveh erlaubt die ägyptische
Erstgeburt zu vertilgen, 1 Sam. 16, 14. 16, 10. 19, 9 ist von
einem bösen Geiste die Rede, der den Saul peinigt, nicht minder
erscheint 1 Reg. 22, 21 ein ganz persönlich gefasster böser Geist,
welcher den Ahab bethört. Allein diese bösen Geister kommen
von Jahveh, sie sind nicht seine Widersacher, sondern seine
Diener. Erst spät tritt unter dem Namen Satan ein solcher per-
sönlicher Widersacher hervor, dessen Geschichte wir übrigens in
ihren Umrissen noch verfolgen können. Ursprünglich heisst Satan
nichts Anderes als Widersacher. Hören wir darüber Dillmann
(zu Ijob 1, 6): »Jeder Mensch, der einem andern hindernd in
den Weg tritt, ihm Schwierigkeiten bereitet oder ihn anfeindet,
kann sein שטן genannt werden, 1 Sam. 29, 4; 2 Sam. 19, 23;
1 Reg. 5, 18; 11, 14. 23. 25; auch der Engel, der Bileam hindernd in den Weg trat, heisst so Num. 22, 32; speciell führt
diese Benennung der Ankläger vor Gericht Ps. 109, 6, wie das
Verbum selbst für anklagen gebraucht wird Zach. 3, 1, mag
die Anklage begründet oder grundlos sein; weshalb im Griech.
ὁ κατήγωρ Apoc. 12, 10, und mit besonderer Beziehung auf die
Grundlosigkeit der Anklagen gewöhnlich ὁ διάβολος entspricht.
Als die specielle Bezeichnung eines die Sünden und Mängel der
Menschen ausspähenden und sie vor Gott gegen sie geltend
machenden Engels kommt das Wort hier (Ijob 1, 6) zum ersten
Male vor und darnach Zach. 3, 1, in beiden Stellen aber noch
mit dem Artikel und als nom. appell.; erst in der dritten Stelle,
1 Chron. 21, 1, steht sie ohne Artikel und wie ein nom. propr.
Und während der Ankläger hier noch unter die übrigen Engel
hineingestellt und wesentlich nur das Werkzeug Gottes ist, erscheint er dagegen Zach. 3 für sich, losgetrennt von den andern
Engeln und Dinge anstrebend, die nicht in Gottes Plan liegen,
und daher von ihm zurückgewiesen, während 1 Chron. 21, 1 aus
einem unlebendiger gewordenen Gottesbegriff heraus auf ihn eine
Handlung übertragen wird, die in der Parallelstelle 2 Sam. 24, 1
dem zürnenden Gott selbst zukommt, nämlich den David zu einer
Gott missfälligen Handlung zu reizen, welche der Anlass zu einer
Unglücksverhängung über Israel werden konnte.« So Dillmann

und im Wesentlichen damit übereinstimmend Roskoff in seiner
verdienstlichen Geschichte des Teufels (1, 156 fig.). Hiernach
ist die Entwicklung der Satansidee bei den Hebräern leicht zu
zeichnen. Ursprünglich fand der hebräische Monotheismus kein
Arg darin, den allmächtigen Gott ebensowol als Zerstörer wie
als Schöpfer zu denken, was er geschaffen hatte, das konnte er
auch wieder vernichten, die Menschen selbst konnte er nach Belieben entweder begünstigen oder verfolgen. Später wurde das
Geschäft der Strafe untergeordneten Wesen übergeben, die man
als Boten und Diener Gottes, ja als seine Kinder auffasste; offenbar hatte es der fortgeschrittene Gottesbegriff nicht mehr angemessen gefunden, Gott selbst als die Ursache des Bösen in der
Welt hinzustellen, und trug diese böse Wirksamkeit auf unter-
geordnete Kräfte über. Es erregte keinen Anstoss, dass auch
diese bösen Geister Gottes Kinder waren; wie ein menschlicher Vater konnte ja Gott unter seinen Kindern auch
ungerathene haben, er mochte es passend finden, dieselben in
einem gewissen Grade gewähren zu lassen; umgekehrt brauchte
auch die bösartige Natur dieser Kinder nicht bis zu einer solchen
Stufe zu gehen, dass sie sich gegen ihren Vater aufgelehnt hätten,
wir sehen sie daher bisweilen an dem väterlichen Hof erscheinen
und ihre Huldigung darbringen. Diese fortgeschrittene Ansicht
der Hebräer scheint mir ihren Grund in einem ernstlichen Nachdenken über den Ursprung des Uebels zu haben. Dass diese
Frage sie sehr beschäftigte, wird allgemein zugegeben, ein deutlicher Beweis dafür ist das Buch Iob, welches sich ganz und
gar um diese Frage dreht. Früher hatte man in dem Uebel,
welches die Menschen trifft, die Strafe für ihre Missethaten gesehen; aber diese Ansicht erwies sich bei näherem Nachdenken
als unhaltbar, es war allzu deutlich, dass auch fromme Menschen
von schweren Leiden betroffen werden konnten, ohne dass eine
entsprechende Verschuldung nachweisbar war, dass andererseits
Gottlose ihr Leben in Freude verbrachten und glücklich be-
schlossen, ohne irgend eine Strafe zu empfangen. Das Buch
Iob kommt daher zu dem Schlusse, dass die Leiden und Un-
glücksfälle nicht immer als Strafe, sondern zum Theil auch als
Läuterungen und Prüfungen zu betrachten seien. Die Erzählung,
welche in Gen. 3 von dem Sündenfalle des Menschen gegeben
wird, hat man schon längst als einen Versuch angesehen, den

Ursprung des Uebels in der Welt zu erklären. Nach der Genesis ist die Schlange die Urheberin des Uebels, weil sie es ist, welche die Menschen zur Uebertretung des göttlichen Gebotes verleitet. Aber die Schlange ist nach Gen. 3, 1 nur listiger als alle Thiere des Feldes, welche Gott geschaffen hatte, sie ist also ein Geschöpf Gottes und nicht ein von ihm unabhängiger Widersacher; nur in der Stelle 1 Chron. 21, 1 kann man einen solchen sehen, wiewol auch diess nicht unbedingt nothwendig ist. Es erhellt aber hieraus, dass die Lehre vom Satan als dem Widersacher Gottes, wenn sie überhaupt im A. T. vorhanden ist, nur in die späteste Zeit nach dem Exile gesetzt werden kann.

Dieses späte Auftreten des Satan als bestimmte Person bei den Hebräern hat nun schon lange zu der Ansicht veranlasst, es möge die Idee des Satan als eines persönlichen Widersachers des Jahveh aus der ërânischen Religion stammen. So sagt Roskoff (l. c. 1, 193): »Handelt es sich aber um die Wahrscheinlichkeit des Zeitpunktes, so spricht allerdings dafür, dass die Hebräer erst seit dem Exil durch die Berührungen mit den persischen Vorstellungen zur weiteren Entwickelung der Satansidee angeregt wurden, indem sie einen ausgebildeten, streng gespannten Dualismus kennen lernten, der aber im hebräischen Bewusstsein unter dem monotheistischen Principe einer Modification unterliegen musste. Den Beweis giebt die hebräische Literatur, wo der Satan in seiner Aehnlichkeit mit dem persischen bösen Principe erst in den nachexilischen Schriften auftritt.« Bei dieser Vergleichung mit den ërânischen Ideen legt man meines Erachtens zu viel Gewicht auf die Aehnlichkeit der Schlange mit Agrô mainyus. Allerdings heisst es von der letztern im Bundehesh 11. 9, 10), er sei gleichwie eine Schlange vom Himmel unter die Erde gesprungen, auch gehören die Schlangen, wie andere schäd- liche Thiere, zu den Geschöpfen des Agrô mainyus; dass aber dieser vorzugsweise unter dem Bilde einer Schlange vorgestellt worden sei, wüsste ich nicht zu begründen. Wie ich glaube, werden wir uns über den Zusammenhang des hebräischen Satan mit dem ërânischen Dualismus etwas vorsichtig ausdrücken müssen. Es ist richtig, dass die Idee des Satan bei den Hebräern keine ursprüngliche ist, es ist richtig, dass sie bei ihnen erst nach dem Exile auftritt; ob aber die Hebräer diese Idee von den Erâniern erhalten haben, wird natürlich von der Voraussetzung abhängen, dass die Eránier zur Zeit des Exils bereits einen ausgebildeten Dualismus hatten. Wie es mit dieser Annahme steht, wollen wir unten näher untersuchen.

In engster Beziehung mit den beiden Widersachern pflegt in diesen dualistischen Religionen die Lehre von der Auferstehung zu stehen. Sie ist der Zeitpunkt, in welchem der Kampf zwischen den beiden sich entgegenstehenden Principien ausgetragen wird, sie ist besonders wichtig für die Anhänger dieser Principien, weil sich an die Auferstehung Belohnung und Strafe anschliesst. Es ist nun bekannt, dass die Lehre von der Auferstehung im A. T. zwar noch nicht durchgebildet, aber doch auch nicht ganz unbekannt ist. Dabei kümmert uns nicht, dass die Stellen Jes. 26, 19, Ez. 37, 1—14 vielleicht blos bildlich zu verstehen sind, es ist nur die Vorstellung, dass die Todten wieder aufleben können, um die es sich handelt, und sie ist bei den Hebräern gewiss vorhanden gewesen.

Unsere Betrachtung der Zeugnisse des Dualismus bei den Eräniern beginnen wir mit den Nachrichten der Alten über den Gegenstand, welcher uns hier beschäftigt. Die älteste Beschreibung ist die bekannte der persischen Religion bei Herodot (1, 131); in ihr ist von einem Dualismus keine Spur zu finden, und auch nicht einmal gelegentlich nennt er den einen oder anderen der sich entgegen gesetzten Geister. Auch bei Xenophon ist keine Erwähnung des Auramazdá oder Ağrô mainyus zu finden, unser ältester Gewährsmann für die Existenz dieser beiden Gottheiten bleibt Aristoteles, cf. Metaphys. 14, 4 Φαρακύδης καὶ ἕτεροί τινες τὸ γεννῆσαν πρῶτον Ἄριστον τιθέασι καὶ οἱ Μάγοι, und besonders Diog. Laert. Prooem. c. 8 Ἀριστοτέλης δ' ἐν τῷ πρώτῳ περὶ φιλοσοφίας καὶ πρεσβυτέρους εἶναι τῶν Αἰγυπτίων καὶ δύο κατ' αὐτοὺς φησὶν εἶναι ἀρχάς, ἀγαθὸν δαίμονα καὶ κακὸν δαίμονα· καὶ τῷ μὲν ὄνομα εἶναι Ζεὺς καὶ Ὡρομάσδης, τῷ δὲ Ἅιδης καὶ Ἀρειμάνιος. Um uns nun ganz genaue Anhaltspunkte über die Bezeugung zu geben, fügt Diogenes noch bei: Φησὶ δὲ τοῦτο καὶ Ἕρμιππος ἐν τῷ πρώτῳ περὶ Μάγων καὶ Εὔδοξος ἐν τῇ περιόδῳ καὶ Θεόπομπος ἐν τῇ ὀγδόῃ τῶν Φιλιππικῶν, ὃς καὶ ἀναβιώσεσθαι κατὰ τοὺς μάγους φησὶ τοὺς ἀνθρώπους καὶ ἔσεσθαι ἀθανάτους καὶ τὰ ὄντα ταῖς αὐτῶν ἐπικλήσεσι διαμενεῖν. Wir kennen das Zeitalter, in welchem diese Männer lebten, die Blüte des Eudoxos fällt um 368 v. Chr. (Windischmann, Zor. Studien, p. 274), Theopomp ist um 378 geboren (ibid. p. 279), während

Hermippos gegen das Ende des dritten Jahrhunderts zu setzen seiu dürfte (ib. p. 289). Es scheint demnach nicht, dass auch Diogenes von Laerte in griechischen Schriften Andeutungen über Oromasdes und Areimanios gefunden hat, die über das Zeitalter Alexanders des Grossen hinaufgingen. Aehnlich verhält es sich mit der Lehre von der Auferstehung. Ein Zeugniss für diese Lehre findet sich bei Herodot (3, 62). Als bei der Nachricht von dem Aufstande des falschen Smerdes bei Kambyses der Verdacht rege wird, es möge sein Bruder Smerdes nicht ermordet worden sein, da entgegnet ihm Prexaspes: »wenn dann die Todten auferstohen, so mach' dich gefasst, dass auch Astyages, der Meder, gegen dich aufstehen wird; wenn's aber ist wie vordem, so wird dir von ihm nichts Neues erspriessen.« Mit dieser Stelle verhält es sich ganz ähnlich wie mit der Erwähnung der Auferstehung im A. T.: sie zeigt, dass man zur Zeit des Kambyses die Lehre kannte, nicht aber, dass man daran geglaubt hat, eher das Gegentheil. Erst von Theopompos wissen wir gewiss, dass er von den Eräniern seiner Zeit behauptete, sie glaubten an die Auferstehung, so nach dem oben angeführten Berichte aus Diogenes von Laerte und wahrscheinlich auch nach der ausführlicheren Erzählung bei Plutarch (de Is. c. 47), die aus Theopompos entnommen sein dürfte. Wir geben nun zu, dass diese Stellen durchaus nicht genügen zum Nachweise, dass die Eränier nicht früher als zur Zeit Alexanders an die beiden Widersacher und die Auferstehung der Todten geglaubt haben; aber es bleibt doch die Thatsache bestehen, dass wir in den griechischen Quellen in früherer Zeit keine Spur von diesen Lehren finden können.

Bei dieser Ungewissheit, in welcher uns die griechischen Berichte lassen, ist es von grösster Bedeutung, was uns die eränischen Quellen selbst berichten. Wir beginnen unsere Umschau mit den Keilinschriften, weil wir für diese Inschriften das Zeitalter mit Bestimmtheit festsetzen können, die Hauptquelle, die grosse Inschrift des Darius, mag etwa in das Jahr 510 v. Chr. fallen, die übrigen sind nicht erheblich früher oder später. Aus diesen Inschriften erfahren wir nun, dass Auramazdâ schon damals ein allgemein verehrter Gott war, der grösste aller Götter, der als der Schöpfer des Himmels und der Erde gedacht wird. Man kann mit ziemlicher Gewissheit annehmen, dass diese letztere Lehre vom Westen her nach Erän eingewandert, nicht aber dort

5*

selbständig gefunden worden ist. Von bösen Wesen werden in
diesen Inschriften einige genannt: so die Drujas, von welchen
eine Dushiyâra heisst, die haina oder das böse Heer, alles Wesen,
die sich auch sonst in alten êrânischen Schriften nachweisen lassen.
Aber von einem bösen Widersacher des Auramazdâ findet sich in
diesen Inschriften keine Spur, es muss also die Frage eine offne
bleiben, ob derselbe vorhanden gewesen sei oder nicht. Gestützt
auf die Aehnlichkeit der in den Keilinschriften wirklich erwähnten religiösen Anschauungen mit den Lehren des Avesta, kann
man annehmen, es sei eben zufällig Aǵrô mainyus nicht erwähnt
worden, weil keine Veranlassung dazu da war, wie ja diese Inschriften sich eigentlich nicht mit religiösen Fragen beschäftigen.
Diess ist die Ansicht Windischmanns, dem auch ich gefolgt bin.
Diese Ansicht kann sich auch auf die Erwähnung der Auferstehung bei Herodot berufen (s. o.), denn es ist höchst wahrscheinlich, dass die alten Perser auch einen guten und bösen Gott
annahmen, wenn sie an die Auferstehung glaubten. Dieser Ansicht steht aber eine andere entgegen, welche neuerlich von
Kossowicz ausgesprochen worden ist, nach ihr wäre diese Aus-
lassung keineswegs zufällig, der böse Geist wäre nicht genannt,
weil die Perser damals noch nicht an ihn glaubten. Demnach
müsste damals Auramazdâ, dem hebräischen Jahveh ähnlich, als
der alleinige Schöpfer und Gebieter der gesammten Welt gedacht
werden, die bösen Kräfte in der Welt wären dann wie bei den
Hebräern, als seine — vielleicht entarteten — Geschöpfe aufzufassen. Eine Stelle der grossen Behistâninschrift giebt dieser
Ansicht eine gewisse Berechtigung. Dort heisst es (Bh. 4, 72 flg.)
nach den Worten des Darius: »Wenn du diese Tafel oder diese
Bilder siehest und sie nicht zerstörst, sondern sie so lange deine
Familie dauert bewahrst, da möge Auramazdâ dein Freund sein,
deine Familie möge viel sein. Lebe lange und was du thust
möge dir Auramazdâ gelingen (?) lassen.« Dann fährt aber Darius
fort: »Wenn du diese Tafel oder diese Bilder siehst, sie zerstörst,
mir dieselben, so lange deine Familie dauert, nicht bewahrst,
da möge Auramazdâ dich schlagen, deine Familie möge zu nichte
werden, was du thust, das möge dir Auramazdâ zerstören.« Hier
ist also Auramazdâ nicht blos der gnädige, sondern auch der
zerstörende Gott, strafend ähnlich dem hebräischen Jahveh. Man
wird also die Möglichkeit zugeben müssen, dass Aǵrô mainyus

den Verfassern der Keilinschriften nicht bekannt gewesen sei.
Ganz ebenso steht es mit der Lehre von der Auferstehung. Sie
wird in den Inschriften nicht erwähnt, was man ganz natürlich
finden kann, weil in der That eine Gelegenheit zu ihrer Erwähnung nicht vorhanden war, sie ist aber auch nicht bezeugt,
und wenn Jemand annehmen will, sie sei zur Zeit dieser Inschriften von den Persern nicht angenommen gewesen, so lässt
sich nicht viel dagegen sagen.

Wir bleiben also durch die altpersischen Inschriften nicht
minder als durch die Nachrichten der Griechen im Dunkeln darüber, ob die Eränier schon zur Zeit des Darius und Xerxes an
einen Teufel sowie an eine Auferstehung und ein ewiges Leben
geglaubt haben. Der Schwerpunkt der ganzen Untersuchung liegt
also im Avesta, aus welchem Buche man ausreichende Belege
für alle diese Lehren beschaffen kann, aber das Alter der Avesta-
schriften ist bis jetzt nicht festgestellt. Soviel wissen wir indess,
dass es im Avesta zwei Theile giebt, einen jüngeren und einen
älteren. Von dem jüngeren Theile pflegt man zuzugeben, dass
er spät sein könne, um so höher schlägt man aber das Alter des
früheren Theiles an, den man gewöhnlich mit dem Namen der
Gâthâs bezeichnet, zu welchem aber auch der sogenannte Yaçnô
haptaṅghâitis gerechnet werden muss. Man nimmt gewöhnlich gar
keinen Anstand, diesen ältern Theil um 1200 v. Chr. anzusetzen,
es dürfte indessen mit dieser Annahme gehen wie mit vielen ähnlichen: sie wird vor der Kritik nicht bestehen-können. Wäre
der ältere Theil des Avesta wirklich um 1200 v. Chr. geschrieben,
so wäre er volle sieben Jahrhunderte älter als Darius. Sieben
Jahrhunderte sind ein langer Zeitraum, in welchem viel geschehen
und viel sich ändern kann, was wir am leichtesten ermessen,
wenn wir bedenken, dass der Abstand von sieben Jahrhunderten
uns von dem Jahre 1873 bis 1173 zurückführen würde. Wollen
wir nun auch annehmen, dass die Entwickelung im alten Morgenlande viel langsamer vor sich ging als bei uns, ganz spurlos kann
ein so langer Zeitraum auch dort nicht geblieben sein. Es fragt
sich nun eben, ob in den älteren Stücken des Avesta wirklich
ein nennenswerther Unterschied der Anschauung von den jüngeren
Stücken nachgewiesen werden kann. Wir behaupten, dass diess
nicht der Fall sei. Ohne alle Frage sind sowol die Gâthâs als
der Yaçnô haptaṅghâitis älter als die übrigen Theile des Avesta,

diess lässt sich genügend erweisen. Allein der Satz, dass darum diese Stücke eine grössere Aehnlichkeit mit den Vedas haben, ja mit dem Inhalte dieser Schriften ziemlich identisch sein müssten, ist ein voreiliger, ganz unstatthafter Schluss der Sanskritisten gewesen, dessen Unhaltbarkeit schon jetzt als erwiesen gelten kann. Selbst der grössten sprachvergleichenden Gewaltsamkeit ist es nicht möglich gewesen, die Gâthâs zu einem blossen Abklatsch der Vedas zu machen, noch weniger wird diess gelingen, wenn diese alten Texte einer regelrechten philologischen Behandlung unterzogen werden. Man wird gern zugeben, dass die so schwierige Erklärung dieser alten Stücke noch in ihren allerersten Anfängen stehe, dass wir auch nicht ein einziges Lied aus denselben mit vollkommener Sicherheit vom Anfange bis zum Ende verstehen, dass wir vielfach noch nicht einmal über den Zusammenhang und den Sinn der einzelnen Strophen im Reinen sind; allein dieses alles hindert uns nicht, über den Ideenkreis, in welchem sich diese alten Stücke bewegen, uns ein vollkommen sicheres Urtheil zu bilden. Wenn man nun die religiösen Anschauungen des ältesten Theils des Avesta mit denen des jüngern vergleicht — was doch vor Allem zu geschehen hat — so wird man sich der Ueberzeugung nicht verschliessen können, dass in dieser Hinsicht ein wesentlicher Unterschied gar nicht besteht. Nur darin unterscheiden sich namentlich die Gâthâs von den jüngeren Theilen des Avesta, dass sie die Hauptlehren des Parsismus mehr hervorheben, dass ihre Verfasser überhaupt ihre Blicke mehr auf die jenseitige Welt richten als auf die diesseitige. Dieser Geistesrichtung ist es auch zuzuschreiben, dass in den Gâthâs von den Yazatas so gut wie gar nicht die Rede ist, sondern nur von Ahura Mazda und seinen Amesha-çpentas; da das ganze Trachten der Sänger nach der jenseitigen Welt gerichtet ist, auf die Vereinigung mit Ahura Mazda und seiner Umgebung, so erklärt sich leicht diese Vernachlässigung der Yazatas, deren Aufgabe es ist, bestimmte Gebiete der irdischen Welt zu beaufsichtigen und die darum auch vorzugsweise irdische Gaben zu verleihen vermögen. Um diese ist es nun den Verfassern der Gâthâs nicht zu thun, sondern um geistige Güter. Unrecht wäre es aber, aus dieser Nichtberücksichtigung der Yazatas zu schliessen, die Verfasser der älteren Lieder hätten nichts von ihnen gewusst.

Nach diesen Darlegungen ist kein Grund vorhanden, warum

wir nicht an die älteren Theile der Avesta diejenigen Fragen
stellen sollten, welche gestellt werden müssen für den Zweck,
welchen wir hier im Auge haben. Wir fragen also, ob schon in
den ältesten Stücken des Avesta ein Schöpfer des Himmels und
der Erde gefunden werde, ob demselben schon ein Widersacher
von gleicher oder ähnlicher Macht entgegengesetzt wird, endlich
ob die Verfasser dieser alten Stücke schon an eine Auferstehung
und ein ewiges Leben glaubten. Alle diese drei Fragen müssen
bejaht werden. Was den Schöpfer der Welt betrifft, so geht
seine Existenz aus folgender Stelle hervor, Yç. 50, 7:

> dâidî môi yê gañm tashô apaçcâ urvarâoçcâ
> ameretâtâ haurvâtâ çpénistâ mainyü mazdâ
> tévîshi utayûitî managhâ vôhû çêǵhê.

> - Gieb mir, der du das Rind schufst und das Wasser und die Bäume,
> Ameretât und Haurvat (d. i. zu essen und zu trinken), heiligster himm-
> lischer Mazda,
> Kraft und Stärke, Belehrung durch Vohumano.

Wegen der Abweichungen der traditionellen Uebersetzungen
darf ich nur auf die Augaben in meinem Commentare verweisen [1]).
Sie berühren uns nicht weiter, denn darüber, dass hier Ahura
Mazda als Schöpfer der angeführten Gegenstände genannt werde,
ist auch die Tradition der Parsen nicht im Zweifel. Für Schaffen
wird an dieser Stelle das Verbum tash gebraucht, welches dem
sanskritischen tax entspricht und wie dieses ursprünglich spalten
bedeutet (cf. Vd. 5, 10. 13, 62), ebenso heisst 29, 2 Ahura Mazda
géus tashâ, der Bildner des Rindes. — Noch deutlicher für die
Schöpferkraft des Ahura Mazda spricht die Stelle 37, 1. 2
(== Yç. 5, 1. 2): itkâ âț yazamaidê ahurem mazdẫm yê gañmcâ
ashemcâ dâț apaçcâ dâț urvârâoçcâ vaguhîs raoctoçcâ dâț bûmîmcâ
viçpâcâ vôhû. »Hier preisen wir nun den Ahura Mazda, der das
Rind und die Reinheit schuf, und die Wasser schuf und die
guten Bäume und die Lichter schuf, die Erde und alle Güter.«
Hier ist von dem Schaffen des Ahura Mazda die Wurzel dâ gebraucht, dieselbe, die auch in den Keilinschriften angewendet
wird, wenn von dem Schaffen des Auramazdâ die Rede ist und

---

1 Zur Vergleichung setzen wir hier die Uebersetzung von Kossowicz her:
Da mihi, o tu, qui bovem primaevam (rerum naturam — terram) creavisti aquas-
que, plantasque, Immortalitatemque, Universumque, sanctissime spiritus, o
Mazda, vim et robur: Benigna mente precor.

welche sowol geben als schaffen bedeutet, weil die sanskr. Wurzeln dâ und dhâ in ihr zusammengeflossen sind[1]). Ausserdem finden sich auch schon die im jüngeren Avesta gebräuchlichen Ausdrücke thwereç schaffen, thworestâ Schöpfer in den Gâthâs (29, 1 u. 6) gebraucht, auch die Grundbedeutung von thwereç ist schneiden. Aber nicht nur die Erde hat Ahura Mazda geschaffen und was in ihr ist, auch die Amesha-çpentas sind seine Geschöpfe; so heisst es 31, 8: aţ thwâ mêghî .... vaĝhéus patarém manaĝhô sich dachte dich .... als den Vater des Vohu-manô«, und 46, 2 heisst es: »hvô ptâ ashahyâ mazdâo, er ist der Vater des Asha (oder der Reinheit), Mazda.« In 44, 4 ist von seiner Tochter Ârmaiti (dugedâ ârmaitis) die Rede und 38, 2 von den Frauen des Ahura Mazda. Man kann also auch nach den Gâthâs von Kindern Gottes sprechen, wie die Hebräer thun, jedoch nur von wohlgerathenen.

Es wird jedoch Ahura Mazda in den Gâthâs nicht als der alleinige Schöpfer gepriesen, zugleich mit ihm schafft auch der böse Geist. Cf. 30, 4:

aţcâ hyaţ tâ hém mainyû jaçaetem paourvim dazdê
gaemcâ ajyâitîmcâ yathâçâ aĝhaţ apemem aĝhéus (oder aĝhus)
aciaţô drgvataňm aţ ashaonê vahistem manô.

Als nun diese beiden himmlischen Wesen zusammenkamen um
zuerst zu schaffen,
Leben und Vergänglichkeit und wie zuletzt die Welt sein solle:
Der Schlechte für die Bösen, für den Reinen der beste Geist[2]).

---

1) Wie alt diese Anschauung ist, lässt sich daraus entnehmen, dass schon in den assyrischen Uebersetzungen der Keilinschriften dâ sowol mit geben als schaffen übersetzt wird. Cf. Schrader, die assyrisch-babylonischen Keilinschriften. s. v. נתן und ירא.

2) Ich setze die Uebersetzung dieser Strophen von Kossowics und Hübschmann bei, um den Leser zu überzeugen, dass die Abweichungen in der Exegese den Gesammtsinn nicht wesentlich beeinträchtigen. Kossowics: Atque quum hi con-duo-spiritus-venerunt (convenerunt, quum data eis demum fuit potestas patefieri in mundo) primum perfecerunt vitamque vitae destructionemque, utque factus est demum mundus, Pessimus exinde spiritus maleficorum (maleficis augendis) at sancto (sanctitati tuendae et conservandae) optima mens est praesto. — Hübschmann: Als nun diese beiden Geister zusammenkamen, schufen sie zuerst die guten Wesenheiten und die schlechten und (bestimmten) dass am Ende den Bösen die Hölle, den Guten aber die Seligkeit zu Theil werden solle.

Der Gegensatz zwischen diesen beiden Geistern wird in der folgenden Strophe 30, 5 noch weiter ausgeführt:

ayåo manivåo varatå yé dregvåo acistå verezyò
ashem mainyus çpénistô yé khraozbdistéñg açénô vaçtè
yaecå khshnaoshen ahurem haithyåis skyaothanåis fraoret mazdañm.

Von diesen beiden Himmlischen wählte das Schlechte der Böse (darnach) handelnd,
Das Reine der heiligste Geist, der die sehr festen Himmel fertigte,
Und die, welche den Ahura Mazda gläubig mit klaren Handlungen zufrieden-
stellen [1]).

Kossowicz (Sarathustricae gathae posteriores p. II) will diese Stelle nicht als einen Beweis für die dualistische Anschauung der Gâthâs gelten lassen und meint, die beiden Himmlischen sollten hier die guten und bösen Fähigkeiten bezeichnen, welche im Menschen liegen. So bereitwillig wir oben die Gründe gelten liessen, welche gegen den Dualismus der Keilinschriften sprechen, hier können wir uns dem genannten Gelehrten nicht anschliessen, so wenig wie Hübschmann es thut. Es scheint uns durchaus kein Grund vorzuliegen, warum wir unter Mainyû hier etwas Anderes verstehen sollten, als was das Avesta immer darunter versteht. Eine bezeichnende Stelle für den Dualismus der Gâthâs ist auch 44, 2:

at fravakhshyå aĝhéus mainyû paouruyè
yayåo çpanyåo uiti mravat yém aĝrém
nôit nå manåo ,nôit çéñgbå nôit khratavò
naedå varanå nôit ukhdhå naedå skyaothanå
nôit daenåo nôit urvånô hacaiñtê.

Nun will ich verkünden: die beiden Himmlischen am Anfang der Welt,
Von welchen der vermehrende also sprach zum schlagenden:
Nicht unsere Geister, nicht unsere Lehren, nicht unser Verstand,
Nicht unsere Wünsche, nicht unsere Reden, nicht unsere Thaten,
Nicht die Gesetze, nicht die Seelen vereinigen sich [2]).

---

1) Nach Kossowicz bedeutet die Strophe: Horum duorum-spirituum elegit qui Malus est (malus spiritus) pessima factu, sanctitatem vero spiritus sanctissimus, qui firmissimum caelum incolit, quique propitium faciunt Ahuram justis operibus, profitendo Mazdam. — Nach Hübschmann: Von diesen beiden Geistern wählte der Böse die schlechteste Handlungsweise, die Tugend der Gedeihen spendende Geist, dessen Kleid der feste Himmel ist, und die welche gläubig den Ahuramazda durch wahrhafte Werke zufriedenstellen.

2) Nach Kossowicz: At effabor mundi duos-spiritus primaevos (de duobus spiritibus mundi), quorum sanctior sic allocutus est quem malum (hunc qui

Wir glauben nicht fehl zu greifen, wenn wir annehmen, dass mainyû in den Gâthâs nichts Anderes bedeutet als wie im übrigen Avesta und wie diess ja auch die Tradition will, nämlich die beiden unsichtbaren Principien, die sich entgegengesetzt sind. Dass auch von den übrigen Genien des guten Princips in den Gâthâs geredet werde, dass die obersten Geister, die Ameshaçpentas die Kinder Ahuras genannt werden, haben wir oben schon mitgetheilt. In gleicher Weise sind die Daevas die Kinder des bösen Geistes, denn es heisst 32, 3 aṭ yûs daevâ vîçpâoġhô akâṭ manaġhô çtâ cithrem, d. i. nun seid ihr, Daevas, alle die Nachkommenschaft des Akomano. Dass die Daevas der Gâthâs dieselben bösen Wesen sind wie die des übrigen Avesta, versteht sich von selbst, einige derselben werden mit Namen genannt und es ist nicht der mindeste Grund vorhanden, andere Wesen auch nur zu vermuthen. Dass also die Gâthâs nicht blos einen Schöpfer Himmels und der Erde annehmen, sondern zwei sich entgegengesetzte schaffende Principien, dürfen wir wol nach diesen Proben als erwiesen ansehn. Auch dass die Gâthâs schon die Lehre von der Auferstehung, von der Belohnung und der Bestrafung der Menschen kennen, lässt sich leicht nachweisen. Einen Beweis dafür liefert das Vorkommen des Ausdruckes frashêm kere ahûm, z. B. 30, 9:

     aṭcâ tôi vaem qyâmâ yôi îm frashêm kerenaon ahûm
       Mögen wir dir gehören, welche die Welt frisch machen.

oder 34, 15:

     khshmâkâ kkshathrâ ahurâ frashêm vaçnâ haithyêm dâo ahûm
       Durch euer Reich, Ahura, mache nach Wunsch frisch die gegenwärtige Welt.

Früher habe ich frashîm oder ferashîm lesen wollen, was unrichtig ist, obwol es auf sehr guter hdschr. Autorität beruht, Westerguard hat richtig frashêm, worin ihm alle übrigen Erklärer der Stelle gefolgt sind. Ferner habe ich früher den Ausdruck frashêm kere ahûm zu schwach übersetzt »die Welt fördern«, worin man mir nicht hätte folgen sollen, nachdem Windischmann (Zor. Studien pg. 236 fg.) nachgewiesen hat, dass die Redensart

---

malus est): Non nostri animi-affectus, non doctrinae, non intellectus nostri, neque nostra vota (electiones', nec verba, neque opera, non agendi-norma-et-ratio (lex. religio) nec animae nostrae conveniunt (nil secum apud nos commune habet).

bedeutet: die Welt frisch oder neu machen, und dass sie von der Auferstehung gebraucht wird (diese selbst heisst frashô kereti), was auch ganz der Tradition gemäss ist. Es ist nicht abzusehen, womit man beweisen will, dass dieser Ausdruck in den Gâthâs plötzlich eine andere Bedeutung gehabt habe. Uebrigens fehlt es in diesen Stücken auch sonst nicht· an Belegen für die Auferstehungslehre. Cf. 30, 8:

ajcâ yadâ aeshaṅm kaenâ jamaiti aenaĝhaṅm
at mazdâ taibyô khshathrem vôhû manaĝhâ vôividâitê
aeibyô çaçti ahurâ yôi ashâi daden zaçtayô drujem.

Dann wenn die Strafe kommt für jene Uebelthäter,
da überliefert sich dir, o Mazda, Khshatra sammt Vohumanô[1]),
er befiehlt denen, o Ahura, die dem Asha die Drujas in die Hand geben.

Ebenso bezeichnend ist 30, 10:

adâ zi avâ drûjô avô bavaiti çkeḍô çpayathrahyâ
at açistâ yaojaṅtê â hushitôis vaĝhéus manaĝhô
mazdâo ashaqyâcâ yôi zazeṅtî vaĝhéus çravahî.

Dann trifft auch die Drujas das Verderben der Vernichtung,
es vereinigen sich schnell in der guten Wohnung des Vohumano,
des Mazda, des Asha die, welche ausbreiten den Ruhm des Guten[2]).

Hieran schliessen sich verschiedene geringere bezeichnende Aeusserungen, wie wenn 44, 2. 3. von aĝhéus paouruyê, vom Anfange der Welt, die Rede ist, dagegen 44, 3 von aĝhéus apémem vom Ende der Welt, oder 42, 5. 50, 6 von urvaeçê apémê der letzten Auflösung. Zweifelhaft ist es, ob auch der Kampf, von welchem 43, 15 die Rede ist, auf die Zeit von der Auferstehung bezogen werden muss, wahrscheinlich genug ist es.

1) Kossowicz: Atque quando illis poena advenit maleficis, at, Mazda, tunc penes te Potestas Bona cum Mente sunt praesto: his dominatur illa (sc. divina Potestas, in ditione sua habet, praestat invictos et triumphantes) o Ahura, qui sanctitate sua dedunt manibus (i. e. opprimunt, plane devincunt) diabolum. — Hübschmann: Wenn aber die Bestrafung ihrer Frevelthaten stattfinden wird, und, o Mazda, dein Reich als Lohn der Frömmigkeit, ρ Ahura, an die kommt, welche die Druj (Lüge) dem Asha (Wahrheit) in die Hand lieferten.

2) Kossowicz: Tunc equidem in Drujas clades exoritur, scissio destructionis (ultima perniciess); sed ociissime congregantur (conveniunt) ad faustum domicilium Benigni spiritus, Mazdae Sanctitatisque, qui proficiunt in Benigna lege. — Hübschmann: Dann ereilt (durch jenes) die verderbliche Druj der Untergang, unsterblich aber sammeln sich in der Wohnung des Vohumano, des Mazda und Asha die, welche hohen Ruhm besitzen.

Nur der Vollständigkeit wegen bringen wir als eine bekannte
Thatsache in Erinnerung, dass in den jüngeren Theilen des
Avesta der Dualismus in seiner vollkommenen Ausbildung besteht.
Auch dort heisst Ahura Mazda der Schöpfer, häufig der Schöpfer
der bekörperten Welten, auch Vd. 19, 33. 34 schafft er in der
unendlichen Zeit, die Amesha-çpentas aber helfen ihm beim
Schaffen. Dagegen zeigen andere Stellen, dass er nicht allein
schafft, Yç. 13, 76 heisst es von den Fravashis: yâo tadha
eredhwâo histeñti yat mainyû dâmañm daidhîtem yaçca çpeñtô mainyus yaçca añrô »welche damals aufrecht standen, als Geschöpfe
schufen der vermehrende Geist und der schlagende.« Von den beiden himmlischen Geistern ist noch öfter die Rede, ebenso von ihren
Geschöpfen, cf. Vd. 7, 132. Yç. 9, 47. 19, 21. Wegen der Lehre
von der Auferstehung verweisen wir auf die erschöpfenden Untersuchungen Windischmann's (Zoroastrische Studien, p. 234 flg.), in
welchen man alles hieher gehörige zusammengestellt findet.

Unser Endergebniss ist demnach: dass bei der Frage nach
dem Alter des Dualismus zuerst und hauptsächlich das Alter des
Avesta in Betracht gezogen werden muss, dass man eine entschiedene Ansicht über das Alter des Dualismus gar nicht aussprechen kann, so lange diese Frage nicht entschieden ist. Ohne
künftigen genaueren Untersuchungen vorgreifen zu wollen, scheint
mir nach der jetzigen Sachlage der Gang der dualistischen Entwickelung etwa der folgende gewesen zu sein. Dem Dualismus
ging ein absoluter Monarchismus vorher, in welchem Gott als
der alleinige Gebieter der ganzen Welt vorgestellt wurde, sowol
als ihr Schöpfer wie ihr Zerstörer. Später nahm man an dieser
Lehre Anstoss und schrieb die Uebel der Welt dem Einflusse
untergeordneter Geister zu. Dass aus dem Polytheismus, welchen
die alten Eranier ursprünglich mit den Indern gemein hatten, ein
solcher absoluter Monotheismus nicht entstanden ist, scheint mir
gewiss, keine Spur weist auf einen solchen Verlauf der Dinge
hin. Sicher ist dieser Monotheismus aus dem semitischen Westen,
wo er lange bestand, zuerst nach Westérán über Babylon gewandert und wurde von dort mit Modificationen den Ostéraniern
mitgetheilt. Auch der Anstoss zur Untersuchung der Frage
nach dem Ursprunge des Bösen dürfte aus dem Westen gekommen sein, doch wagen wir nicht zu sagen, bis zu welchem
Punkte diese Frage schon gediehen war, als sie von Zarathustra

oder anderen Erániern aufgenommen wurde. Wahrscheinlich war die Ansicht ursprünglich, das Böse sei später entstanden als das Gute und werde auch wieder verschwinden, während das Gute bestehen bleibe. Daraus mag dann die orthodoxe Ansicht des Parsismus sich entwickelt haben, nach welcher die Gegensätze von Gut und Böse zwar gleich anfangslos sind, jedoch nur das Gute allein ewig, das Böse aber endlich. Entschieden die späteste Entwickelung ist die des Manichäismus, nach welcher sowol das Gute als das Böse von allem Anfange waren und in alle Ewigkeit bestehen werden.

IV.

Das dreissigste Capitel des Yaçna in Huzvâreshübersetzung.

Vorbemerkungen.

Es sind jetzt dreizehn Jahre verflossen, seitdem mir zum letzten Male Gelegenheit geboten war, mich ausführlicher über Huzvâreshsprache und Huzvâreshliteratur zu äussern. Der Weg, den ich eingeschlagen hatte, um zum Verständnisse der beiden genannten Gegenstände zu gelangen, ist seitdem vielfach verlassen worden, ohne dass ich mich überzeugen konnte, dass der neue Weg besser zum Ziele führe als der alte; es scheint vielmehr auch auf diesem Gebiete mir die Aufgabe zugefallen zu sein, èrânische Eigenthümlichkeiten gegen sprachvergleichende Allgemeinheiten zu vertheidigen. Aus diesen meinen Ansichten, welche von den jetzt ziemlich allgemein geltenden nicht unerheblich abweichen, mag man es erklären, wenn ich erst einige Bemerkungen vorausschicke, ehe ich mich zu dem in der Ueberschrift angegebenen Ziele dieser Abhandlung wende.

§ 1.
Der Name Huzvâresh.

Der Streit, welcher viele Jahre darum geführt wurde, ob man Huzvâresh, Huzôresh oder Huzûresh lesen solle, scheint jetzt zu Gunsten der ersten Namensform entschieden zu sein, nur dass man vielleicht am genauesten Uzvâresh, ohne anlautendes h, sagen wird. Man musste sich eben bei genauerem Zusehen überzeugen, dass die Morgenländer niemals von etwas Anderem reden als von Uzvâresh oder Zevâresh, es musste auch einleuchten, dass die Etymologie nur dadurch sich nützlich machen kann, dass sie das geschichtlich gegebene Material erklären hilft, nicht aber, dass sie etwas Neues, Ungeschichtliches an die Stelle des

Geschichtlichen setzt. Wenn nun aber auch über die Form Uzvâresh ziemliche Uebereinstimmung herrscht, so sind dagegen über die Bedeutung des Wortes die Meinungen noch ausserordentlich getheilt und ich glaube, dass es nicht ohne Interesse sein wird, wenn ich das Wort einmal hier einer ausführlichen Besprechung unterwerfe.

Der Name Huzvâresh ist uns zuerst durch Anquetil bekannt geworden, dessen Worte ausführlich hier mitzutheilen nöthig ist. Derselbe sagt (Zav. 2, 429: Sous les premiers monarques de l'Empire Perse est le regne de la langue Zende, qui se conserve d'abord pure dans la Georgie, l'Iran proprement dit et l'Aderbedjan. Bientôt comme un arbre touffu, le Zend répand des branches de tous côtés; les plus considérables sont le Pehlvi et le Parsi. Le Zend, analogue par son génie ses caractères, au Pays d'où il sort, reçoit différentes inflexions, selon les lieux par lesquels il passe. De l'Aderbedjan il tourne au Sud-Est, s'étend du Guilan au Dilem, à l'Irak Aadjemi, et porte le nom de Hosvaresch c'est à dire, Langue des Forts, des Héros) traduit dans la suite en Parsi, par Pehlvi. Wie diese Stelle zu verstehen sei ist nicht zweifelhaft, zum Ueberfluss setze ich aber auch noch die aus Anquetil geschöpfte Ansicht Kleukers hierher (Anhang zum Zav. 2, 22: »Zend war die Sprache des alten Mediens und Zoroasters Muttersprache, Pehlvi hingegen der alten Helden und Könige Persiens. Dies heisst dies Wort an sich und wird auch durch Azvaresch oder Huzvaresch, von gleicher Bedeutung, erklärt. Dies letzte ist der Pehlvische Originalname dieser Sprache, und Pehlvi die Parsiübersetzung von jenem. Beides heisst Stärke, Heldenkraft«

Anquetil und nach ihm Kleuker gebrauchten in ihren Schriften den Namen Pehlvi mit Vorliebe und so kam es, dass J. Müller in seinem Essai sur le Pehlvi erst wieder an den vergessenen Namen Huzvâresh erinnern musste. Aber welches Recht hatte denn Anquetil zu seiner oben angeführten Behauptung, dass Pehlevi und Huzvâresh ganz dasselbe bedeuten? Das war es, was zuerst untersucht werden musste und zwar dadurch, dass man das Wort Huzvâresh und seinen Gebrauch in den Texten belegte. Mit Recht hat man dabei auf eine Stelle des Kitâb-ul-Fihrist ein besonderes Gewicht gelegt, wir sind jetzt im Stande, dieselbe im Originale anzuführen, sie lautet (p. 14, 13. ed. Flügel) folgendermassen:

ولهم هجاءٌ يقال له زوارشن يكتبون بها الحروف موصول و مفصول وهو نحو
انهم كلمة ليفصلوا بها بين المتشابهات مثال ذلك انه من اراد ان يكتب
كوشت وهو اللحم بالعربية كتب بسرا ويقرأه كوشت على هذا المثال ....
وانا اراد ان يكتب نان وهو الخبز بالعربية كتب لهما ويقرأه نان على هذا
المثال .... وعلى هذا كل شيء ارادوا ان يكتبوه الا اشياء لا يحتاج الى قلبها
تكتب على اللفظ. Lange Zeit hindurch war diese Stelle nicht im
Originale zugänglich, sondern nur in der Uebersetzung Qua-
tremère's, diese lautete: Les Perses ont aussi un alphabet Ze-
varesh, dont les lettres sont tantôt liées tantôt isolées. Le vocabulaire se compose d'environ mille mots et ils s'en servent pour
distinguer les expressions qui ont une forme semblable. Pour
exemple quiconque veut écrire le mot gouscht كوشت, qui, en
arabe, signifie lahm لحم, il écrit bisra بسرا, qu'il prononce
gouscht, si l'on veut écrire nân, نان, qui signifie pain, on trace
le mot lahma لهما, que l'on prononce nân. Il est ainsi des autres
mots, à l'exception de ceux qui n'ont point besoin d'être déguisés
et que l'on écrit comme ils se prononcent. — Seitdem man den
Text dieser Stelle kennen gelernt hat, ist diese Uebersetzung
mehrfach Gegenstand der Kritik gewesen, namentlich der erste
Absatz derselben. Schon im Jahre 1866 (Journal asiatique 6, 430)
hat Herr Cl. Ganneau eine eigene Abhandlung über dieselbe
geschrieben und mehrere nicht unwichtige Verbesserungen angebracht. Er hat wol richtig gesehen, dass هجا nicht sowol
Alphabet bedeute als Aussprache der Buchstaben und Wörter,
dass das Wort بها nicht auf هجا sondern auf زوارشن gehen müsse,
endlich dass وهو auf alles Vorhergehende zu beziehen sei. Betrachten wir aber den Sinn, den wir erhalten, so kann ich nicht
sagen, dass ich denselben zum Vortheil verändert finde. Der
Satz würde heissen: »Sie haben eine Art der Aussprache, welche
Zevâresh genannt wird, und man schreibt in ihm (dem Zevâresch)
die Buchstaben verbunden und getrennt, und sie (die Aussprache)
besteht aus ungefähr tausend Wörtern« u. s. w. Wenn Zevâresh
eine Aussprache ist und kein Alphabet, so kann man in ihr auch
keine Buchstaben schreiben. Es ist nicht richtig, dass man die

semitischen Wörter mit verbundenen oder getrennten Charakteren schreiben kann, wie Ganneau meint, dieselben unterscheiden sich in ihrer Schreibweise durchaus nicht von andern Wörtern. Ebensowenig kann eine Aussprache aus 1000 Wörtern bestehen. Eines nur geht aus der ganzen Stelle des Fihrist ganz unzweideutig hervor: dass hier wirklich von der Sprachform die Rede ist, die Anquetil mit Pehlvi oder Huzvâresh bezeichnen wollte. Die beiden Wörter, welche hier erwähnt werden, bisrâ und lahmâ, kommen nämlich in diesem Idiom wirklich vor, der Verfasser des Fihrist hat dieselben in Originalcharakteren beigefügt und auch diese bestätigen uns dieselbe Annahme [1]. Ob aber der Fihrist von einer Schrift sprechen will (was mir nach dem was vorhergegangen ist immer noch am wahrscheinlichsten dünkt) oder von einer Sprache oder endlich von einer Aussprache, das wird sich kaum sicher ausmachen lassen, da eben der Verfasser sich nicht klar ausgedrückt hat. Wir bedürfen also noch weiterer Stellen über Huzvâresh, welche uns den dunklen Sinn der Fihriststelle enträthseln helfen. Zuerst beginnen wir mit den Stellen, welche dafür sprechen, dass unter Uzvâresh oder Huzvâresh eine Sprache zu verstehen sei. Sie sind schon öfter mitgetheilt worden, die eine steht in einer pariser Handschrift (7 fonds d'Anquetil, p. 106), wo es heisst: نه در کلام مانثر و نه در ازوارش و نه در کلام بزرگان دین » nicht in der Manthrasprache, nicht im Uzvâresh und nicht in der Sprache der Grossen des Gesetzes.« Wovon in dieser Stelle eigentlich die Rede sei, weiss ich nicht, auch kümmert es mich nicht; es ist jedenfalls Etwas, wovon man in Sprachen sprechen, in Büchern schreiben kann. Der Ausdruck كلام geht der Erwähnung des Uzvâresh vorher und folgt gleich wieder darauf, nichts natürlicher, als dass man ihn auch zu Uzvâresh ergänzt: »und nicht in der Uzvâreshsprache.« Noch deutlicher und Anquetils Behauptung vollkommen bestätigend ist eine zweite Stelle: پهلوی که ازوارش کوپند »das Pehlvi, welches man Uzvâresh nennt.« Dazu füge ich endlich eine dritte Stelle. Der Verfasser des von Anquetil herausgegebenen Vocabulaire Pehlvi-Persan sagt

---

[1] Es will wenig bedeuten, dass der Fihrist בסרא für Fleisch setzt, in den uns zugänglichen Huzvâreshwerken aber בסרא steht. Ersteres ist der Singular, letzteres der Plural des Wortes = syr. ܒܣܪܐ.

(ZAv. 2, 523) bei seiner Aufzählung der Monatstage: Djavam
houmenah rng djektibounam bena (sic) lesan housvarsan [1]). Tage
sind es 30, ich schreibe sie in Huzvâreshsprache. Hier wird
Uzvâresh ganz deutlich lesan, Sprache genannt. Diese Stellen
werden hinreichen, um zu erhärten, dass man im Morgenlande
unter Uzvâresh eine Sprache verstand.

Andere Stellen wieder sprechen vom Uzvâresh als einer
Schrift. So in der pariser Handschrift no. 6 fonds d'Anq. p. 94 :
ba khata (leg. khat. i.) awçtâ yâ khata (khat. i.) çêwâț awâiļ
nawêst ké uzvars béț »das . . . . muss man mit der Schrift des
Avesta oder mit der Schrift von Sevâd, welche das Uzvârsh ist,
schreiben.« Also wird Uzvârcsh sowol von der Sprache wie von
der Schrift gebraucht. Wie diess möglich sei, wird uns nur dann
begreiflich werden, wenn wir wissen, was Uzvârcsh bedeutet.

Das Wort Uzvârcsh oder Huzvâresh hat, seitdem es in Europa
bekannt geworden ist, sehr wechselvolle Schicksale zu durchleben
gehabt. Wir haben gesehen, dass Anquetil behauptete, es sei
identisch mit dem Wörte Pehlvi, und dass Kleuker, auf Anquetil
gestützt, es durch Stärke, Heldenkraft erklärte. Später hat J.
Müller geglaubt, Uzvâr oder Huzvâr entspreche einem altbaktrischen huzaothra, bonum officium habens. Aus dieser Erklärung
hinwiederum hat man geschlossen, die Form Huzvâresh sei eine
unrichtige, es müsse huzûresh oder huzôresh gelesen werden,
nur diese Formen würden dem vorausgesetzten huzaothra entsprechen. Nun lässt es sich allerdings nicht leugnen, dass im
Morgenlande Wörter, die unverständlich geworden waren, auch
lautlich verunstaltet worden sind. Um aber eine solche Ver-
unstaltung anzunehmen, müssen doch gewisse historische Gründe
vorhanden sein, einer blos möglichen Etymologie zu lieb werden
wir solche Veränderungen nicht annehmen dürfen. Wenn wir
z. D. in der éränischen Alexandersage eine Königin Qidâfa finden,
so sehen wir durch Vergleichung mit dem griechischen Urbild,
dass diese Königin ursprünglich Κανδάκη geheissen habe, und wir

---

1) Ich habe die Stelle im Originale nicht vor mir, (vgl. jedoch Justi,
Bundehesh s. v. زوارشن) doch ist sie ziemlich deutlich. Für djavam lesen wir
natürlich yom, Tag, über houmenah vgl. Huzvâreshgr. § 117; es entspricht dem
béț oder béț. Für lesan erwartet man רשׁנ, housvarsan ist in Usvâreshn zu
ändern. Entschieden falsch ist bena = neup. اي, es muss pann heissen.

begreifen, dass aus قنلاڢه leicht قيلاڢه werden konnte. Wiederum, wenn Firdosi uns von einem See خاچـسـ ganz dasselbe erzählt, was wir im Avesta und andern Büchern der Parsen von einem See Caecaçta lesen, da werden wir mit ziemlicher Bestimmtheit annehmen können, es sei خاچـسـسـ für چـاچـسـسـ verlesen worden. Offenbar liegt bei dem Worte Uzvâresh die Sache ganz anders; dass dasselbe dem altbaktrischen huzuothra entspreche, ist eine durch nichts begründete Vermuthung, die alsbald verlassen werden muss, wenn sich nicht einmal die Laute fügen wollen. Um nichts besser ist auch meiner vollen Ueberzeugung nach die Ansicht, die man in neuerer Zeit aufgestellt hat. Uzvâresh soll nämlich Aufdeckung, Erklärung bedeuten, und um diess möglich zu machen, wird ein Verbum uzvar, retegere, angenommen, von welchem kein Mensch etwas weiss. Es ist nicht etwa diese Erklärung allein, welche ich beanstande, sondern die ganze Kategorie von Erklärungen, zu welcher die vorliegende gehört und gegen die sich auch Pott kürzlich in einer Weise geäussert hat, mit der ich vollkommen übereinstimme. »Was soll man aber dazu sagen«, so sagt er (Wurzelwörterbuch 3, 3), »wenn in der Jetztzeit, wo für die Sprachwissenschaft im Allgemeinen wie für die Etymologie im Besondern richtigere Forschungsmethoden gefunden sind, auf den Blumenauen und Fruchtäckern von Sprachen des weit hingestreckten Indogermanismus bei vielen Sprachvergleichern wie in wahnwitzigem Todtentanze hohläugige und fleischlose Spukgestalten von Wörtern und Wortformen wild umherspringen, welche die Beglaubigung von ihrem einstmaligen Vorhandensein mit keiner Schriftstelle beibringen können? Selbst die, angenommen sie seien aus den Gräbern in Wirklichkeit einst begrabener Leiber aufgestörte Lemuren, wenn schon meist mit Asterisk auf der todtenbleichen Stirn wie von vorneherein gebrandmarkt, pêle-mêle, und zwar so massenhaft, wie es neuerdings Sitte oder vielmehr Unsitte geworden, unter die Lebenden zu mischen, wäre gewiss nicht räthlich, schon um factisch Erwiesenes und höchstens, wenn richtig, doch nur durch Analogieen Erschlossenes streng auseinander zu halten. Allein, damit nicht genug, sind ganze Schaaren anderer unter jenen Gestalten — nichts als — reine Schemen, welche des Grammatikers Zauberlaterne, je nachdem er sie hiehin oder dorthin

6 *

wendet, lediglich aus e i g e n e r Machtvollkommenheit, oft genug
sogar mit fahriger Willkür und g e g e n den ächten Thatbestand,
schuf und jeden Augenblick dutzendweise schaffen kann, und
welche, obschon sie eitel S c h e i n und T r u g sind, nun doch
sich behaben, als hätten sie wenigstens in v o r m a l i g e r Zeit einer
Welt der Wirklichkeit angehört mit lebendig kreisendem Blute
in sich.« In der That, wenn der grossartigen Wörter- und Be-
deutungsfabrication ein Spielraum gegönnt wird, welche seit
einigen Jahrzehnten sich auf dem Gebiete der éranischen Sprachen
ohne alle Rücksicht auf historische Ueberlieferung entwickelt, da
werden wir bald nichts als etymologische Wechselbälge haben, die
Sprachvergleichung wird die alleinige Wissenschaft und die historische Forschung abgethan sein. Im vorliegenden Falle gestehe ich, dass mir ein offenes Geständniss, das Wort Uzvâresh
sei mit unsern Hülfsmitteln unerklärbar, weit lieber sein würde,
als solch eine problematische Erklärung. Es ist indess nicht meine
Ansicht, dass wir uns bei dem Worte Uzvâresh mit einer blosen
negativen Erkenntniss zu begnügen haben.

Wir gehen bei der Erklärung des Wortes unbedenklich von
der überlieferten Form Uzvâresh aus, welche durch den Ortsnamen
Uzvâre eine glänzende Bestätigung erhält. Daneben finden wir
im Fihrist die wichtige Form Zevareshn, die am Anfange abgekürzt, dafür am Schlusse vollständiger erhalten ist als die
gewöhnliche Uzvâresh. Hier erinnern wir uns nun wieder der
Behauptung Anquetils, die wir oben durch ein handschriftliches
Zeugniss bestätigt gefunden haben, dass Huzvâresh dasselbe sei
wie Pehlevi; von ihr gehen wir am natürlichsten aus. Es liegt
am Tage, dass man das Wort Huzvâresh, Uzvâresh in Hu-zvâresh,
U-zvâresh zerlegen muss, dazu zwingt uns die abgekürzte Form
Zevareshn im Fihrist, welche zeigt, dass die Silbe hu, u nicht
von tief eingreifender Bedeutung gewesen sein kann. Bei der
Lesung Hu-zvâresh denkt man für hu am natürlichsten an altb.
hu = skr. su, gut. Dieselbe Erklärung kann man auch bei der
Lesung U-zvâresh beibehalten. Jede neupersische Grammatik
spricht von der Vertauschung von ١ und ٯ, man denke an die
Formen اكر und ٯكر, درمز und درٯز. Im Altpersischen erscheint
für hu immer blos u, wie die Formen uwaçpa, umartiya bezeugen. Es verhält sich demnach die Form Uzvâresh zu Ze-

vâreshn wie altp. Ufrâtu zu פֿרת, Eufrat zu Frat. Damit wäre denn die Anfangssilbe des Wortes erklärt und es handelt sich nur noch um zvâresh oder zvâreshn. Die Endungen esh oder eshn sind Abstractendungen, was zunächst zu erklären wäre, ist die Silbe zvâr. Wenden wir uns nun ah die in Frage stehende Uzvâreshsprache selbst, so stehen uns zwei Wörter zu Gebote, welche beide זואר geschriebon werden. Das eine dieser Wörter ersetzt das altbaktrische zaothra und wird theils durch prâna, Leben, Stärke, ausgedrückt, theils auch durch jora blos umschrieben. Nerio-sengh meint damit das neuere Zor, welches Wort bei den Parsen geweihtes Wasser bezeichnet, und da زور, zòr, im Neupersischen Stärke bedeutet, so hat Neriosengh diese Wörter für identisch gehalten. Dieses זואר = zaothra hat zu der Vermuthung Ver-anlassung gegeben, es möge Uzvâresh soviel als huzaothra sein. Wahrscheinlich aber ist dieses Wort gar nicht mit זואר zu um-schreiben, sondern mit זוהר, und zohr zu lesen, das Wort ist identisch mit armenisch jôh, Opfer, wie man längst geschen hat. Es existirt aber noch ein zweites זואר, welches im Yaçna öfter vorkommt und für altb. zâvare steht. Auch dieses Wort übersetzt Neriosengh mit prâm, diessmal richtig, denn auch im Neupersischen haben wir noch neben زور die Formen زاور und زوار in der Be-deutung Kraft. Uzvâr kann demnach sehr wohl stark, helden-haft heissen und für پهلوی, heldenhaft, stehen. Wir haben aber nicht das Adjectivum uzvâr zu erklären, sondern das Abstractum uzvâreshn. Mit anderen Worten: wir haben hier nicht ein Ae-quivalent für پهلوی heldenmässig, sondern für das Abstractum پهلوی Heldenthum. Was uzvâreshn besagen soll, ist nun nicht mehr schwer zu erklären. Es ist uzvâreshn Heldenthum, Helden-zeit, ein Ausdruck wie das arabische جاهليّة, und bedeutet das Alterthum. Huzvâreshsprache ist also Sprache der Vorzeit, Huzvâreshschrift die Schrift des Alterthums. Es sollte mich gar nicht wundern, wenn auch von Huzvâreshreligion, Huzvâresh-büchern und Huzvâreshkleidern die Rede wäre, denn für alle diese Dinge wird auch der Ausdruck پهلوی gebraucht. Diese meine Ansicht kommt, wie man sieht, mit der Anquetils und Kleukers vollkommen überein, sie scheidet sich aber von der Lagardes, welcher zur Erklärung von Uzvâresh neup. هزبر bizabr zu Hülfe ruft.` Nach meiner Ueberzeugung ist dieses Wort, das bei Firdosi einen Löwen und einen löwengleichen Mann bedeutet, in seinem ersten Theile identisch mit dem indischen Namen für den Löwen, sińha. Dieser Name dürfte wol mit skr. sahas, Kraft, in naher Beziehung stehen und dadurch auch mit altb. hazaĝh, Raub. Auf eine Nebenform hazan scheint mir das arabische نَزَّ فَرَّ zu deuten, bei welchem die Bedeutung malignus wol die ursprüngliche sein möchte.

Wir dürfen somit getrost die Namen »Huzvâreshsprache, Huzvâreshschrift« auch ferner anwenden. Der Name ist weder besonders bezeichnend noch auch schön, und ich kann nicht sagen, dass ich übermässig verliebt in denselben wäre, ich würde ihn gern für einen besseren vertauschen, wenn ich einen solchen wüsste. Bis aber ein besserer gefunden ist, wird man, wie ich glaube, gut thun, den alten beizubehalten. Er ist dem synonymen Ausdruck Pehlevi vorzuziehen, denn dieses Wort ist nachweislich von den Morgenländern in dem weiten Sinne von alterthümlich bereits gebraucht worden. Wollen sie von den Keil-Inschriften von Persepolis sprechen, so sagen sie, sie seien in Pehlevi geschrieben, wollen sie von einem neuen Dialekte sprechen, der etwas Alterthümliches hat, so sagen sie, er sei persisch mit Pehlevi gemischt. Der Ausdruck Pehlevi ist daher viel zu weit. Besser wäre der von Sachau öfter gebrauchte Ausdruck »zendisch«, d. h. der Uebersetzung angehörig, allein der Uebelstand, dass man lange Zeit mit Zend das Altbaktrische bezeichnete und zum Theil noch bezeichnet, kann leicht zu unangenehmen Missverständnissen Veranlassung geben. Diese vermeidet man, wenn man den Namen Huzvâresh, Uzvâresh gebraucht. Zwar bedeutet derselbe nichts weiter als Pehlevi, aber er ist eben stets nur von der Sprache der Avestaübersetzung und der sich daran schliessenden Literatur gebraucht worden.

§ 2.

Die Huzvâreshsprache.

Die verschiedenen jetzt geltenden Ansichten über die Huzvâreshsprache glaube ich nicht besser und zugleich kürzer mittheilen zu können, als wenn ich die darauf bezüglichen Aeusserungen Whitneys (Oriental and linguistic studies, p. 172) in

Uebersetzung mittheile. ,,Nach seiner (Spiegels) Ansicht ist das Pehlevî der heiligen Pârsibücher identisch mit dem Pehlevî der alten Sâsânidendenkmale, wie es auf ihren Münzen und in ihren Inschriften gefunden wird, und ist also als die Sprache des persischen Hofes in dieser Zeit zu betrachten, die einheimische Sprache, in welche die heiligen Texte zur Zeit ihrer Sammlung und Ordnung zur grösseren Verbreitung und besserem Verständniss übersetzt wurden. Es war gemischter Art, die Grundlage war persisch und zwar nicht sehr verschieden von der Sprache, welche jetzt gebraucht wird, während ein grosser Theil seines Wortvorraths semitisch ist und dem Aramäischen dieser Periode am meisten gleicht. Seine eigentliche Heimath wäre demnach die westliche Gränze des Reiches, wo iranische und semitische Völker und Sprachen an einander gränzten. Aber es war nicht ein gesprochener Dialekt im strengsten Sinne des Wortes, es war eher eine gelehrte oder Büchersprache, in welche aramäische Wörter nach dem Belieben des Schreibers aufgenommen wurden, ähnlich wie arabische Worte in das Neupersische. Westergaard behauptet im Gegentheil, dass das Pehlevî der früheren Sâsâniden und das des Zend zwei ganz verschiedene Sprachen seien; dass die erstere ein wirklich semitischer Dialekt, die letztere aber rein persisch sei und, in Wirklichkeit, identisch mit dem Pârsi, von dem es sich blos durch die Schrift unterscheidet und die Schwierigkeit, die wahre Form des Textes zu finden, beruhe nicht allein in der Zweideutigkeit der Schrift, sondern auch in der grossen Anzahl willkührlicher Zeichen und Ideogramme für Pronomina, Präpositionen und Partikeln, die das Ansehen wirklicher Worte haben, und in der Annahme semitischer Wörter, die seltsam durch besondere Zeichen gekennzeichnet werden, welche der Schrift aber nicht der Sprache angehören. Wenn nun diese Zeichen richtig verstanden und übersetzt werden, dann wird das Pehlevî einfach Pârsî, das Zend zu Pâzend. Die Verkleidung der Uebersetzung in diese seltsame Form, welche der Sprache ein fremdartiges Ansehen giebt, hält Westergaard für einen priesterlichen Einfall, um die Kunde auf Wenige zu beschränken und diesen Wenigen ein erhöhtes Ansehen in den Augen ihrer Mitbrüder zu verschaffen. Haug wiederum theilt dem Pehlevî ein hohes Alter zu als einem rein semitischen Dialecte und glaubt, dass seine geschriebene Form später von den Iraniern blos als ein Vehikel

gebraucht wurde, um einen iranischen Dialect auszudrücken, in
dem beim Lesen für jedes semitische Wort sein iranisches Synonym gesetzt wurde, während iranische Endungen und andere
Zeichen oft zugesetzt wurden, um die Uebertragung zu erleichtern.« Diese Darstellung Whitneys halte ich für vollkommen richtig, möchte aber darauf hinweisen, dass ich bezüglich
der Sâsânideninschriften ausdrücklich erklärt habe (Huzvâreshgr.
p. 175 not.), ich könne nur von dem bis dahin erklärten Theil
der Inschriften sprechen, über das Weitere aber keine Vermuthungen aufstellen. In der verschiedenen Ansicht über die
Sâsânideninschriften besteht nun die Verschiedenheit zwischen
Westergaard und mir. Für unseren jetzigen Zweck ist diese Verschiedenheit ohne Bedeutung. Wenn einmal die Sâsânideninschriften sicher erklärt sind, wird es leicht sein, das Verhältniss
zu ermitteln, in welchem sie zu der Sprache der Avestaübersetzung
stehen. Vor der Hand ist die Erklärung derselben äusserst problematisch und es darf ihr daher kein Einfluss auf die Erklärung
der Huzvâreshsprache eingeräumt werden. Auch ist diess durchaus nicht nöthig; wir besitzen hinlängliche Sprachdenkmale, um
diese Sprache aus sich selbst erklären zu können, man muss
ohnehin verlangen, dass diess bei jeder Sprache so viel als nur
thunlich geschehe.

Um nun das Wesen der Huzvâreshsprache noch weiter zu
ergründen, nehmen wir die Betrachtung des Fihristtextes wieder
auf, bei welcher wir bis jetzt nicht viel über den ersten Satz
hinaus gekommen sind. Was der Fihrist mit den Worten sagen
will: ils s'en servent pour distinguer les expressions qui ont une
forme semblable, bleibt auch nach Einsicht des Textes unklar
und ist für uns hier nicht weiter von Wichtigkeit. Was dann
weiter folgt, ist vollkommen klar und sicher. Der Fihrist erzählt
uns wie man Huzvâresh las und schrieb, seine Regeln sind die
folgenden: 1) Wenn man Huzvâresh schrieb, so ersetzte man
gewisse Wörter durch andere, so z. B. schrieb man statt gusht,
Fleisch, bisra. 2) Wenn man Huzvâresh las, so ersetzte man
diese Wörter durch ihre êrânischen Aequivalente, man las also
statt bisra das êrânische gusht. Was nun diese zweite Regel
betrifft, so wird sie gewisser Einschränkungen bedürfen. Ich
bezweifle durchaus nicht, dass man so lesen durfte wie der Fihrist
sagt, und dass man vielfach so gelesen hat. Aber man hat nicht

immer so gelesen. Die Parsen versuchen wenigstens alle Wörter Buchstabe für Buchstabe zu lesen und ich habe mehrere Huzvâreshglossare vor mir, welche bei jedem Worte die Aussprache nach den Buchstaben angeben. Die Umschreibungen der Huzvâreshtexte, welche Anquetil von Deçtûr Dârâb erhielt, folgen gleichfalls den Handschriften Wort für Wort und setzen niemals ein ërânisches Aequivalent, wo der Text ein semitisches Wort hat. Auch ist es gewiss nicht richtig, wenn man glaubt, mit Huzvâresh habe man blos den semitischen Theil der Sprache bezeichnen wollen. Kein Huzvâreshglossar enthält nur semitische Bestandtheile. Was dagegen die erste Regel betrifft, welche der Fihrist giebt, so ist sie vollkommen richtig, man schreibt immer in der von ihm bezeichneten Weise, wo man ein semitisches Wort schreibt, da meint man ein ërânisches. Das Semitische ist im Huzvâresh vollkommen rechtlos gemacht, und es ist nicht ganz richtig, wenn man die Einmischung semitischer Wörter in dasselbe für die gleiche hält, wie die Einmischung arabischer Wörter in das Neupersische; der Semitismus spielt vielmehr im Huzvâresh ganz dieselbe Rolle wie etwa das Lateinische in unserem Küchenlatein. Diesen Sachverhalt habe ich ebensogut eingesehen wie der Verfasser des Fihrist, darum findet man in meiner Huzvâreshgrammatik § 70 mit gesperrter Schrift folgende Regeln gegeben: »Erstens: die semitischen Wörter erhalten bei ihrer Herübernahme in das Huzvâresh vollkommen den Umfang der ërânischen Wörter, für deren Aequivalente sie gelten; zweitens: es sind diese ërânischen Aequivalente nicht etwa im Altpersischen oder Altbaktrischen, sondern im Pârsî und Neupersischen zu suchen.« Hätte man diese Regeln immer im Auge behalten, so würde man so manches erklärlich gefunden haben, was bis jetzt räthselhaft erschienen ist.

Einige Beispiele werden die Sache am Besten klar machen. Das Pârsî kennt ein Verbum ëçtâden, welches ursprünglich »stehen« bedeutet und auf altb. çtâ zurückzuführen ist. Im Huzvâresh gebraucht man dafür einen semitischen Stellvertreter den ich רְכִימְיְנַן lese und (Huzvgr. § 106) als entstanden erkläre (s. unten) aus dem aramäischen Participium קָם, nach syrischer Weise qoyem gelesen und der Endung antan oder untan. Genau genommen heisst also רְכִימְיְנַן stehend sein. Natürlich steht in der Huzvâresh-Uebersetzung dieses Verbum überall

wo das Altbaktrische çtâ anwendet, wie man sich leicht überzeugen kann. Allein das ist nicht der einzige Gebrauch, den
das Pârsi von seinem Verbum êçtâden macht, dasselbe ist vielmehr Hülfszeitwort geworden und dient unter Anderm dazu, im
Vereine mit dem Particip ein Perfectum zu bilden. Da nun
דכיטטנון der Vertreter von êçtâden ist, so wird es auch
zur Bildung des Perfectums gebraucht, obwol das Semitische,
wenn es Hülfszeitwörter brauchen will, dazu nicht קום nimmt,
sondern הוא wie das Syrische, oder ݣ, wie das Arabische, und
es ferner ein solches Hülfszeitwort nicht blos nach dem Verbum
verwendet wie das Erânische, sondern auch vor demselben.
Allein was das Semitische thut und nicht thut, ist eben vollkommen
gleichgültig. Ein anderes Beispiel: Im Pârsi finden wir ô, ôi
in zweierlei Bedeutung: so heisst das Pronomen der 3 ps., er, sie, es,
so heisst auch die nota dativi. Natürlich sind diese beiden ô auf
ganz verschiedene Weise entstanden: das Pronomen ô, er, ent-
stammt dem altêrânischen Pronominalstamm ava, die Partikel ô
aber geht auf abiy, aoi, vielleicht auch auf die Partikel ava zurück.
Allein für das Huzvâresh sind solche feine Unterscheidungen überflüssig. Man hat ô, er, mit ור, ורמן gegeben, der Kern dieses
in seiner Zusammensetzung nicht ganz klaren Wortes ist gewiss לה,
ihm; da nun ור, ורמן = ô ist, so ist es auch Aequivalent für
die nota dativi (Huzv. gr. §§ 51. 73). Ein drittes Beispiel. Das
Pârsi setzt dem Präsens die Partikel bê vor, um damit einen
Aorist zu bilden. Nach meiner Ansicht ist dieses bê aus bêt
abgekürzt und heisst soviel als »es dürfte sein«. Im Huzvâresh
entspricht nun diesem bê häufig בא. Man mag dieses בא ansehen wie man will, man wird finden, dass es nichts anderes ist,
als das aramäische בלא, ohne. Wie kommt nun aber diese Partikel »ohne« an das Verbum? So dürfen wir gar nicht fragen,
sondern vielmehr: wie lautet בא im Pârsi? Darauf erhält man
die Antwort: ohne heisst im Pârsi bê (entstanden aus älterem awê,
wie es noch in Composition vorkommt), da nun das gleichlautende
bê auch an das Verbum tritt, so kann auch בא vor das Verbum
treten. Diese Beispiele würden sich beliebig vermehren lassen.
Will man z. B. mânden sagen, so schreibt man כיתרניטון, und
dieses Wort heisst nicht blos warten, erwarten, sondern auch
bleiben, wohnen. Für mardum schreibt man אנשותא, da man nun

auch mardumân sagen kann, so kann man auch אמשורראַ‎ schreiben.
Für ki (کی) schrieb man מ:ן‎, dieses war mithin nicht blos Frage-
wort, sondern auch Relativ und konnte gelegentlich auch als
Partikel gebraucht werden (Huzvgr. § 167), für har (هر) schrieb
man כא‎ und also ganz folgerichtig auch כאמ:ן‎ = هرکی und
כאממן‎ = هرچه. Man wird mir zugeben, dass eine solche Sprache
keine wirkliche Sprache sein könne, sondern nur eine Art Kanzlei-
stil, wie ich Huzvâreshgr. p. 165 bereits gesagt habe. Man wird
fragen, wie man dazu kam eine solche Spielerei zu machen.
Wir halten heutzutage ähnliche küchenlateinische Compositionen
wenigstens für komisch — warum soll es nicht einmal Leute gegeben haben, welche sie schön fanden? Möglich, dass diese
Schreibart ihren Ursprung einer Affectation verdankte, der Sucht
mit Kenntnissen zu prunken, die man nicht besass. Dass die
Achämeniden in ihrem Verkehre mit dem Westen sich der aramäischen Sprache bedienten ist sicher genug, diese Sitte mag
nach und nach in solch kläglichen Verfall gerathen sein. Wir
haben indessen hierüber nur Vermuthungen, denn zur Zeit der
ersten Sâsâniden muss man schon Huzvâresh geschrieben haben,
so wie wir es vor uns sehen, dies beweist das viel besprochene
מרכאן מרכא‎. Man hat oft gefragt, warum denn die Sâsâniden
diese unsemitische Ausdrucksweise gewählt haben, die regelrechte
Verbindung wäre im Aramäischen מֶלֶךְ מַלְכַיָּא‎ (cf. Dan. 2, 37) und
auch im Altpersischen ist khshâyathiya khshâyathiyânâm nicht
unrichtig. Die Sache ist aber sehr einfach: was man ausdrücken
wollte war شاهنشا, shâhanshâh (das Saansaa des Ammianus Mar-
cellinus) und das konnte bloss מרכאן מרכא‎ heissen, denn
מרכאי מרכאן‎ wäre شاه شاهان shâh-i-shâhân. Was die semitische
Grammatik dazu sagt, darnach wurde also schon damals nicht
gefragt. Für mich geht aus dieser Sachlage mit Evidenz hervor:
dass das Huzvâresh von jeher eine ärânische Sprache war. Semitisch braucht man herzlich wenig zu verstehen um Huzvâresh
zu schreiben, undenkbar aber ist es, dass man das Semitische
behandeln konnte, wie es geschieht, ohne des Neuérânischen
mächtig zu sein.

§ 3.

Die Umschreibung.

Ich beabsichtige, im Folgenden die Probe eines Huzvâreshtextes zu geben, wie sich derselbe nach meiner Ansicht über die
Huzvâreshsprache und meinen jetzigen Kenntnissen von derselben
darstellt. Der Vergleichung wegen habe ich mich der jetzt herr-
schenden Sitte anbequemt, den Text in lateinische Buchstaben
umzuschreiben, aber ich gestehe, dass ich mich nur sehr ungern
dazu entschlossen habe. Die Umschreibung eines Huzvâreshtextes
in lateinische Schrift geht eigentlich über unsere Kräfte. Die
einheimische Schrift bezeichnet nach der Art der semitischen
Alphabete blos die Consonanten, die Vocale müssen wir aus
eigener Machtvollkommenheit beisetzen; wir können sie aber mit
um so geringerer Sicherheit ergänzen, als wir uns durchaus nicht
darauf verlassen dürfen, es seien bei der Vocalisirung blos die
Sprachgesetze beobachtet worden, es sind gewiss gar manche
Willkührlichkeiten untergelaufen. Für gewöhnlich bediene ich
mich bei meinen Umschreibungen der hebräischen Schrift, sie
bietet mir den Vortheil, dass sie zwischen Consonanten und
Vocalen streng unterscheidet, so dass der Leser auf den ersten
Blick sieht, was im Text steht und was Zusatz des Herausgebers
ist. Will man sich statt der hebräischen der arabischen Schrift
bedienen, wie dies Justi zu thun pflegt, so wüsste ich principiell
auch nichts dagegen einzuwenden. Es hat eben jede dieser Schreibarten in Einzelnen ihre Vorzüge wie auch ihre Nachtheile. In
der hebräischen Schrift heben sich die aramäischen Bestandtheile
am besten ab, dagegen macht das éranische Element einen um
so fremdartigeren Eindruck. Bei dem arabischen Alphabete ist
das Umgekehrte der Fall. Das Eranische ist weniger fremdartig,
weil auch das Neupersische mit arabischer Schrift geschrieben
wird, dagegen lässt sich das Aramäische schwerer wiedererkennen.

Es versteht sich, dass meine oben entwickelte Ansicht über
das Wesen der Huzvâreshsprache auf meine Umschreibung bedeutenden Einfluss üben wird. Da uns nach meiner Ueberzeugung
im Huzvâresh eine éranische Sprache vorliegt, die sich vom Neupersischen nur wenig unterscheidet, so wird man gut thun, die Aussprache dieser Sprache anzuschliessen, wo es geht. Die Schwierigkeit liegt in der richtigen Erkennung der Wörter, keine leichte

Aufgabe in der vielverschlungenen Schrift; sind aber die Wörter einmal richtig erkannt, so macht es gewöhnlich nur wenig Schwierigkeit sie richtig zu umschreiben. Auch die semitischen Wörter fügen sich leicht, denn das Huzvâreshalphabet hat sie der éranischen Orthographie anbequemt und die Unterscheidung der k und t Laute, so wie der Gutturalen unbeachtet gelassen. Ich beabsichtige nun hier keineswegs, ein vollkommenes System der Umschreibung aufzustellen, ich will nur einige Hauptpunkte erwähnen, welche bei der folgenden Sprachprobe in Betracht kommen. Ich halte fest an meiner früheren Ansicht (die übrigens auch schon vor mir da war), dass n bald einfach bald doppelt geschrieben wird, letzteres namentlich am Ende der Wörter. Ich begreife wohl Wörter, wie etûn, tann, gûbishun für neup. كوشن, تن, ايلدين oder kantann für كرن, aber kein aitûnu, tanu, gubishnu (oder gar pavan vinashnu oder mînashnu), kartanu, der u Vocal hat mit allen diesen Wörtern gar nichts zu schaffen. Ich schreibe ô روت statt des für mich ganz sinnlosen avu. Das einfache n oder u, welches bisweilen am Ende nachlautet (vgl. Huzvgr. § 22 A. 3), ohne dass sich im Indogermanischen oder Semitischen ein Ersatz dafür findet, bezeichnet meines Erachtens einen unbestimmt nachlautenden Vocal, es ist vor der Hand gleichgültig, ob man n oder u dafür setzt, so lange wir über die Natur des Lautes nicht näher unterrichtet sind. Wo das n oder u Zeichen dreimal stehen sollte, da wird dasselbe sehr häufig nur zweimal gesetzt, darum lese ich z. B. str. 7. e) dâmtannend. Es ist diess eine ähnliche Freiheit, als wenn das Syrische ܩܕܠܠ setzt statt ܩܕܠܠܠ. Die Ergänzung war leicht für Jeden, welcher der Sprache kundig war, und für Fremde schrieb man nicht. Ich schreibe ferner jeden Consonanten so wie er dasteht. Ich zweifle nicht, dass man zuweilen anders gelesen hat: étûn dürfen geklungen haben wie édûn, partum wie sradûm, wir aber wissen darüber nichts Gewisses und thun am besten zu lesen was dasteht. Diess gilt namentlich auch von den Stellen, wo n statt r, l gesetzt ist. Es mag sein, dass wir statt dieses n bisweilen unser r, l setzen würden, aber oben (p. 10) haben wir auch n als den legitimen Vertreter des r und l kennen gelernt. Geschrieben steht bestimmt gabnâ, konâ, benâ, paneand, kanpak, nicht aber gabrâ, kolâ, belâ, farzand, kerfa. Ganz ebenso verhalte ich mich auch bei den Vocalen: wo scriptio plena in der

Schrift ist, da muss sie doch auf eine Weise angedeutet werden,
wenn auch der Vocal kurz ist. Gegen die neuerdings auftretende
Sitte, die Postulate der Sprachvergleichung ohne Weiteres als
wirklich vorhandene Formen in den Text zu setzen, muss ich
vom philologischen Standpunkte aus entschieden Verwahrung ein-
legen. Man bedenke nur einmal, welche Verwirrung eintreten muss,
wenn man einen solchen Text, in welchem gabrâ, kolâ u. s. w.
umschrieben ist, ohne Zuziehung von Originalhandschriften wieder
in Huzvâreshschrift zurückschreiben soll. Tief eingreifend ist,
dass ꝟ nicht immer I oder é, sondern recht häufig auch ê bezeichnet,
eine Thatsache, welche bei Abfassung meiner Huzvâreshgrammatik
noch unbekannt war, die ich aber schon früher (Heidelberger Jahrb.
1869. p. 761) dargelegt habe. Durch Anwendung dieser Regel
erhalten die Huzvâreshwörter vielfach erst ein vernünftiges Aus-
sehen, ich bezeichne dieses plene geschriebene e mit ê um es
von den nur ergänzten e zu unterscheiden. Auf diese Weise erhalten wir in semitischen Wörtern dmê, beçrê, eçrô statt damiâ,
bœriâ, asriâ, in indogermanischen resk statt risk, vetértau statt
vetîrtan. Es verschwinden dann solche Unformen in yehabannit
statt yehabannêt, vâdunînd statt vâdunênd u. s. w. Bei einigen
Ligaturen dürfen wir annehmen, dass sie wie Ideogramme zu
behandeln sind. So lese ich das Wort, welches gewöhnlich mit
dayen umschrieben wird, getrost dar oder andar, dasselbe Zeichen
am Ende der Verba nd.

Zum Schlusse noch einige Worte über eine wichtige Verschiedenheit. Ich schreibe dkoyemanntann, dkotebannaçtann,
dmoyetanntann oder dmitanntann (cf. Huzvgr. § 94), nehme also
ein Präfix d an. Diess ist eine kleine Abweichung von meinen
Vorgängern, welche dieses Präfix dj oder j lesen. Bei Anquetil
lauten die betreffenden Wörter djeknemounestan, djektibonestan,
djamitounstan, und auch Müller behält diese Aussprache bei.
Angesichts der Thatsache, dass sich auch zktaranntan tödten
findet (vgl. Justi im Glossare zum Bundehesh s. v. und Yç. 4, 8,
Anquetil hat auch zaktounatan cf. Vd. 8, 00), z und d mit
einander wechseln, während j ein seltener Buchstabe ist, habe ich
(Huzvgr. § 92) vorgeschlagen, dieses Präfix mit d zu geben,
daher steht unten str. 4, b) dktarannând, und so in andern Fällen.
Neuerdings hat man vorgezogen, dieses Präfix y zu lesen und
darin das semitische Präfix der 3 ps. sg. imperf. zu sehen. Da

das Huzvâresh seine Verba aus verschiedenen Theilen des semitischen Verbums nimmt, so ist an und für sich nicht eben viel dagegen zu sagen. Man scheint aber übersehen zu haben, dass man gerade mit dieser Annahme sehr vorsichtig sein muss, denn nur im Jüdisch-Aramäischen finden wir das Präfix y, die meisten aramäischen Dialekte haben n. Indessen, Formen wie' yehvânèt, yemallannt könnte man sich ganz gut gefallen lassen. Was soll man aber zu yekavimûnît sagen? Es ist doch unmöglich zu glauben, dass יְקִים aus einem früheren יְקוּם oder יְקוֹים hervorgegangen sei, Beides würde יְקִים geworden sein. Dann hätten wir eine Aphelform vor uns, welche nicht passt, denn אֳקִים heisst nicht stare (welche Bedeutung wir nothwendig brauchen), sondern stabilire. Dieselbe Ausstellung habe ich an den übrigen oben angeführten Wörtern zu machen, יכתיב kann nun heissen: er wird schreiben lassen, von מית, storben, heisst das Imperfectum zufällig ימות, aber ימית wäre interficiet, eine Bedeutung, welche wir nicht brauchen können. Unter diesen Umständen habe ich es rathsam gefunden, bei meiner früheren Ansicht zu verbleiben. Ueber die Endung antan oder untan verweise ich auf Huzvgr. § 91, ich habe dem wenig beizufügen. Ich kann die der Infinitivendung vorausgehende Silbe an oder un nur als eine Endung ansehen, welche aus der semitischen Form einen êrânischen Stamm machen soll. Ich finde dazu das Participium am geeignetsten, die Form ûn müsste eine Verdunklung sein statt ân; da diese Verdunklung sonst nicht mehr vorkommt, so habe ich sie auch hier nicht wählen wollen.

§ 4.
Die handschriftlichen Hülfsmittel.

Die handschriftlichen Hülfsmittel für die Herausgabe des Huzvâreshtextes des Yaçna sind auch jetzt noch spärlich zugemessen. Meine eigene Ausgabe ist aus einer einzigen allerdings sehr alten copenhagener Handschrift gemacht und es schien sehr unwahrscheinlich, dass die Hülfsmittel sich vermehren würden. Schon Anquetil hatte sich vergeblich um eine Yaçnahandschrift mit der Huzvâreshübersetzung bemüht, obwol er wusste, dass eine solche vorhanden sei. Er sagt darüber (ZAv. I, 2. p. 74): L'Izeshné a été traduit en Pehlvi et en Samskretam. Les Parses de l'Inde ne connoissent qu'un exemplaire de la première traduction. Djemschid,

Destour Mobed de Nauçari, ancienne ville du Guzerate, passe
pour être le possesseur de ce rare manuscrit, et m'a néanmoins
assuré qu'il ne l'avoit pas. Alle späteren Sammler von Parsen-
handschriften waren nicht glücklicher als Anquetil, mit alleiniger
Ausnahme von Rask, und da die von dem dänischen Gelehrten
nach Europa gebrachte Handschrift sehr alt war, so musste man
glauben, es sei ihm gelungen, die einzige Handschrift zu erlangen,
welche in Indien existirte. Ob man in Persien das Buch noch besitze,
musste gleichfalls zweifelhaft bleiben. Westergaard berichtet darüber
(Zendavesta pref. p. 11) folgendes : During my short stay in Yazd
in 1843 a very modern copy was shown to me, which, from the
cursory examination I was allowed to make, I thought was the
Yaçna with the Pehlevi translation. In this I may have erred.

Unter diesen Umständen musste man sich begnügen, das
Buch nach einer einzigen Handschrift herauszugeben. Der alte
Codex des Yaçna, obwol einer der besten, welche wir besitzen,
ist doch im Huzvâresh ebensowenig ganz correct wie der gleich-
altrige Cod. Havn. no. 20 im Texte des Bundehesh. Für die Text-
verbesserung konnten von mir nur zwei Mittel angewandt werden:
die Vergleichung von Parallelstellen in der Handschrift selbst und
die Vergleichung mit der Sanskritübersetzung Neriosenghs, welche
nach des Verfassers Versicherung aus dem Huzvâresh gemacht
worden ist. Der Ertrag aus diesen Vergleichungen ist meiner
Ausgabe am Schlusse beigefügt worden. Es zeigte sich übrigens,
dass der Huzvâreshtext des Neriosengh mit dem unsrigen nicht
genau übereingestimmt haben kann, nicht nur sind öfter die
Glossen anders gestellt, es hat auch Neriosengh eigenthümliche
Zusätze; auf der andern Seite sind hinwiederum manche Sätze
unseres Textes weggelassen. Dass die Vergleichung von andern
Handschriften bei dieser Sachlage nicht ohne Nutzen sein würde,
liess sich von vorn herein vermuthen. Wider Erwarten sind nun
nachträglich doch Handschriften zum Vorschein gekommen, deren
Existenz die Parsen, wahrscheinlich aus Misstrauen, verheimlicht
haben müssen. Zwei solcher Handschriften hat Hübschmann in
seiner Ausgabe des vorliegenden Capitels benutzen können, von
diesen ist die eine eine getreue Copie der copenhagener Handschrift, aus der sie vielleicht in dem Zeitraume genommen ist,
welche zwischen dem Aufenthalte Anquetils und dem Rasks in
Indien liegt, doch ist diess gleichgültig. Von grösserer Wichtigkeit als

der eben erwähnte Codex A ist ein zweiter, B, welcher selbständige
Lesarten enthält, ohne darum so erheblich von unserm Texte
abzuweichen wie das Vorbild Neriosenghs. Um uns nun von der
Bedeutung dieser Handschrift eine Vorstellung machen zu können,
müssten wir vor Allem über die Beschaffenheit derselben unterrichtet sein, was bis jetzt nicht der Fall ist. Es wäre von Wichtigkeit zu erfahren, ob die Handschrift alt oder jung, ob sie in
Persien oder in Indien geschrieben ist. In letzterem Falle wäre
es auch nicht gleichgültig, den Schreiber sowie den Ort und die
Zeit der Abfassung zu kennen. Es kann nicht geleugnet werden,
dass manche Lesarten dieser Handschrift unzweifelhaft richtig,
andere wenigstens beachtenswerth sind, wenn ich auch gestehe,
dass ich ihr nicht unbedingt zu folgen vermag. Für diese Verschiedenheiten lassen sich nun, nach der Analogie anderer Hand-
schriftenreihen der Parsenliteratur, verschiedene Gründe denken.
Am werthvollsten wäre natürlich der Codex, wenn er aus Persien
stammte, in diesem Falle hätten wir einen von der copenhagener
Handschrift ganz unabhängigen Text vor uns. Aber auch wenn
die Handschrift in Indien geschrieben aber alt wäre, würde es
noch möglich sein, dass sie auf eine zweite, aus Persien gekommene
Quelle zurückginge. Eine dritte Möglichkeit aber ist, dass irgend
Jemand an dem Texte auf eigene Hand Verbesserungen angebracht
habe. Ich wage bei meiner Unbekanntschaft mit den Thatsachen
natürlich kein bestimmtes Urtheil zu fällen, aber ich gestehe, dass
ich bis jetzt die letztere Möglichkeit für die wahrscheinlichste
halte. Die Gründe für diese meine Ansicht werden unten aus
den Anmerkungen hervorgehen.

Text.

1. a. Étûn zak i konâ du gûbisnn qâhisnn i anhomâdât apaçtâk u zand mannci âkâç âigh dânâk as érpataçtânn kûnesnn.

b. mann çtâisnni anhomâ u icesnni vahûman acas pétâk zak
i apaçtâk u zand.

c. mann humînitâr pann ahrâis zakca mann mandûm i prârûn mînêt as kanpak icesnni maç dhavannêt mannsân dar ro-
snih pann vinesnn hurvâkhmis âighsân 'emat mïnoi icesnni
khaditannend asânn râmesn dhavannêt.

2. a. Gosok çrût niokhaasnih âighas gos bnâ nemamannt sât
nazrannt bnâ kritannend [vahist] vakhstnasnih âighas érpataçtânn
kûnesnn mannas avinâpdâk (?) zak i rosann pann mînesnn âigh
zak i érpatânn rosann ô târïk.

b. kâmak ranman bnâ vcinasnn mann gabnâ neçâman
hanmanïm o zak i napsman tann âighmân mandûm i prârûn min
zak i apârûn bnâ vcinasnn acmânn zak i apârûn ghan kûnasnn.

c. âigh bnâ pann zak maç kâr pann plsât nd pann tann i
paçin o zak i âmokhtesnni ranman nkïcênd pâtdâisnn âighmânn
mandûm i prârûn âmokhtann pâtdâisnn nikhdannend.

3. a. Étûn zak i konâ 2 mïnoi anhomâ u ganâk asânn partûm
zak i yûmâi bnapsman çrût âighsânn vnâç u kanpak bnapsman
bnâ dmaserannt.

b. mînesnn gûbesnn u kûnesnn zak i konâ 2 mann sapïr u
mannca çarïtar aivak zak sapïr mïnlt gupt kantn aivak zak
çarïtar.

c. min varmansân varman hïldânâk anhomâ râçt bnâ vcit
râ zak dûsdânâk ganâkmïnoi.

4. a. Étûnca zak i konâ 2 mïnoi o ham matn hanmand o
zak i partûm dahesnn âigh konâ 2 mïnoi o gâyomartn mat
hanmand.

b. 'ematca pann zêndakïh anhomâ pann honâ kâr âigh ndas
zêndak dâçênd umannca pann azêndakïh gannâk mïnoi pann é
kâr âigh ndas bnâ dktarannând mannca étûn zak 'lt nd var zak
i apdûm dar khânân âigh ansûtâci apânik maim ghan dam-
tannêt.

Uebersetzung.

1. a. Nun muss diese beiden Reden begehren, welche Ormazd geschaffen hat — Avesta und Zend — und zwar wer kundig (ist) — d. h. der Weise, er muss Studien machen.

b. Welche der Preis Ormazds, das Opfer Rahmans — davon (ist) offenbar Avesta und Zend.

c. Welche wohl bedacht werden müssen in Reinheit nämlich — wer etwas Gutes denkt, dessen gute That kommt einem grossen Opfer gleich — welche ihnen im Glanze durch Schauen Freude bereiten — d. h. wenn sie ein himmlisches Opfer schauen, gewährt es ihnen Freude.

2. a. Das Goshô-çrût (mündliche Ueberlieferung) ist zu hören, — d. h. mit Ohren gehört habend, fröhlich fortgegangen seiend lesen sie — es ist zu wachsen — d. h. er muss studiren — was davon unklar (?) (ist) der Klare im Denken — d. h. von den Hêrbads der, welcher klar ist dem Finstern.

b. Der Wunsch ist uns zu entscheiden die wir Männer und Frauen sind für uns selbst — d. h. wir müssen die rechtschaffene Sache von der unrechten trennen, von uns das Unrecht thun.

c. Besonders bei dem grossen Geschäfte — bei .... bis zum letzten Körper — weisen sie für unsere Lehren Lohn an — d. h. sie geben uns Belohnung für unser Lehren von etwas Guten.

3. a. Was nun diese beiden Himmlischen (betrifft) — Ormazd und Ganâ — so sprachen sie zuerst dieses Doppelte selbst — d. h. sie sprachen Sünde und gute That selbst aus.

b. Denken, Sprechen und Handeln beides: das Gute und das Böse — der Eine dachte, sprach und that das Gute, der Andere das Böse.

c. Von ihnen wählte der wohl Wissende — Ormazd — das Rechte, nicht jener Schlechtwissende — Ganâ minôi.

4. a. Und so sind diese beiden Himmlischen zusammen gekommen zur ersten Schöpfung — d. h. alle beiden Himmlischen sind zu Gayomard gekommen.

b. Der Eine um des Lebens willen — Ormazd in der Absicht damit man ihn (Gayomart) lebendig erhalte — der Andere um des Nichtlebens willen — Ganâ minôi in der Absicht um ihn zu tödten — welches so ist bis zuletzt in der Welt — d. h. auch andere Menschen kommen (dazu) zusammen.

Text.

c. vattumih darvandân âharmann u darvandân râi apaçînas-
nih bnâ khaditannt u étûn zak i ahrûbn pahrûm minesnn anhomâ
hâmît hâmît dmâlkihâ.

5. a. min 2 ânn minoiân as dosît mann darvand zak i çaritar
varcesnn âharmann zak i çaritar - varcesnn - kâmak bût.

b. ahrâis minoi apzûnik anhomâ ahrâis dosît 'emat cas zak
i çakhtni ça(n)g nahûpt açmânca pann é kâr pérâmûn géhân bnâ
kant âigh ahrâis rûbâk dhvannât.

c. munnca snâyinét anhomâ acus kâmak zak i anhomâ u
pann zak askârak kûnasnn o anhomâ âigh pann zak kâmak kûnesnn var anhomâ sâyet matann.

6. a. varmansân vrâ râçtn vcinênd mann sédâân hanmend
clkâmrâi âigh sédâ mandûm i prârûn râ nikhdannénd u mannci
varmansân prépt varmansân mann sédâ zak préptn dkoyemannend
râçt ac râ nikhdannend.

b. o pûnçasnn main mat haumend âighsânn rvatman sédâân
hampûnçit dhavannét mannsânn dosît zak çaritar pann minesnn.

c. Étûn rvatman khésm o ham dubârit hanmend acsânn
vîmârînit khânân i martûmân âigh rvatman khésm ansûtâân
ahokinénd.

7. a. o varman khsatrvar dâmtannét vahûmann asvahistnca
kantann maim ghan dâmtannend.

b. acus étûn karpn tannâisnn yehabannét çpandanmat pann
açtûbih âigh ndas dbavannét çtûb râ dhavannét.

c. varmansân i rak zak étûn âigh o var és étûn dâmtannend
mann étûn dâtannét cîgûn dahesnn i partûm âighas kâmak
kûnasnn zak gâyomartn.

8. a. étûnci pann zak dahesnn pann tann i paçinn o varmansân kînikânn i vnâçkârânn dâmtannét kinn âighsân pâtprâç
nikhdannénd.

b. étûn anhomâ mann varman rak khotâith as vahûman bnâ
yehabannét mizd.

c. pann varmansânn âmokhtasnn anhomâ pann dinn i anhomâ
'emat o varman mann ahrâis âigh pann mandûm i prârûn âmokht
dkoyemannét as o yadman yehabannhét drûen drûc i ahrmok.

Uebersetzung.

c. Die Schlechtigkeit der Bösen — Ahriman sah der Bösen wegen die Vernichtung — so dieses Reine das beste Denken — Ormazd die Ewigkeit.

5. a. Von den beiden Geistern befreundete der Schlechte das Uebelthun — Ahriman begehrte nach der schlechten Handlung.

b. Das Reine der vermehrende Geist — Ormazd befreundete das Reine — von welchem auch die festen Steine gekleidet wurden — den Himmel machte er darum rings um die Welt, damit das Reine Fortgang nehme.

c. Und wer den Ormazd zufriedenstellt — wessen Wunsch der des Ormazd ist — durch diese offenbaren Handlungen zu Ormazd — d. h. durch dieses nach Wunsch handeln kann man zu Ormazd gelangen.

6. a. Jene wählen nicht richtig welche Daevas sind irgend etwas — d. h. die Daevas thun etwas Rechtschaffenes nicht — und wer von ihnen betrogen wurde — die welche von den Daevas betrogen worden sind, thun auch nichts Rechtschaffenes.

b. Zum Fragen sind zusammen gekommen — d. h. von ihnen ist mit den Daevas berathen worden — welche befreundeten das Schlechte dem Geiste nach.

c. So sind sie mit Khasm zusammengelaufen, da wurde von ihnen krank gemacht die Welt der Menschen — d. h. in Gemeinschaft mit Khasm beflecken sie die Menschen.

7. a. Zu jenem (dorthin) kommt Shahrêvar, Vahman und Asharahist — um zu handeln kommen sie zusammen.

b. Da giebt ihm Körperstärke Spandârmad in Unerschrockenheit — d. h. so lange er sie hat wird er nicht feige.

c. Die Deinen (sind) so — d. h. zu einem Jeden kommen sie so — wer so kommt wie die erste Schöpfung — d. h. wessen Willenshandlung ist wie die des Gayomard.

8. a. So in der Welt — beim letzten Körper — kommt zu jenen hasserfüllten Sündern — die Rache — d. h. man giebt ihnen Strafe.

b. So, Ormazd, wer zu deinem Reiche (gehört), ihm giebt Vahman Lohn.

c. Durch ihre Lehren, Ormazd — durch das Gesetz Ormazds — wenn sie jenem der Reines — d. h. wer etwas Reines gelehrt hat — dem geben sie in die Hand die Druj — die Druj Asmô.

Text.

9. a. étûnci ranman mann rak hanmenîm áigh rak napsman hanmenîm amân danman praskantn kûnesnn dar khânân.

  ' b. anhomâca zak hamâk anjumanikîh v dadrannesnni asvahestca áighsân hamôzak anjuman maim tanni paçînn kûnasnn.

  c. mann açâr mînesnn dhavannèt áigh mînesnn pann daçtúbarîh ahû nikhdannèt as tamman parçânekîh 'îtn áigh parcâmaki cis pann prârûnîh bnâ khavîtannèt dar miyânn.

10. a. Étûn pann zak dahesnn pann tann i paçînn varman i drûc i u gannâk mînoi pann prot bavisnîh 'emat mandûm bnâ ò nazârîh dkoyemannât tabraunhét çpâh.

  b. étûn tôc ayocěnt o mizd dnoçénntn zak i pann humânesnih i vahûman 'emat pann prârûnîh katrannaçtn dkoyemannend.

  c. o anhomâ u asvahestnca ayocěnd mann nikhdannend zak i sapîr nâmikîh áigh zak és nazrannèt o mizd dnoçénntn mann hûçrûb 'îtn.

11. a. zak i konâ 2 vâprikânîh âmokhtasnn nd(i?)anhomâ yehabannt o ansûtâân.

  b. mann cand qîn açîn ac âmokhtasnn zak mandûm áigh ndam pann pisâtn dacasnn nâ dhavannât mannca dér rés min zak pisâtnn darvandân.

  c. çûtca ahrûbânn áigh cîgûn apâyet kantann étûn akbar varmansânn 'lt névakîh 'emat zak çût bundak bnâ jnatn.

Anmerkungen.

1. a. Etûn ist das neupersische اِيدُون, pârsi édûm. Ueber die Vertretung des ﺝ durch t vergl. man meine Husvâreshgrammatik § 20. und A. 1. Ob man konâ oder kunâ lesen soll, muss zweifelhaft bleiben, es kommt eben darauf an, ob das Wort dem Jüdisch-Aramäischen oder dem Syrischen entnommen ist. Gûbisnn im Pârsi گُفْتَن, genau wäre guwisnn, denn b entspricht hier dem w. Das Wort ist gebildet wie kûnishnn, im Neupersischen finden wir dafür گُويِش, es ist also w noch in v übergegangen. Für anhomâ ist es jetzt gewöhnlich geworden auharmazd zu schreiben, indem man mit Oppert und Westergaard annimmt es sei das schliessende a aus zd corrumpirt. Ich finde für diese Ansicht keine Beweise und nehme an, es sei dieses sinnlose anhomâ eine ähnliche Verdrehung des Gottesnamens, den man nicht aussprechen wollte, wie das hebräische Jehova. Apaçtâk und spiçtâk ist gleich gut, sowol

Uebersetzung.

9. a. Und so sind wir Dir — Dir angehörig sind wir — uns ist diese Auferstehung zu machen in der Welt.

b. Und Ormazd muss diese ganze Versammlung machen und Ashavahist — d. h. sie müssen beständig Versammlung für den letzten Körper machen.

c. Wer folgsamen Geistes ist — d. h. den Geist in der Führung des Herrn erhält — ihm ist dort Weisheit — d. h. das Ende der Dinge weiss er in Rechtschaffenheit — in der Welt.

10. a. Da nun — beim letzten Körper — (ist) jene Druj — und Ganâ Minôi — im Stürzen — wenn die Sache in Abnahme ist — zerbrochen wird sein das Heer.

b. Da vereinen sich schnell — um den Lohn in Empfang zu nehmen — jene in der guten Wohnung des Vahman — welche in Rechtschaffenheit beharrt haben.

c. Zu Ormazd und Ashavahist vereinigen sich welche festhalten den guten Ruhm — d. h. derjenige geht hin um Lohn zu empfangen welcher guten Ruf hat.

11. a. Jene beiden Bekannten sind zu lehren, welche Ormazd geschaffen hat für die Menschen.

b. Welche viel gutes Eisen — es ist zu lehren diese Sache damit ich bei . . . . nicht zu brennen brauche — welches lange Wunde — von jenem . . . . — der Schlechten.

c. Und Nutzen der Reinen — d. h. wie muss man machen — so haben sie nachher Gutes — wenn jener Nutzen vollständig wird.

---

die eine wie die andere Form findet man im Pârsi: awaçtâ und awiçtâ. Dass man âkâç als Dativ auffassen soll, obwol kein Dativzeichen vor dem Worte steht, geht aus der Glosse hervor. — b. Ich lese mann, in Uebereinstimmung mit den semitischen Sprachen, mûn ist aber ohne Analogie. Dieses mann setzt das I fort, welches vor anhomâdât steht, nicht mann vor âkâç. Wie man sieht stimmen die H. U. und Neriosengh nicht zusammen, erstere hat die Abstracta çtâisnn und içesnn, dafür finden wir beim indischen Uebersetzer die Concreta stotâ und ârâdhaka. Die Ersetzung eines Abstractums durch ein Concretum ist nicht gerade selten, hier aber besonders zu beklagen, da der Sinn ein ganz anderer wird als ihn die H. U. beabsichtigt und der Text verlangt, denn stotâ kann blos Fortsetzung von âkâç oder vettâ sein. Auch die Glosse, welche Neriosengh zu stotâ zieht, wird dadurch unrichtig. — c. Das Verbum minîdan ist zwar dem Pârsi aber nicht dem Neupersischen bekannt, doch hat letztere Sprache das abgeleitete مِنِش animus, welches Wort bei Firdosi häufig vorkommt. Vielleicht darf man mênîden statt minîden lesen, doch ist es auch möglich, dass i vom y der al. 4. herkommt, nach welcher man conjugirt wird. Ich lese 'emat, nicht âmat, da das Wort sicher das syrische مَאֲמַר ist und âmat irre leiten würde. Mînvad ist Nichts, das Wort lautet mînôi und bedeutet himmlisch. Altbaktr. mainyu (wofür im Altpersischen manyu zu erwarten wäre), wird nämlich in den neuern irânischen Sprachen zu minô, indem y in die vorhergehende Silbe zurücktritt, aber dieses minô ist zum Substantiv geworden und bedeutet den Himmel; um also altb. mainyu himmlisch auszudrücken, muss davon ein Adjectivum mînôi gebildet werden. Khaditannend sollte eigentlich mit drei n geschrieben sein, vergl. hierüber meine Huzvgr. § 91. A. 2. Es widerstrebt mir durchaus, mann huminîtâr auf âkâç zu beziehen (wie Neriosengh consequenter Weise thut), nachdem sich mann in b auf sak gûbisn bezogen hat; auch spricht der Text dagegen, in welchem humânzdrâ ohne Frage auf tâ vakhshyâ zu beziehen ist. Maâzdra findet sich noch Vd. 18, 111 leider fehlt dort die H. U. Aspendiârji übersetzt das Wort mit sehr weise. Ich fasse das Suffix târ passivisch, wie dasselbe öfter vorkommt, cf. Vullers Inst. p. 229 ed. 2da. Zakza übersetzt das rêôi des Textes allzu wörtlich, ich glaube die Bedeutung »nämlich« verantworten zu können. In mannshânn ist das Pron. suff. eigenmächtig zugesetzt, man muss es auf âkâç beziehen, welches demnach collectiv zu fassen ist. In meinem frühern Texte habe ich urvâkhmenis corrigirt mit Rücksicht auf Yç. 10, 19, es kann aber urvâkhmiš heissen cf. Yç. 32, 1; 36, 4. 6; 43, 8. Das Folgende ist verdorben, cf. die Note zu der St. hinter meiner Ausgabe. Die Worte 'emat mînôi icsann khaditannend können blos heissen: wenn sie ein himmlisches Opfer sehen, Neriosengh muss gelesen haben emat anhoma pann mînôi icsann khaditannend.

2. a. Die erste Strophe hat aufgefordert zum Lesen der heiligen Schriften und des Commentares, daran schliesst der erste Vers der zweiten Strophe die Aufforderung auch die mündliche Ueberlieferung zu studiren. Ueber die Lesung der einzelnen Wörter ist nur wenig zu bemerken, ich lese namamannt und sehe in dem vorgesetzten n das Präfix der 3 pr. sg. imperf. Für krîtannend würde ich am liebsten korvtannend lesen, wie mir scheint sind diese Wörter im part. praes. in das Huzvâresh herüber genommen. Das Wort gosok çrût ist eine ziemlich wörtliche Umschreibung des altbaktrischen gaoshô-çruta (über k in gosok cf. Huzvareshbgr. § 18. A. 1), Yç. 22, 29. 25, 18 steht gosânçrût in gleicher Bedeutung. Ueber die Bedeutung der Form niokhaasnîh und vakhsînasnîh s. m. Huzvg. § 120. Für gos bnâ namamannt scheint Neriosengh übrigens mandôm bnâ etc. gelesen zu haben und diese Fassung ist vielleicht vorzuziehen. Den Sinn der Uebersetzung hat Hübschmann nicht richtig erfasst, weder im Huzvâreshtexte noch bei Neriosengh. Offenbar construiren die traditionellen Uebersetzungen ganz anders als wir thun; nach ihnen soll der Text bedeuten: »man höre mit Ohren, man nehme zu, die Unklaren (oder das Unklare) durch die Klaren (das Klare) im Geiste« d. h. die welche etwas wissen sollen die belehren denen etwas im Avesta unklar ist. Man müsste demnach in çrnotâ, vahistâ die Verbalformen sehen, während avaenatâ ein mit a priv. gebildetes Adjectivum wäre. Ihm entspricht das dunkle avînâpdâk,

urin entspricht den avasn, der Rest dem ata. — b. Kámak i. e. داكَ ist nicht
Begierde sondern Wunsch. Der Verf. motivirt nun, wozu man die Kenntniss
der heiligen Schriften nöthig hat. Hammenim entspricht dem neup. اَيم, vorgesetzt
ist ein semitisches Fulcrum, das entweder Nomen oder Pronomen sein muss,
denn nur bei diesen beiden Wortklassen findet sich man angehängt. Mir
scheint am wahrscheinlichsten, dass es mit den Partikeln in oder hen, siehe,
identisch ist. Napaman tan ist natürlich soviel als np. خروبشتن und demgemäss aufzufassen. Für die schliessende Glosse fehlt uns leider Neriosengh,
der sie weglässt und uns gerade diessmal recht nöthig wäre. Wie ich oben
die Stelle fasste, so habe ich sie bereits vor Jahren übersetzt, ehe ich von
der Existenz einer andern Lesart etwas wusste, denn es ist klar, dass man
nicht übersetzen darf: wir sollen das Unrechte thun. Die Annahme der
Lesart prârûn erleichtert freilich die Fassung der Stelle bedeutend, doch
gebe ich Folgendes zu bedenken: 1) awârûn ist immerhin durch zwei Handschriften gestützt, von denen die eine sehr alt ist, prârûn nur durch eine von
deren Herkunft wir nichts wissen. 2) Es ist eine alte kritische Regel, die
schwerere Lesart vorzuziehen, man sieht wohl ein, dass awârûn in prârûn
corrigirt wurde, aber nicht das Umgekehrte. Trotzdem will ich nicht in
Abrede stellen, dass vielleicht awârûn ein blosser Fehler aus Gedankenlosigkeit
sein könne, denn ganz ähnliche Fehler, die wir corrigiren können, finden sich
auch sonst in der Handschrift, so sieht Yç. 9, 99 ahrûb, heilig, neben ahrmok
l. e. ashemaogha. dort giebt uns Neriosengh die Mittel zur sichern Correctur.
— c. Das Wort, welches ich piâti geschrieben habe, hat mir viele Mühe
gemacht, ohne dass ich darüber zur Klarheit kommen konnte. Wir werden
demselben unten noch zweimal begegnen, sonst kenne ich es aber nicht und
nirgends wird es übersetzt. Nach den Zeichen weiss ich nicht einmal zu sagen,
ob man piâti oder piçakbi lesen soll. Ebenso weiss ich weiter nicht, ob piâtru
oder piâtinn die richtige Lesart ist. Hübschmann hat dafür paçâkhtan, womit ich nichts anzufangen weiss. Nikhdannend schreibe ich für das traditionelle vadouneud, indem ich das Wort auf aram. אנת zurückleite. Da nach den
Glossaren die eigentliche Bedeutung des Wortes كروتن ist, und dieses Wort
im Neupersischen auch als Hülfsverbum betrachtet wird, so geschieht natürlich mit unserm Verbum dasselbe.

3. a. Ueber ganâ vergl. man oben p. 37. Das Wort, welches ich mit yûmâi umschreibe, scheint dasselbe zu sein wie yémâ im Texte. Wir finden
es Yç. 10, 32 wieder und dort wird es von Neriosengh mit yukta übersetzt.
Im Avestatexte habe ich yémâ als nom. dual. aufgefasst und demgemäss
mit Zwillinge übersetzt, die H. U. scheint es mir aber als acc. zu fassen.
Neriosengh's Original muss anders übertragen haben, denn er giebt yémâ
mit bhûmandale, eine wohl zu beachtende Uebertragung, vgl. Yç. 47, 2, wo
auch die H. U. yémáég mit zakī damīk wiedergiebt, wie Neriosengh durch
prithivyám. — b. Ich war früher ungewiss, ob ich alvak oder ainak lesen sollte
(vgl. meine Huzvgr. p. 77. Not.). Am besten ist es wol, wenn man das
schliessende k als stummen Buchstaben auffasst und in Uebereinstimmung

mit dem Pârsî éu oder ayô liest (cf. كاو ايودداد) i. e. aeva. Hübschmann
liest khaduk, was Nichts ist.

4. b. Ueber die graphischen Verschiedenheiten meiner Lesung von der
Hübschmanns nur einige Worte. Ueber die Gründe, welche mich veranlassen,
o statt avu zu lesen, ist oben schon ausführlich gehandelt worden. Ich lege
kein Gewicht auf die Lesung dâçénd, das Wort ist mir der Form nach unklar, aber ich kann mich auch nicht entschliessen yakhsûnând zu lesen. Ich
lese é statt hi, es ist dless ein gutes érânisches Pronomen, im Neupersischen
durch ايـن verdrängt, aber noch erhalten in أيرا. Ich lese khânân (plur. von
خان Haus) mit der Tradition statt ahvân. Ob man madam oder maim liest,
bleibt sich ziemlich gleich, das Wort ist so wie so unverständlich. Zèndakîh
steht hier dreimal in der Handschrift in der Form zéndakîh, es ist daher
misslich zu ändern und auch nicht nothwendig, es ist eben die neuere Form
des Wortes, die sich an neup. زنـدكـى anschliesst; über i = é ist oben schon
geredet worden. Ueber pann in der Bedeutung »wegen« vgl. Husvâreshgr.
§ 155 fin. Auch andere Menschen kommen dazu heisst so viel als: auch anderen Menschen geht es ebenso, auch um sie bemüht sich der gute wie der
böse Geist in ähnlicher Weise. — c. U vor darvandân ist natürlich zu streichen, da es aber in der Handschrift deutlich steht, so durfte ich es nicht
weglassen. Dmâikihâ in meiner Ausgabe ist wahrscheinlich zerlesen statt Hamâikihâ, die Redensart hâmît hâmît hamâikihâ ist mir übrigens in dieser
Form sonst nicht vorgekommen. Ahrûb ist dem awaçtnasnih entgegengesetzt
und als Accusativ aufzufassen. Des Sinnes wegen ist das erste Kapitel des
Bundehesh zu vergleichen, aus welchem hervorgeht, dass Ahriman seine und
seiner Geschöpfe Vernichtung voraussieht. Zu ahrûb ist bnâ khadîtannt aus
dem Vorhergehenden zu ergänzen.

5. a. Das Verbum doxtann, welches im Husvâresh öfter erscheint, ist von
altb. rush abzuleiten und steht daher mit neup. دوسـت Freund im nächsten
Zusammenhange. Cf. doxam = mitrayâmi, Yç. 42, 16. doxt mitrita, Yç. 5, 6 und
viele andere Stellen. — b. Ich habe früher çariktarvareexn als Compositum
aufgefasst und als Adjectivum auf darvand bezogen. Der Satz entbehrt dann
des Objectes, dadurch wird dann aber auch die Beigabe der Glosse gerechtfertigt, welche nach der jetzigen Fassung eine blose Tautologie ist. Wenn
man aber behauptet hat, ich habe die traditionelle Uebersetzung nach der
meinigen modeln wollen, so liegt die Grundlosigkeit einer solchen Behauptung auf der Hand, sobald man meinen Text und meine Uebersetzung an-
sieht. Ich lese nämlich gar nicht acistâ-vereeyô und übersetze auch nicht
so, da mir ein solches Compositum an unserer Stelle unpassend erscheint.
Ich nehme vielmehr acistâ als acc. plur. neutr. parallel dem ashem in dem
folgenden Verse, vereeyô aber im Sinne eines part. praes., wie es sich in
den Gâthâs öfter findet (cf. Yç. 44, 4). Dieses Particip löse ich als Relativ-
satz auf und erhalte auf diese Weise eine Parallele zu dem Satze yé khra-
ozhdîstéög açénô raçtê. Was diesen letzteren Satz betrifft, so habe ich schon
öfter darauf aufmerksam gemacht, dass nuhusten im Husvâresh stets die

Wurzel vaĝh, bekleiden, wiedergiebt (cf. Vd. 3, 62. 4, 139), weitere Beispiele findet man in Justi's Glossare zum Bundehesh. Es scheint diese Bedeutung die ursprüngliche zu sein, aus welcher sich die des Verbergens erst entwickelt hat, man vergl. das semitische כסה und ـبس. — b. Çakhini steht deutlich in der Handschrift und ich habe mich gehütet zu ändern, da kein äusserer Grund dazu da war. Dass nach der neupersischen Grammatik keine Idhâfet an ein dem Substantiv vorgesetztes Adjectiv gehört, wusste auch ich, aber ich hielt es für Unrecht, die Lesart meiner Handschrift nach meinen Ueberzeugungen zu ändern, die sich vielleicht später als irrig erweisen können. Die Vergleichung zweier neuer Handschriften zeigt, dass die eine ebenso liest wie der copenhagener Text, die andere çakhi, wie man vom Anfang an erwartete. Es fragt sich eben nun, ob diese Lesart alt oder eine moderne Correctur ist, im letzteren Falle hat sie keinen Werth. Ueber 'emat vgl. H. Gr. § 167. Es ersetzt eben einfach das neup. اس.

6. a. Die Glosse bestimmt mich hier, cikârnâi neutrisch zu fassen, es entspricht wie ich glaube dem mandûm in dieser. Vrâ ist sicher in râ umzuändern, aber v steht deutlich in der Handschrift und nach meinen kritischen Grundsätzen durfte ich nicht ändern. — c. Vimârinit ist eine äusserst glückliche Verbesserung·der copenhagener Handschrift durch D, nur steht mir noch durchaus nicht fest, ob sie mehr ist als eine blose Conjectur. Dass eine Textänderung nöthig sei, hatte auch ich längst gesehen und in meinem Commentare zu der St. eine solche vorgeschlagen, die aber das Richtige nicht traf. Jedenfalls hat auch Neriosengh nicht vimârinit gelesen, denn er übersetzt das fragliche Wort viel zu stark durch nijaghnuḥ, dagegen giebt er Yç. 49, 2 vimârî durch mândya. Ueber den Plur. anshûân ist oben schon gesprochen worden. Die Form Khêam, mit Verhärtung des Anlautes, steht der Schreibung خشيم am nächsten, welche man in neuern Parsenbüchern findet. Im Pârsi findet man nicht selten Khaam, was wol Khêam auszusprechen ist, auf diese Art vereinigt es sich mit neup. خشم. Ahokinit übersetze man getrost mit »beflecken«, dem âhokinenn entspricht das alth. âhitis, Schmuz, cf. Vd. 6, 65. 11, 31. In Vd. 11, 30 entspricht âhokinet dem âiti des Textes. Wenn Neriosengh das Wort durch âkroçayati übersetzt, so meint er wol peinigen oder beschädigen, denn Yç. 11, 1 verwendet er das Wort in der Bedeutung fluchen. Es ist dies nur eine andere Seite des Begriffs: durch die Befleckung wird eben den Dingen Schaden zugefügt.

7. a. Hier scheint es mir nun deutlich zu sein, dass die von Hübschmann in den Text gesetzte Glosse eine spätere Zugabe ist. Der Text der copenhagener Handschrift hat einfach kantann und Nichts deutet darauf hin, dass etwas ausgelassen sei, auch giebt der Text einen ganz guten Sinn, nur lautet er etwas kahl. Diess hat wol Neriosengh gefühlt und darum setzte er noch çubhaṃ bei, wahrscheinlich aus eigener Machtvollkommenheit. In andern Handschriften steht nun erweitert: âigh varman gâçinîk adîn pann névakîh patas kantann maim ghan dâmtannend, was wahrscheinlich heissen soll: »dann kommen sie zum reinen Geschöpfe um ihm Gutes zu thun.« Gâçinîkih wird Yç. 19, 55 mit arishtiḥ gegeben, Yç. 44, 2 wird das Wort der yâtûkih oder

Zauberei entgegengesetzt, es wird also die reine Schöpfung verstanden werden müssen. Ich lese übrigens névaklh statt niuklh, die neupersische Form ist nék, die altpersische bekanntlich naiba. — b. Tannâïm ist nicht im tûkhasenn umzuändern, von dem es der Bedeutung nach allerdings nicht sehr weit abweicht. Es ist die gewöhnliche Uebersetzung von utayûiti und kommt oft genug vor, immer auf dieselbe Weise geschrieben, nur bald mit einfachem, bald mit doppeltem n. Cf. Yç. 33, 6. 34, 11. 42, 1. 44, 7. 50, 7. In 42, 1 wird es mit sor, Kraft, erklärt, 47, 6 steht dafür nîrok i. e. neup. خیرو, aber die Bedeutung kann also kein Zweifel sein. Dhavannêt ist yehabannêt, umzuändern finde ich keine Veranlassung, da die Lesart der beiden Handschriften auch einen guten Sinn giebt. — c. Hübschmann setzt mit seiner Handschrift B 'it statt étûn, dass dies die richtigere Lesart sei, erhellt aus Neriosengh und ist von mir in meiner Ausgabe dieses Uebersetzers zur St. bereits bemerkt worden. Immerhin lesen zwei Handschriften étûn, die Lesart von B ist vielleicht blosse Correctur. Der Sinn der Strophe ist übrigens: die in s genannten Ameshaçpentas kommen dem frommen Menschen zu Hülfe und stärken ihn gegen die Anfechtungen der bösen Mächte. Wie sie diess dem Gayomard gethan haben, so thun sie es Jedem, wenn er nämlich die Gesinnungen des Gayomard theilt.

8. Ich glaube nicht, dass in dieser Strophe etwas zu ändern ist. Allerdings kann man der Wortstellung nach vermuthen, der Uebersetzer habe gelesen aeshañm aenaghañm jamaiti kaenê, doch mag diess ein Versehen sein. In c war o yadman yehabanntan l. e. بلمسن دانی wol eine feststehende Redensart, die man nicht ändern wollte.

9. b. c. Sinn: Ormazd sammelt bei der Auferstehung die Personen, welche ihm gehorsam sind. Das Wort hathrâ im Texte wird hier mit dem mir sonst unbekannten Worte açâr wiedergegeben, sonst gewöhnlich mit rvatman oder von Neriosengh mit saha und sahatâ. Innerhalb dieses Gedankenkreises muss sich wol auch açâr bewegen und açâr-mînesnn wird daher helesen: einträchtigen Geistes oder, wie die Glosse und die übrigen Uebersetzungen wollen, gehorsamen Geistes. Yathrâ fassen die Uebersetzer als dort im emphatischen Sinne, dort in jener Welt, daher bei Ner., mit paraloke, paratre wiedergegeben, cf. Yç. 31, 11. 43, 11. 16. Parcânaklh in meiner Ausgabe ist eine unglückliche Aenderung, vielleicht blosser Druckfehler. Die Handschrift hat das auffallende parzâmaklh, dafür war ich vollkommen berechtigt parcâmaklh zu corrigiren, aber nicht parcânaklh. Die Handschrift B giebt parcâm, was Hübschmann in den Text gesetzt hat. Das ist allerdings das Einfachste und Neriosengh allein hätte genügt, diese Aenderung zu machen, wenn man den Muth dazu hatte. Es fragt sich eben wieder, ob parcâm wirklich aus alter Zeit herrührt oder blos eine neuere Correctur ist. Das Wortspiel, dass der Weise (فرزانه) der ist, welcher das Ende (فرجام) der Dinge kennt, ist in der H. U. sehr geläufig.

10. a. Dem adâ des Textes entspricht étûn pann zak dahesnn, ebenso haben wir oben st. 8. yadâ mit pann zak dahesnn wiedergegeben gefunden, ebenso steht für hadâ Yç. 45, 7 pann 'it dahesnn oder bei Nerios. sahadâtyâ.

Der Grund dieser Uebersetzungen ist ohne Zweifel ein etymologischer: man trennte a-dâ, ya-dâ, ha-dâ. Darum darf man aber nicht glauben, die Ueber- setzer seien über den Sinn dieser Wörter irgendwie im Zweifel gewesen, sie wollten dieselben nur möglichst genau übersetzen, sie sagen also für da: da in aller Welt u. s. f. In der Glosse ist u vor ganz minoi auch durch die neuern Uebersetzungen bezeugt, sonst wäre ich sehr geneigt es zu streichen. Nericu. hat in b. c. Text und Glossen etwas anders geordnet, wie er öfter zu thun pflegt, Aenderungen an seinem Texte vorzunehmen ist nicht nöthig.

11. a. Ueber vâprikânth kann ich zu dem, was ich im Commentare zu der St. gesagt habe, kaum etwas Neues beifügen. Will man das Wort mit einem neupersischen verbinden, so wird nur باور sich darbieten. — b. Diese schwierige Stelle glaube ich jetzt in Ordnung gebracht zu haben, die Hand- schrift B leistet dabei gute Dienste, doch muss bemerkt werden, dass auch die Guzeratiübersetzung den Sinn so fasst, die Auffassung also wol der neuern Tradition gemeinsam ist. Die verdorbenen Wörter der H. U. sind qîn açîn ac âmokhtann zu lesen, demnach sollen qîtî êneïï synonym sein mit qaenâ ayaghâ in Yç. 32, 7. Wie dies möglich sein soll, weiss ich nicht, es könnten aber die H.-Uebersetzer eine andre Lesart vor sich gehabt haben. Açîn ist in der Umschreibung zu ahini l. e. neup. آهن geworden. Ich lese dacænn, nicht gacænn, dac ersetzt altb. dænh, brennen cf. Yç. 32, 7. 70, 38. Vd. 8, 32. 15, 12. کریدن ist heissen, aber nicht brennen. Die bessere Ein- sicht in den Sinn der Uebersetzung wirft übrigens auch einiges Licht auf den Sinn des Textes. Es scheint wirklich, dass qîtîcâ êneïï in b dem çavâcâ in c entgegengesetzt sind und die Worte auf urvâtâ bezogen werden müssen, diese sind heisses Eisen für die Schlechten, welche dadurch empfindlich bei der Auferstahung berührt werden, Nutzen aber für die Frommen, welcher diesen zu derselben Zeit zu Theil wird. Zur Sache bemerke ich noch, dass die neuere Tradition unter dem guten Eisen den Metallstrom verstehen will, welchen die Menschen nach der Auferstehung der Todten zu durchschreiten haben.

V.

Avesta und Shâhnâme.

Es ist von jeher mein Bestreben gewesen, wie auf dem Gebiete des Lexikons und der Grammatik, so auch auf dem Gebiete
der Alterthumskunde, den Zusammenhang zwischen den verschiedenen Epochen der érânischen Cultur herzustellen und nach
Kräften ein Verständniss der érânischen Individualität anzubahnen.
Es wird gewiss keinen Widerspruch finden, wenn ich behaupte,
dass sowol das eine als das andere der in der Ueberschrift
genannten Werke zu den reinsten Erzeugnissen des érânischen
Geistes gehöre, und darum kann es uns auch nicht gleichgültig
sein, wie sie sich zu einander verhalten. Diese Frage nach dem
gegenseitigen Verhältnisse des Avesta und Shâhnâme kann sich
der Natur der Sache nach nur auf die in beiden Werken erhal-
tenen Reste der Sagengeschichte beziehen. Bis jetzt hat auf
diesem Gebiete die sprachvergleichende Behandlung die philologische ganz überwuchert und es ist hohe Zeit, dass dieser
Zustand aufhöre. Die erste aller Fragen, um die es sich hier
handelt, ist: was sagen die Avestatexte über die verschiedenen sagengeschichtlichen Persönlichkeiten
aus? Daran reiht sich dann die zweite nicht minder wichtige
Frage: wie verhalten sich diese Aussagen zu der uns
anderweitig bekannten érânischen Sagengeschichte?
Auf diese Weise müssen die Anschauungen ermittelt werden,
welche die Schreiber des Avesta von den sagengeschichtlichen
Persönlichkeiten gehabt haben. Solange diese nur im Bereiche
der érânischen Philologie liegenden Fragen nicht beantwortet sind,
kann auch die érânische Sagengeschichte für die vergleichende
Mythologie nicht benutzt werden. Erst wenn man weiss, was die
Erânier wirklich geglaubt haben, kann man diese Kenntnisse
auch für die vergleichende Mythologie verwerthen. Wer sich über
den objectiven Thatbestand der érânischen Sagengeschichte nicht

unterrichtet, sondern sich denselben willkührlich mit Hülfe
der Vedas zurechtlegt, der darf sich nicht wundern, wenn statt
wirklicher Resultate blose Phantasien zum Vorschein kommen.

Von solchen Grundsätzen ausgehend, habe ich mir schon frühe
ein Urtheil über das Verhältniss des Avesta zum Shâhnâme zu
bilden gesucht und bin zu der Ueberzeugung gekommen, dass,
ganz unbedeutende Kleinigkeiten ausgenommen, die Anschauungen dieser beiden Bücher die gleichen sind. Daher habe ich
bei meinen Darstellungen unbedenklich immer das Shâhnâme zu
Grunde gelegt, nicht erst in meiner Alterthumskunde, sondern
auch schon in der Einleitung zum dritten Bande der Avestaübersetzung. Dass man diess nicht alsbald bemerkt hat, dürfte
nur dem Umstande zuzuschreiben sein, dass Niemand nach einer
solchen Uebereinstimmung gesucht hat. Es wird aber jetzt an der
Zeit sein, auf das Verhältniss beider Bücher etwas näher einzugehen.

Ueber die erste der sagengeschichtlichen Persönlichkeiten,
über Gayô maretan, brauchen wir nicht ausführlicher zu reden;
denn der Bericht Firdosis ist, wie ich in der Alterthumskunde
ausführlich gezeigt habe, von den Berichten der Parsen ziemlich
abweichend. Die Gründe für diese Abweichung sind ziemlich
einleuchtend: Firdosi durfte unter den Augen eines so fanati-
schen Hofes, wie der des Mahmûd von Ghazna war, nicht nach
den Aussagen von Ungläubigen einen Schöpfungsbericht in sein
Werk aufnehmen. Wenn aber Firdosi den kosmogonischen Theil
der Mythe von Gayô maretan bei Seite lassen musste, so konnte
er über diesen ersten Stammvater des Menschengeschlechtes kaum
etwas Anderes sagen, als er gesagt hat. Für die Frage, welche
uns hier beschäftigt, das Verhältniss von Avesta und Shâhnâme,
ist übrigens der Gehalt der Mythe von Gayô maretan ganz gleichgültig, da sich das Avesta nicht näher auf diese Persönlichkeit
einlässt, es erwähnt dasselbe nichts weiter als den Namen. Eines
aber bleibt bestehn: Firdosi setzt den Gayomard an den Anfang
der Weltentwicklung, dasselbe thut auch das Avesta. An den
Stellen Yç. 24, 14, 67, 63; Yt. 13, 86 wird er zugleich mit dem
Rinde genannt, worunter natürlich das fabelhafte Rind gemeint
ist, welches gâus aevôdâta genannt ward; Yt. 13, 87 heisst es
von ihm: yahmat haca frâthwereçat nâfô airyanañm daqyunañm
cithrem airyanañm daqyunañm, »von welchem er (Ahura Mazda)
schuf das Geschlecht der arischen Gegenden, den Samen der

arischen Gegenden.« Yç. 26, 33 ist von den Fravashis die Rede yâo haca gayât marethnat â çaoshyañtât verethraghnat, »welche von Gayô-maratan bis zum siegreichen Çaoshyañç (sind).« Diese Stellen beweisen nun nicht nur, dass das Menschengeschlecht wie bei Firdosi mit Gayô-maratan anfing, sondern auch dass es mit Çaoshyañç aufhörte, mit anderen Worten, dass den Schreibern des Avesta schon dieselbe Einrichtung des Weltverlaufs bekannt war, welche andere Parsenbücher ausführlicher schildern. Diess veranlasst wieder die Frage, ob denn damals vielleicht schon die Reihenfolge der érânischen Könige festgestellt war, wie wir sie aus Firdosi und anderen Quellen kennen. Es liegt diese Frage um so näher, als ja auch das Avesta neben dem zrvan akarana oder der unendlichen Zeit noch den zrvan dareghô qâdhâta, die endliche Zeit, die 12000jährige Weltperiode kennt. Bei genauerem Zusehen findet man nun, dass diess allerdings der Fall gewesen ist. Es werden diese Könige, mit einigen fremden Zuthaten vermischt, öfter in den Yashts aufgezählt. Im fünften Yasht ist die Reihenfolge diese: Haoshyañgha, Yima, Azhi dahâka, Thraetaona (Kerçâçpa), Fraḡrâçê, Kava Uçа, Kava Huçrava (Tuçа, Aurva hunavô, Vifra-naváza, Jâmâçpa, Ashavazdâo, Vistаurusha, Yaçtô fryanannṁm, Zarathustra), Kava-Vistâçpa (Zairivairis, Arejat-açpa). Die in Klammern eingeschlossenen Namen gehören der érânischen Königsliste nicht an, sondern bezeichnen Nebenpersonen; soweit wir sie kennen, sind sie ganz an den Stellen eingefügt, wo sie auch Firdosi erwähnt, wie diess unten ausführlicher erörtert werden wird. Bei der Vergleichung der oben angegebenen Königsnamen finden wir, dass die Ordnung dieselbe ist wie bei Firdosi, doch fehlt Tahmurath vor Yima, Mînocehr, Naudar und Zav nach Thraetaona, statt ihrer erscheint hier Fraḡrâçyan, der als Usurpator in jener Unglückszeit zu betrachten ist. Weiterhin fehlt Kaiqobâd, aus uns unbekannten Gründen, vor Kava Vistâçpa aber der unbedeutende Lohrаçp. Dass diese fehlenden Herrscher nicht deswegen ausgelassen sind, weil man sie nicht kannte, das zeigen die übrigen Yashts, welche die Lücken grösstentheils ergänzen. Der neunte Yasht erwähnt nur Haoshhyañgha, Yima, Thraetaona, Huçrava, Vistâçpa, nebst einigen anderen Persönlichkeiten Haoma und Zarathustra, welche unter die Regierungen der beiden zuletzt genannten Herrscher einzureihen sind. Der fünfzehnte Yasht nennt Haoshyañgha, Takhma urupa,

Yima, Dahâko, Thraetaona (Kereçâçpa, Aurvaçâra). Hier finden
wir also den Tahmurath und zwar an der rechten Stelle einge-
schoben. Im siebzehnten Yasht finden wir Haoshyagha, Yima,
Thraetaona (Haoma), Huçrava (Zarathustra), Vîstâçpa. Am aus-
führlichsten ist der neunzehnte Yasht, er nennt uns Haoshyagha,
Takhma urupa, Yima, Azhi dahâka, Thraetaona, Kereçâçpa,
Fraǧraçyan, Kavi Kavâta, Huçrava, Vîstâçpa. Von der ganzen
Königsreihe fehlt uns nur Minocehr, und auch ihn kennt das
Avesta und nennt ihn (Yt. 13, 131) Manucithra, mit dem Bei-
worte airyava, d. i. Nachkomme des Airyu, des Eraj des Firdosi.
Auch der Name Naudars ist in naotara erhalten und den Zav
sucht man wol mit Recht in Uzava (Yt. 13, 131). Es ist also ein
unzweifelhaftes Ergebniss unserer Untersuchung, dass das Avesta
die mythischen Könige Erâns bereits gekannt und ebenso geordnet hat wie Firdosi, mit der kleinen Ausnahme, dass dasselbe
den Fraǧraçyan oder Afrâsiâb an die Stelle der unbedeutenden
Könige Naudar, Zav und Gershaçp gesetzt hat. Darum wird
man es natürlich finden, wenn man auch schon die Dy-
nastien bezeichnete. Der Name paradhâta bedeutet bekanntlich
ganz dasselbe wie pêshdâd bei Firdosi, gewöhnlich ist diess blos
ein Beiwort des Haoshyagha, doch auch schon (Vd. 20, 7) Bezeichnung der ganzen Dynastie. Dass der Name der zweiten
Dynastie, der kayânischen, nicht genannt wird, muss man um
so mehr für einen Zufall halten, als die einzelnen Herrscher
ebenso mit dem Namen Kava ausgezeichnet werden wie später
durch Kai bei Firdosi. Ob auch die Regierungsdauer der einzelnen Regenten dieselbe war wie bei Firdosi, lässt sich aus
Mangel an Angaben nicht bestimmen. Eine Abweichung von
Firdosi ist es, dass dem Yima nach Yt. 9, 10 eine Regierung von
1000 Jahren zugetheilt wird, während ihm Firdosi nur 616 Jahre
und 7 Monate giebt. Es ist aber schon längst bemerkt worden,
dass letztere Veränderung eine spätere ist und wahrscheinlich daher
rührt, dass früher die Reihe der Regenten mit Yima begann und
Haoshyagha nebst Takhma urupa erst später beigefügt wurden.
Um nun das chronologische System nicht in Unordnung zu bringen, blieb nichts übrig, als die Regierungszeit des Yima zu ver-
kürzen, damit auf diese Art auch die genannten Könige in dem
bestimmten Rahmen Platz finden konnten.

Welches sind nun aber die Thaten, welche das Avesta jedem

einzelnen dieser Herrscher zutheilt, und finden sich dieselben auch
bei Firdosi wieder? Diess ist die Frage, welche wir jetzt zu be-
antworten haben. Beginnen wir mit Haoshyaṅha, als dem ersten
dieser Herrscher. Er wird eigentlich nur in den Yashts genannt,
dort aber erscheint er an ziemlich vielen Stellen, wie Yt. 5,
21—23; 9, 3—5; 15, 7—9; 17, 24—26; 19, 26, wozu man noch
Yt. 13, 137 ziehen kann. Alle diese Stellen besagen so ziemlich
das Gleiche. Er hat seine Herrschaft über die Daevas ausge-
dehnt, die er bald alle um das Leben bringen will, bald nur zwei
Drittel derselben. Nicht will er vor den Dämonen erschrecken,
aber die Dämonen sollen sich erschreckt vor ihm beugen und
zum wenigsten entfliehen, wenn sie nicht getödtet werden können.
Das Shâhnâme hebt zwar diese Dinge nicht besonders hervor und
weiss Mehreres von Hoshang zu erzählen, was das Avesta nicht
kennt, aber auch dieses Buch stellt uns den Hoahang als den
Besieger der Dämonen dar, welche derselbe aus Rache für den
ermordeten Çiyâmek erschlägt. Von ihm wird ein ganzes Heer
von Dämonen vernichtet und ein Widerspruch gegen das Avesta
liegt mithin nicht vor.

　　Bei weitem seltener wird Takhma urupa im Avesta genannt,
an den zwei Stellen, an welchen von ihm die Rede ist (Yt. 15,
11; 19, 28) wird von ihm gesagt, dass er sich den Aġrô mainyus so unterwürfig machte, dass er auf ihm ritt wie auf einem
Rosse, dreissig Jahre lang. Die ausführliche Erzählung dieses
Mythus findet sich in den Rivâiets und ist darnach schon von
Windischmann (zoroastrische Studien, p. 202) und von mir (Einleitung 2, 317 und Alterthumskunde 1, 519) mitgetheilt worden.
Firdosi erzählt die Geschichte nicht ausführlich, aber er hat sie
gekannt und spielt deutlich genug auf sie an, Shâh. 17, 9. Macan.

جو بر تیزرو بارکی بر نشست　　　　رفت اهرمن را بافسون به بست
عنی کرد تیتیش بر تاختی　　　　زمان تا زمان زینش بر ساختی

»Er (Tahmurath) ging und band den Ahriman mit magischen
Künsten, er sass auf ihm wie auf einem schnell gehenden Rosse.
Zum öfteren legte er ihm den Sattel auf und machte ihn die
Welt umkreisen.« Die mythologischen Zuthaten dieser Erzählung
mögen Firdosi veranlasst haben, auf die ausführliche Mittheilung
derselben zu verzichten. — Es folgt nun Yima, von dem wir
aus den Yashts erfahren, dass er das Oberhaupt der Daevas und

Menschen war, dass er Glücksgüter und Nutzen von den Daevas
hinweg und zu den Menschen brachte (Yt. 5, 26), dass er der
majestätischste unter den Menschen war und dass er Alter und
Tod von den Menschen hinwegbrachte, ebenso Hunger und Durst,
warmen und kalten Wind (cf. Yç. 9, 13—20; Yt. 9, 9—10;
15, 16; 17, 29—30). Bekannt ist auch die Erzählung im zweiten
Fargard des Vendîdâd, wie Yima, nachdem er es abgelehnt hatte,
der Träger des Gesetzes zu sein, einen Bund mit Ahura Mazda
machte, Glück und Wohlstand auf der Welt verbreitete und einen
Bezirk einrichtete, in welchem dieses Glück noch über die Dauer
seiner Regierung hinaus erhalten wurde. Ueber das Ende des
Yima verbreitet sich Yt. 19, 30 flg., welche Stelle besagt, dass
er zuletzt lügnerische Reden zu üben anfieng, worauf die Majestät sich von ihm entfernte; dass er eines gewaltsamen Todes
durch Zersägung starb, erhellt aus Yt. 19, 46. Alle die Züge, die
wir soeben aus dem Avesta angeführt haben, finden sich ganz
ebenso bei Firdosi im Leben Jamshéds wieder. Auch dort
(18, 14. Macan.) wird gesagt, dass die Dêvs ihm unterthan waren,
und 20, 10 v. u. heisst es:

چنین سال سیصد همیرفت کار   ندیدند مرد ازدران روزگار

نیارست کس کرد بیکارئ   نبد دردمندی و بیماری

»So giengen die Angelegenheiten 300 Jahre lang, (die Men-
schen) sahen nicht den Tod in jener Zeit, Niemand wagte etwas
Unrechtes zu thun; es gab weder Leiden noch Krankheit.« Die
Geschichte von der Einrichtung des glücklichen Bezirkes fehlt
im Shâhnâme, aber der gegenseitige Verkehr des Yima mit Ahura
Mazda ist auch dem Firdosi bekannt, Shâh. 20, ult.

جهان بد بآرام ازان شادکلم   زیزدان بدو نو بنو بد پیام

»Die Welt war seinetwegen in Ruhe vergnügt, von Gott kam
an ihn immer wieder Botschaft.«

Auf Yima folgt Azhi dahâka, der im Avesta als ein Wesen
mit drei Köpfen, sechs Augen und tausend Kräften dargestellt
wird (Yt. 5, 29 und oft). Nach Yt. 15, 19 befindet er sich ups
kviriñtem, einer sonst unbekannten Gegend, aber nach Yt. 5, 29
opfert er in der Gegend von Bawri, d. i. Babylon. Er wünscht,
dass er die Erde menschenleer machen möge (Yt. 5, 80; 14, 40;
17, 34; 19, 37). Ein weiterer Zug von Dahâka erscheint Yt. 19,

47, wo derselbe vergeblich bestrebt ist, die königliche Majestät in seine Gewalt zu bringen. Diesen letzten Zug kennt das Shâhnâme nicht, sonst aber befindet es sich wieder im besten Einklange mit dem Avesta. Auch Firdosi setzt den Vater des Dahâka nach Westen und macht ihn zu einem Araber, der aber nach seinem Sinne in Mesopotamien gewohnt haben dürfte; denn dass auch nach Firdosis Ansicht Dahâka in Babylon wohnte, geht aus seiner Beschreibung des Zuges hervor, den Frêdûn nach Diz hûkht heilige Feste) der Residenz Dahâkas unternimmt. Er gelangt dahin sofort nach Ueberschreitung des Tigris, und damit widerlegt sich die Ansicht, als sei Dahâka ein Meder gewesen; man hat diess nur bei uns aus der Aehnlichkeit des Namens mit dem des Astyages geschlossen, im Morgenlande selbst hat diese Ansicht nie gewichtige Vertreter gehabt. Die drei Köpfe und sechs Augen erscheinen auch im Shâhnâme, nur ist die Sache dort so gewendet, dass Dahâka selbst mit nur einem Kopfe gedacht wird und dass zwei Schlangen aus seinen Schultern hervorwachsen. Die Ansicht, dass Dahâka die Welt menschenleer machen wollte, findet sich bei Firdosi gleichfalls. Cf. Shâh. 25, 4. v. u.

سر نژو دیوان ازین جسن جوی   چه جسن و چه دید اندرین شفتگوی

مگر تا یکی چاره سازد نهان   که پردخته ماند زمردم جهان

»Was suchte das Haupt des mannhaften Dêvs mit jenem Bemühen und was sah er in jenem Streite, ausser dass er im Geheimen ein Mittel zurecht mache, damit die Welt leer von Menschen bleibe.«

Wir wenden uns nun zu der nächsten mythologischen Figur, zu Thraetaona. Als Vater desselben wird Âthwya genannt, welcher Name sehr genau zu dem von Firdosi überlieferten Abtîn stimmt. Thraetaona wird häufig genug im Avesta erwähnt, aber nur wenig von ihm ausgesagt. Nach Vd. 1, 66 ist er in Varena zu Hause, die That, wegen welcher er vorzüglich gepriesen wird, ist, dass er den Azhi dahâka erschlägt (Vd. 1, 69; Yç. 9, 23—27; Yt. 5, 34; 9, 14; 14, 40; 15, 24; 17, 34), in den meisten Stellen der Yashts ist noch ein nicht ganz verständlicher Zusatz beigefügt. Weiter heisst es von ihm noch (Yt. 19, 36), dass er die von Yima entwichene Majestät aufgriff, was wol heissen soll, dass er der rechtmässige Nachfolger desselben war. In Yt. 5, 61 wird er in eine Beziehung zu Vifra navâza gesetzt, hierüber wissen wir bis jetzt etwas Näheres nicht anzugeben. Im Uebrigen bedarf es keiner weitläufigen Auseinandersetzung um darzuthun, dass die vom Avesta berichteten Thatsachen aufs Schönste mit dem Berichte Firdosis stimmen.

Nach dem Regierungsantritte Thraetaonas werden die Nachrichten des Avesta über die Ereignisse sehr spärlich. Wir erfahren aus diesem Buche Nichts von den drei Söhnen des Thraetaona, von seinem Enkel und Nachfolger nur den Namen Manucithra; da er diesen airyava, Sohn des Airyu nennt, so hat das Avesta wol gewiss den Eraj gekannt, und höchst wahrscheinlich also auch die beiden andern Söhne Thraetaonas, wenn es auch nicht von ihnen spricht. Es ist auch nicht gegen die Angaben Firdosis, wenn Fraᵍraçyan oder Afrâsiâb als ein König Erâns genannt wird, die nähern Verhältnisse habe ich in meiner Alterthumskunde (1, 573) dargelegt. In diese Periode gehört auch die Yt. 19, 56—64 gegebene Erzählung, wie sich Fraᵍraçyan vergeblich bestrebt, die Majestät zu erlangen. Beiläufig wollen wir noch bemerken, dass im Avesta auch der Name Aghraeratha vorkommt, der dem Aghrêrath der spätern Sage entspricht. Einige kleine Abweichungen von Firdosi haben in den Ansichten der Schreiber des Avesta über diese Periode vielleicht stattgefunden, bei der Wortkargheit unserer Berichte ist es aber schwer, hierüber etwas Bestimmtes zu sagen. Der Name Naudar erscheint als Familienbezeichnung im Plural Yt. 15, 35, dass der Name Zab unter dem Yt. 13, 131 erscheinenden Uzava verborgen liegen möge, ist oben bereits gesagt worden; da nach Yt. 19, 36 Kereçâçpa die königliche Majestät ergreift, so scheint es fast, als ob auch er der Königsliste eingefügt werden sollte, wodurch die Uebereinstimmung mit Firdosi noch grösser werden würde. Auch von dem ersten der Kayânier, von Kavi Kavâta oder Kaiqobâd erfahren wir aus dem Avesta (Yt. 13, 132; 19, 71) nur den Namen, von den Söhnen des Kavi Kavâta, welche Firdosi Kai Kâus, Kai Arish, Kai Pishin und Kai Armin nennt, lassen sich (Yt. 19, 71) wenigstens die drei ersten als Kava Uça, Kava Arshan und Kavi Pishina im Avesta nachweisen.

Mit dem Beginne der Regierung des Kava Uça, des Kai Kâus des Shâhnâme, fangen die Berichte des Avesta an wieder reichlicher zu fliessen. Der genannte König wird einige Male in den Yashts erwähnt (Yt. 5, 45; 14, 39). Sein Verlangen, das ihm

von den himmlischen Mächten gewährt wird, ist ziemlich dasselbe
wie das des Haoshyagha: er wünscht oberster Herrscher zu sein,
nicht blos über die Menschen sondern auch über die Dämonen
und andere Arten bösartiger Wesen. Diess ist nun nicht gerade
die Hauptseite, von welcher Kai Kâus im Shâhnâme dargestellt
wird, aber übergangen wird die Sache auch dort nicht. Nicht
blos bei dem Zuge nach Mâzenderân hat Kai Kâus besonders
mit Dämonen zu kämpfen, Firdosi berichtet auch, dass die
Dämonen ihm zu Willen sein und ihm prachtvolle Paläste er-
bauen mussten, freilich auch, dass sie ihn zu thörichten Streichen
verleiteten. Auch bei Firdosi ist das wichtigste Ereigniss während
der Regierung des Kai Kâus die Flucht seines Sohnes Çiâvakhsh
nach Turân zu Afrâsiâb und dessen Ermordung durch den genannten turânischen König, wodurch dann Verwirrung in der
Nachfolge im Reiche entsteht. Dass die Schreiber des Avesta
diese Vorgänge nicht nur kannten, sondern auch in derselben
Weise auffassten wie das Shâhnâme, geht aus ihren kurzen
Aeusserungen deutlich genug hervor. Wir übergehen die Stellen
Yt. 13, 132; 19, 71, wo eben nur der Name vorkommt, und
halten uns an Yt. 9, 18. 22; 17, 38; 19, 77, an welchen der Name
Çyâvarshâna d. i. Çiâvakhsh mit Kava Huçrava in engste Verbindung
gesetzt ist. Schon in meiner Alterthumskunde (1, 604. not. 1)
habe ich darauf hingewiesen, dass in den oben angeführten Stellen
kaênê çyâvarshânahô zurô jatahô zu lesen und zu übersetzen sei:
aus Blutrache für den mit Gewalt erschlagenen Çyâvarshâna; auf
diese Weise fällt der Widerspruch weg, den ich früher (vgl.
meine Note zur Uebersetzung von Yt. 9, 16) zwischen Firdosi
und dem Avesta glaubte annehmen zu müssen. Ganz entschieden
ist auch Kava Huçrava zu Kava Uça im Avesta in dasselbe Verhältniss gesetzt wie im Shâhnâme Kai Khosrav zu Kai Kâus.
Er ist der Enkel des letzteren und seine Hauptthat ist seinen ermordeten Vater an Frağraçyan oder Afrâsiâb zu rächen, welcher
zugleich sein eigener Grossvater ist (Yt. 5, 49; 9, 21; 17, 41; 19, 94).
Die Tödtung des Frağraçyan geschieht hinter dem See Caecaçta,
wie die des Afrâsiâb im Shâhnâme, wo nur durch einen Fehler
in der Rechtschreibung der Name in Khanjest verwandelt worden
ist. In Verbindung mit dieser Ermordung des Afrâsiâb wird in
beiden Urkunden Haoma genannt, welcher den Verborgenen in
einer Höhle entdeckt und gefangen nimmt, dann denselben zu

Kava Huçrava hinbringt, damit er ihn tödte (Yç. 11, 21. 22; Yt. 9, 18; 17, 37), Alles Dinge, welche erst vollkommen klar werden, wenn man die ausführliche Erzählung dieser Begebenheiten bei Firdosi nachliest. Es ist ganz in der Ordnung, wenn in diese Zeit auch eine That des Tuça verlegt wird, denn Tuça ist auch im Shâhnâme gleichzeitig mit Kai Khosrav, ja sogar der Nebenbuhler desselben. Ueber die betreffende That des Tuça, seinen Kampf mit den Aurva hunavô (Yt. 5, 53. 57), mit welchen auch der Yt. 15, 31 genannte Aurvaçâra identisch sein dürfte, weiss ich aus dem Shâhnâme etwas Näheres nicht beizubringen.

Wir kommen nun zu einer Epoche der mythischen Vorgeschichte, welche für die Kritik des Avesta von ungemeinem Interesse ist. Das Shâhnâme bricht mit Kava Huçrava eine Linie von Herrschern ab und setzt eine andere auf den Thron, welche nicht zu den unmittelbaren Abkömmlingen des eben genannten Helden gehört. Das Avesta nennt nun freilich einen Sohn des Kava Huçrava, welcher Âkhrura heisst (Yt. 13, 137), doch könnte dieser ja vor dem Entschwinden des Kava Huçrava gestorben sein. Auch Yt. 14, 39 scheint von Abkömmlingen des Kava Huçrava die Rede zu sein, diese könnten freilich auch von Töchtern abstammen. Zu bemerken ist übrigens, dass auch Firdosi öfter von den Qobâdiern spricht, zu denen sich namentlich Lohrasp hält und die wol auf Kai Qobâd zurückgehen werden. Dass auch nach dem Avesta Kava Vistâçpa kein directer Nachkomme des Kava Huçrava ist, sehen wir aus Yt. 5, 96, wo Vistâçpa zu den Naotairyas gerechnet wird. Ich habe nun in meiner Alterthumskunde (1, 859 flg.) den Beweis zu führen gesucht, dass hier der Punkt sei, wo die priesterliche Ueberlieferung von dem Auftreten Zarathustras und von seinen Beschützern mit der alten Volkserzählung von den Thaten der Könige gegen die nordischen Barbaren verbunden worden sei, zu der sie ursprünglich nicht gehören. Dabei habe ich darauf hingewiesen, dass die Erzählungen des Shâhnâme über die Regierungen des Lohraçp und Gustaçp, welche mit dem Auftreten Zarathustras auf das Innigste verbunden sind, zum Theil aus sehr später Zeit herrühren müssen, und mir scheinen diese Nachweise zum Theil ganz unwiderleglich zu sein. Der Hass, den diese Erzählungen gegen die Buddhisten zur Schau tragen, welche mehrfach ausdrücklich genannt werden, kann erst in der Zeit

nach Alexander entstanden sein; erst in der Zeit nach dem Auftreten des Königs Açoka gelang es dem Buddhismus, sich über
die Gränzen Indiens hinaus nach Westen und Norden zu ver-
breiten. Die von Gustaçp verrichteten Thaten führen uns nicht
nach Norden, sondern nach Westen, an den Hof des Kaisers
von Rûm, von einem solchen Kaiser konnte man doch nicht eher
sprechen, als es einen solchen gegeben hat. Dazu kommt noch,
dass die Thaten des Isfendiâr und verschiedene andere, welche
zum Nutz und Frommen der Religion unternommen werden, ganz
offenbar den in andern, frühern Theilen des Shâhnâme erzählten
nachgebildet sind. Es wird sich also nun darum handeln, zu
wissen, in wie weit das Avesta an diesen Erzählungen Theil
nimmt. Von Wichtigkeit wäre es vor Allem, zu erfahren, ob auch
das Avesta die Residenz der neuen Dynastie von Içtakhr nach
Balkh verlegt, wie diess Firdosi mit ausdrücklichen Worten thut.
Wir können aber hierüber nicht die geringste Andeutung finden.
Der König Lohraçp des Shâhnâme heisst im Avesta bekanntlich
Aurvaṭ-açpa (Yt. 5, 105); mehr als seinen Namen erfahren wir
nicht, was freilich nicht besonders Wunder nehmen kann, da
auch im Shâhnâme von ihm nicht viel erzählt wird, und die
Geschichte seiner Regierung eigentlich nur die Vorgeschichte
Gustaçps ist. In dieser Vorgeschichte ist nun die Erzählung
merkwürdig, welche den Vîstâçpa oder Gustaçp an den Hof des
Kaisers von Rûm führt und denselben die Tochter dieses Kaisers
heirathen lässt. Ich bin erst ziemlich spät darauf aufmerksam
geworden (Alterthumsk. 1, 663), dass sich diese Erzählung bereits
bei Chares von Mitylene findet (vgl. C. Müller, fragmenta scriptorum
de rebus Alex. M. p. 119), hätte ich diess früher entdeckt, so
würde ich die Geschichte etwas ausführlicher gegeben haben als
geschehen ist; ich sehe übrigens jetzt, dass bereits Droysen
(Geschichte Alexanders p. 281 not.) auf diese Uebereinstimmung
hingewiesen hat. Es dürfte mithin diese Erzählung gerade die-
jenige sein, welche unter allen Erzählungen des Shâhnâme durch
die ältesten Zeugnisse beglaubigt ist. Gleichwol entkräftet dieselbe
unsere Ansicht über die späte Gestaltung dieses Theils des Shâhnâme
nicht im Geringsten, sie bestätigt dieselbe vielmehr. Die Vergleichung zeigt nämlich, dass starke Umwandlungen mit ihr vorgenommen worden sind, dass ursprünglich Gustaçp gar nicht
der Held der Erzählung war, sondern Zariadres, der vielleicht

mit dessen Bruder Zerîr identisch sein dürfte, dass der Vater der
Helden ursprünglich nicht Kaiser von Rûm, sondern König von
Turân war. Es ist mithin eine bereits vorhandene Erzählung
rein willkührlich auf Gustacp übertragen worden. Auch ist es
nicht ohne Interesse, zu wissen, dass Nichts darauf hindeutet, es
sei diese Uebertragung schon damals geschehen gewesen, als das
Avesta geschrieben wurde. Sonst ist natürlich von Kavî Vistâçpa
im Avesta oft genug die Rede, er erscheint bereits in den Gâthâs
(Yç. 45, 14; 50, 16; 52, 2), auch dort ist er schon der Beschützer
des Zarathustra. In den übrigen Theilen des Avesta erscheint
er gleichfalls, im Yaçna wird er einige Male genannt (Yç. 13, 24;
23, 4; 26, 16; 28, 7), aus den Yashts erfahren wir etwas mehr
von ihm und sehen, dass auch dort ebenso wie im Shâhnâme
seine vorzüglichste That die Besiegung des Königs Arejaṭ-açpa
oder Arjaçp ist (Yt. 5, 108 flg.; 19, 87), wobei Vistâçpa hinter dem
Wasser Frazdânu betet und wobei auch Açpâyaodha Zairivairis
erwähnt wird, welcher der Zarîr des Shâhnâme zu sein scheint
(Yt. 5, 112 flg.). Der Krieg zwischen Gustacp und Arjaçp
wird im Shâhnâme geradezu als ein Religionskrieg dargestellt,
wovon wieder im Avesta keine Spur zu finden ist. Als gläubiger
König und Beschützer Zarathustras wird indess Vistâçpa mehrfach
gepriesen (Yt. 13, 99 flg.; 15, 36; 19, 84). Unter den Yt. 13, 101
genannten Namen sind Söhne Vistâçpas, es dürfte also demnach
schon die grosse Schlacht bekannt gewesen sein, in welcher die
Söhne Gustacps fielen. Ob alle diese Thaten nach Balkh und
Ostérân zu setzen sind, wissen wir nicht gewiss, bei der genauen
Uebereinstimmung von Avesta und Shâhnâme ist diess aber wahrscheinlich, das letztere Buch setzt diese Thaten entschieden nach
Osten. Beschränkt wurde aber die Thätigkeit des Vistâçpa nicht
auf den Osten, denn er erscheint auch (Yt. 9, 29; 17, 49) hinter dem Dâityaflusse, also im Westen, wovon bei Firdosi keine
Spur vorkommt. Umgekehrt findet sich auch bei Firdosi Vieles,
was im Avesta nicht erwähnt wird, so ist z. B. höchst auffallend,
dass von Isfendiâr gar nicht die Rede ist, wenn man auch in
dem Yt. 13, 103 erwähnten Çpeñtôdâta seinen Namen finden mag.
Im Shâhnâme ist nämlich Isfendiâr als Verbreiter des Glaubens
eigentlich wichtiger als Gustacp selbst.

Wenden wir uns nun von der Hauptlinie der érânischen
Sagenkönige zu den Unterkönigen im Osten, so finden wir auch

dort dieselbe Uebereinstimmung. Die Herkunft dieser Familie der Reichspehlevâne wird im Shâhnâme selbst nicht ausführlich beschrieben, wohl aber in anderen Quellen, welche an Güte dem Shâhnâme nicht nachstehen. Nach diesen Quellen führt die Nebenlinie auf Yima zurück und Thrita wird als eines der ältesten Glieder derselben genannt. Man würde der Etymologie wegen den Namen Thrita am liebsten mit Thraetaona verbinden, aber das Avesta zeigt eben, dass es die Sache schon ganz so ansah als wie die späteren Quellen, weil es ihn den nützlichsten der Sâme nennt, also zur Familie der Sâme zählt, ferner, weil es ihm den Kereçâçpa als Sohn zutheilt. Ueber Thrita berichtet das Shâhnâme gar Nichts, das Avesta nur, dass er zu den Heilkundigen gehörte; um so reicher ist das letztgenannte Buch an Erwähnungen seines Sohnes Kereçâçpa. Die Thaten dieses Helden werden mehrfach beschrieben: er erschlägt die Schlange Çruvara (Yç. 9, 34—39; Yt. 19, 40), dann den Gandarewa mit goldener Ferse (Yt. 5, 37; 19, 41), die neun Räuber (Yt. 19, 41), er besiegt den Hitâçpa (Yt. 15, 27; 19, 41), den Çnâvidhaka (Yt. 19, 43—44), den Vareshava und Pitaona (Yt. 19, 41) sowie den Arezô-shamana (Yt. 19, 42). Seine grosse Stärke wird an mehreren Stellen des Avesta gerühmt (Yt. 13, 136; 19, 38), aber Vd. 1, 36 wird auch gesagt, dass sich eine Pairika an ihn hing, womit gewiss eine Missbilligung ausgesprochen werden soll. Diesen ausführlichen Erwähnungen gegenüber ist allerdings Firdosi sehr kurz, er gedenkt der Thaten Sâms (welcher mit Kereçâçpa identisch ist) nur ganz gelegentlich, daran möchte aber blos die Schuld tragen, dass er sie ihres mythologischen Charakters wegen nicht gut anwenden konnte. Dass er sie aber kannte, erhellt deutlich genug aus folgenden Stellen. An einer derselben zählt Rostem dem Isfendiâr seine und seiner Vorfahren Thaten auf und äussert sich (Shâh. 1196, 4 flg.) wie folgt:

نبد در زمانه چنو نبکنام	همانا شنیدستی آوای سام
که از چنگ او کس نثشی رها	نخستین بطوس اندرون ازدها
دمش نرم کردی بکه خارسنگ	بدرها نهنگ و بخشی یلنگ
دزو بر هوا پر کرکس بسوخت	بدرها سر ماهیبان بر فروخت
دل خرم از باد او شد دزم	همی پیلرا در کشیدی بدم

بدریا درون بود او جایگیر   رزهرش شدی آب دریا چو قیر

بکشت آنچنان ازدهارا بغرز   جهان گفت اورا زلی فر و برز

دگر سهمگین دیو بد بدکنان   تنش بر زمین درش باسمان

که دریای چین تا میانش بدی   زتابیدن خور زبانش بدی

همی ماهی از آب بر داشتی   پس از گنبد ماه بگذاشتی

بخورشید ماهیش بریان شدی   ازو چرخ گردنده کریان شدی

کمرگاه اورا بدو نیم کرد   جهان را ازان دیو بی بیم کرد

دو بتیاره زینگونه بجهان شدند   زتیغ دل سام بریان شدند

»Du hast gewiss die Kunde von Sâm gehört, es gab niemals einen so Berühmten wie ihn, und erstens von dem Drachen in Tus, von dessen Krallen Niemand wieder loskam, weder das Krokodil im Meere, noch der Tiger auf dem Festlande, sein Athem erweichte Steine und Felsen in den Bergen. Im Meere verbrannte er die Köpfe der Fische und von ihm geriethen in der Luft die Federn der Geier in Brand, mit seinem Hauche zog er Elephanten an sich heran, das fröhliche Herz wurde von seinem Hauche krank. Sein Aufenthalt war im Meere, von seinem Gifte wurde das Meerwasser wie Pech. Er (Sâm) tödtete einen solchen Drachen mit seiner Keule, die Welt sprach: Preis solchem Glanze und Grösse. Wiederum gab es einen schrecklichen, übelwollenden Dämon, sein Körper war auf der Erde, sein Haupt im Himmel, dem das Meer von China bis an die Mitte reichte, vom Leuchten der Sonne nahm er Schaden, er holte einen Fisch aus dem Meere und brachte ihn über den Himmel des Mondes hinaus, sein Fisch wurde von der Sonne gebraten, der drehende Himmel weinte über ihn. Er (Sâm) zerhieb ihn in zwei Stücke und machte, dass sich die Welt vor jenem Dämon nicht mehr zu fürchten brauchte. Zwei Widersacher wurden auf diese Weise entseelt, vernichtet von dem Schwerte des Helden Sâm.« Es scheint mir deutlich genug, dass der hier genannte Drache die Schlange Çruvara des Avesta ist, der Dämon aber Niemand anders als Gañdarewa. Ich füge noch die ausführliche Beschreibung des Kampfes mit dem Drachen bei, wie sie Sâm selbst in den Mund gelegt wird (Shâh. 142, 9 flg.).

چو آن اژدها کو زرود کشف   برون آمد وکرد گیتی چو کف

زمین شبر تا شبر بالای اوی   همان کو تا کو پهنای اوی

جهانرا ازو بود دل پرهراس   همی داشتندی شب وروز پاس

هوا پاک کرده زپرّندگان   همان روی گیتی زدرّندگان

زتفش همی پرّ کرکس بسوخت   زمین زیر زغرش همی بر فروخت

نهنگ دژم بر کشیدی زآب   همی از هوا تیزبرّان عقاب

زمین کشت بیمرد وچارپای   جهان جمله اورا سپردند جای

چودیدم که اندر جهان کس نبود   که با او همی دست یارست سود

بزور جهاندار یزدان پاک   بیفکندم از دل همه ترس وباک

میانرا ببستم بنام بلند   نشستم بران پیلپیکر سمند

برین اندرون کرزهٔ گاوسر   ببازو کمان چنگردی سهر

برفتم بسان نهنگ دژم   مرا تیز چنگک وورا تیز دم

مرا کرد پدرود هرکس که دید   که بر اژدها کمر خواهم کشید

رسیدمش دیدم چو کوه بلند   کشان موی سر بر زمین چون کمند

زبانش بسان درخت سیاه   زلو باز کرده فکنده براه

چو دو آبگیرش پر از خون دوچشم   مرا دید وغرید و آمد بخشم

کمالی چنین بردم ای شهریار   که دارد مگر آتش اندر کنار

جهان پیش چشمم چو دریا نمود   بابر سیه بر شده تیره دید

زبانکش بلرزید روی زمین   زغرش زمین شد چو دریای چین

بزد بر زم بانگک بر سان شیر   چنان چون بود کار مرد دلیر

یکی تیر الماس پیکان خدنگ   بچرخ اندرون راندم بیدرنگ

بسوی زفر کردم آن تیر زلم   بدان تا بدوزم زبانش بکام

چو شد دوخته یک کران از دهانش   بماند از شگفتی به بیرون زبانش

هم اندر زمان دیگری همچنان   زدم بر دهانش به پیچید اران

سه دیگر زدم بر میان زفرش   بر آمد همی جوش خون از جگرش

چو تنگ اندر آورد با من زمین   بر آهختم آن گاوسر گرز کین

بنیروی یزدان جهان خدای   بر انگیختم پیلتن را زجای

زدم بر سرش گرز گاوچهر   بزو کوه باریذ گفتی سپهر

شکستم سرش چون سرزندهپیل   فرو ریخت زو زهر چون رود نیل

برخی چنان شد که دیگر نخست   زمغوش زمین گشت با کوه راست

کشف رود بر خون وزرد آب گشت   زمین جای آرامش و خواب گشت

همه کوهساران پر از مرد وزن   همی آفرین خواندندی بمن

جهانی بران جنگ نظاره بود   که آن اژدها زشت پتیاره بود

مرا سام یکزخم ازان خواندند   جهنل بمن گوهر افشاندند

چو زد باز گشتم تن روشنم   برهنه شد از لشور جوشنم

فرو ریخت از باره برگستوان   وزان زهر بد چند گاه زیان

بران بوم تا سالیان بر نبود   جز از سوخته خاك خام نبود

»Wie jener Drache, der vom Flusse Kashaf herauskam und die Welt wie Schaum aufregte. Seine Länge reichte von Stadt zu Stadt, seine Breite von Berg zu Berg, das Herz der Welt war vor ihm voll Schrecken, sie hielten Tag und Nacht Wache. Die Luft war leer von Vögeln, ebenso die Oberfläche der Erde von Wild; von seiner Hitze verbrannten die Federn des Geiers, die Erde glühte unter seinem Gifte. Das schreckliche Krokodil zog er aus dem Wasser, die schnell fliegenden Adler aus der Luft 'herab. Die Erde wurde leer von Menschen und Vierfüßlern, die Wesen insgesammt überliessen ihm den Platz. Da ich sah, dass Niemand in der Welt sei, der mit ihm anzubinden wagte, da warf ich durch die Kraft Gottes, des reinen Welterhalters, die Furcht aus dem Herzen und gürtete die Lenden im Namen des Grossen und setzte mich auf das elephantengleiche Ross, am Sattel die Keule mit dem Stierkopf, am Arme den Bogen, am Halse den Schild. Ich zog aus nach Art eines schrecklichen Krokodils, ich hatte scharfe Klauen, jener einen heissen Odem. Da nahm Abschied von mir ein Jeder der da sah, dass ich die Keule gegen den Drachen zu schwingen gedächte. Ich kam zu ihm und sah ihn wie er, einem Berge gleich, das Haupthaar wie Fangschnüre auf der Erde schleifen liess, mit einer Zunge nach Art eines grossen Baumes und offenem Munde am Wege lag; wie zwei

Quellen voll Blut waren seine beiden Augen. Als er mich sah,
da brüllte er und gerieth in Zorn, ich glaubte, o Fürst, dass er
Feuer in der Brust habe. Die Welt war mir gleich einem Meere,
bis zum Himmel stieg der Rauch empor, vor seinem Gebrüll
erbebte die Erde, von seinem Gifte war sie wie das Meer Chinas.
Doch ich erhob gegen ihn ein Gebrüll wie ein Löwe, so wie es
einem muthigen Manne ziemt, einen harten Pfeil mit stählerner
Spitze legte ich auf den Bogen ohne Säumen und warf jenen
Pfeil gegen seinen Mund, um seine Zunge am Gaumen fest zu
heften. Als eine Stelle seines Rachens festgeheftet war, da blieb
aus Schrecken seine Zunge aussen; sogleich warf ich ebenso einen
zweiten Pfeil gegen seinen Rachen, da krümmte er sich. Zum
dritten Male zielte ich nach der Mitte seines Rachens, da quoll
ein Blutstrom aus seiner Leber. Als er mir nahe kam, da schwang
ich die Rachekeule mit dem Stierkopfe, durch die Stärke Gottes des Weltenherrn trieb ich den Elephantengleichen vom Platze;
ich schlug die Stierkopfkeule auf seinen Kopf als ob es Felsen
vom Berge regnete. Ich zerbrach seinen Schädel, der dem Schädel
eines Elephanten glich, von ihm floss das Gift hinweg wie der
Nilfluss. Mit einem Schlage war es so, dass er nicht wieder
aufstand, die Erde wurde von seinem Gehirne einem Berge gleich,
der Fluss Kashaf voll von Blut und trübem Wasser. Da wurde
die Erde ein Ort der Ruhe und des Schlafes, alle Berge voll von
Männern und Frauen priesen mich, denn Viele hatten dem Kampfe
zugesehen, weil jener Drache ein arger Widersacher war. Man
nannte mich den Sâm, der nur einmal schlägt, und streute Edel-
steine auf mich. Als ich zurück kam, da wurde mein lichter
Leib von meinem Helme frei und der Panzer fiel vom Pferde,
noch lange spürte ich den Schaden jenes Giftes, auf jener Stelle
wuchs Jahre lang keine Frucht und nichts war dort als ver-
brannter Staub.«

   Diese beiden Erzählungen sprechen deutlich dafür, dass Firdosi
weit mehr von Sâm wusste als er erzählte. Das Avesta nennt
nun aber die beiden bei Firdosi so berühmten Helden Zâl und
Rustem gar nicht, schwerlich weil es sie nicht kannte, sondern
augenscheinlich weil die Priesterschaft das Haus von Segestân
nicht liebte. Statt dessen finden wir nun im Avesta eine Anzahl
Persönlichkeiten genannt, welche sich im Shâhnâme nicht belegen
lassen und auf die ich schon in der Einleitung zum dritten Bande

meiner Avestaübersetzung (p. LXVI) aufmerksam gemacht habe. Es ist diess die Familie des Poûrudhakhsti (Yt. 13, 111. 112), ein zweiter Thrita, ein Abkömmling des Çayuzhdri (Yt. 13, 113) mit seinen Nachkommen, Vistauru der Nachkomme des Naotara (Yt. 5, 76 flg.), vielleicht identisch mit dem Yt. 13, 102 genannten Viçtavaru, der so viele Daevas erschlagen hat als er Haare auf dem Kopfe trägt. Ferner wird ein Yastô fryananañm oder Yôistô fryananañm genannt, welcher den schlechten Akhtya überwindet, der die Menschen mit Fragen quält. Es wäre ja möglich, dass auf die eine oder andere dieser Persönlichkeiten im Shâhnâme noch angespielt wäre, ohne dass ich es bemerkt hätte, wiewol mir diess nicht eben wahrscheinlich ist. Allein wenn auch im Shâhnâme Nichts von ihnen steht, so dürfen wir doch die Hoffnung nicht aufgeben, Näheres über sie zu erfahren. Die reichen Schätze der êrânischen Sagengeschichte sind mit dem Werke Firdosi's eben erst eröffnet, aber nicht erschöpft. Eine ganze Reihe ähnlicher Sagenbücher harrt noch der Durchforschung, und wenn sie auch an dichterischer Vollendung weit hinter Firdosi zurückstehen mögen, so werden sie uns doch schätzbares mythologisches Material bieten.

Ueber die Gâthâs besonders noch zu reden verlohnt sich nicht der Mühe. Von allen den sagengeschichtlichen Persönlichkeiten der Königsreihe erwähnen sie blos zwei, Yima und Vistâçpa. Man wird nicht behaupten wollen, es sei diess nur geschehen, weil sie von den übrigen nichts wussten. Was von Yima (Yç. 32, 8) erzählt wird, kommt nicht im Shâhnâme vor, lässt sich aber sonst erklären, wir verweisen darüber auf Windischmanns zoroastrische Studien, p. 26. Was über Vistâçpa zu sagen ist, ist oben schon gesagt worden, er und noch mehr die mit ihm verbundenen Persönlichkeiten gehören der Zarathustralegende an, nicht der êrânischen Heldensage.

Es wird nun deutlich sein, was ich sagen wollte, als ich in der Einleitung zum dritten Bande meiner Avestaübersetzung auf eine reinliche Scheidung der êrânischen und der vergleichenden Mythologie drang. Ich glaube durch obige Darlegungen den Beweis geliefert zu haben, dass die Anschauungen der Schreiber des Avesta über die Persönlichkeiten der êrânischen Heldensage mit denen Firdosis so gut als identisch sind. Diess muss als Thatsache festgehalten werden, und darum ist in Zukunft durchaus von Allem abzusehen, was die Phantasie blos in das

Avesta hineingelesen hat. Will man die êrânische Heldensage
zu weiteren Forschungen über die arische Urzeit benutzen, so
muss sie so genommen werden wie sie uns vorliegt, die Namen
und sonstigen Angaben der indischen Sagengeschichte mögen
das Material liefern, welches von der anderen Seite noch nöthig
ist. Freilich wird auf diese Art angesehen das Bild das wir
von der arischen Periode erhalten etwas dürftig, dafür können wir
uns aber auch sagen, dass was wir besitzen sicher ist, nicht vermischt mit Hypothesen höchst zweifelhafter Art. Was übrigens bis
jetzt auf diesem Wege ermittelt worden ist, kann keineswegs als
unwichtig bezeichnet werden. Es ist keine Kleinigkeit, wenn nachgewiesen werden kann, dass so ziemlich alle sagenhaften Könige
von Yima bis auf Kava Huçrava der arischen Periode angehören,
wie diess in meiner Alterthumskunde geschehen ist. Wenn sich
die ursprüngliche Verwandtschaft der êrânischen und vedischen
Persönlichkeiten im Einzelnen nicht klarer nachweisen lässt, so
trägt daran nicht das Avesta die Schuld, sondern der Veda.
Die Nachrichten, welche uns das Avesta über die betreffenden
Persönlichkeiten giebt, sind zwar gewöhnlich sehr kurz, aber im
Vereine mit dem Shâhnâme doch vollkommen ausreichend um
uns zu zeigen, was man sich in Êrân unter ihnen gedacht hat.
Im Veda ist diess nicht der Fall, die Erwähnungen sind meist
sehr kurz und dunkel. Es wäre sehr verdienstlich, wenn Jemand
die Stellen über sagengeschichtliche Wesen im Veda in ähnlicher
Weise sammeln und zusammenstellen wollte, wie diess Muir für
die vedischen Götter gethan hat; es würde dann erst recht klar
werden, wie dunkel die vedischen Mittheilungen sind und wie
wenige unter den im Veda genannten Persönlichkeiten überhaupt
für die Sagengeschichte verwendet werden können.

VI.

Zur Lehre vom Infinitiv und Absolutiv in den arischen Sprachen.

Als ich meine vor sieben Jahren erschienene altbaktrische Grammatik ausarbeitete und derselben auch eine Syntax beizugeben beschloss, sah ich mich von Seite des Sanskrit und der vergleichenden Sprachwissenschaft fast ohne Unterstützung für die Ausarbeitung dieses letzteren Kapitels. Für die Sanskritsyntax konnte ich damals wie heute nur den kurzen Abriss benützen, welchen Wilson seiner Sanskritgrammatik beigefügt hat, die Arbeiten von Delbrück über vergleichende Syntax erschienen erst, als meine altbaktrische Grammatik bereits ausgegeben war. Nur eine einzige Sprachform hatte eine gesonderte syntaktische Bearbeitung gefunden: über den Infinitiv lag seit 1840 von Höfer eine eigene Schrift vor, und auch Bopp war in seiner vergleichenden Grammatik (§ 849 flg.) auf die syntaktische Verwendung des Infinitivs näher eingegangen. Diese Schriften waren mir natürlich bekannt und sind von mir benützt worden, meine damaligen Ansichten schlossen sich daher auch den zu jener Zeit geltenden Anschauungen an: ich sah in dem altbaktrischen Infinitiv den in der Erstarrung begriffenen Dativ eines Abstraktnomens auf ti (vgl. meine altb. Gramm. § 286), denn unter den 36 Infinitivformen auf têê, welche Wilhelm (de infinitivi forma et usu p. 16) aufführt, finden sich nur 11 Substantive, die noch weitere Casus ausser dem Dativ entwickelt haben. Die in den letzten Jahren in rascher Folge erschienenen Schriften über den Infinitiv von Ludwig, Wilhelm und Jolly habe ich natürlich nicht unbeachtet gelassen und in meiner Weise zu benützen gesucht, indem ich die allgemeinen Ergebnisse über den indogermanischen Infinitiv dazu gebrauchte, um tiefer in das Wesen des altbaktrischen Infinitivs einzudringen. Es war ursprünglich meine Absicht, die

Ergebnisse meiner Forschungen über diese Sprachform erst später dem Publicum vorzulegen. Da dieselben aber gerade gegenwärtig ein besonderes Interesse haben dürften und die oben p. 51 flg. gemachten Bemerkungen missverstanden werden könnten, so habe ich mich entschlossen, gleich jetzt damit hervorzutreten.

Ich gebe bei meinen Bemerkungen von meiner altbaktrischen Grammatik aus, um die in ihr niedergelegten Beobachtungen theils zu ergänzen, theils zu berichtigen. Ueber die syntaktische Verwendung des Infinitivs habe ich in § 314 gehandelt. Ich habe gesagt, dass er überall als ursprünglicher Dativ aufzufassen sci, dass er zuweilen noch denselben Casus regiere wie das Verbum, öfter aber auch als einfaches Substantivum mit dem Genitiv verbunden werde. Für beide Gebrauchsweisen habe ich Beispiele gegeben. Daran habe ich noch die Bemerkung geknüpft, dass statt des Infinitivs das Verbum finitum folgen könne, ohne durch eine Partikel mit dem vorhergehenden Verbum in Verbindung gesetzt zu werden, ein Gebrauch, den das Altbaktrische mit dem Neupersischen theilt, wie diess aus § 296 meiner altb. Grammatik hervorgeht, noch mehr aus dem, was oben p. 53 flg. über den Gebrauch des Neupersischen bemerkt wurde. Unter den Beispielen für diese Gebrauchsweise habe ich auch die Stelle Vd. 7, 128 angeführt: bakhshaesha çpitama zarathustra kemciṭ aĝhóus açtvató aetaeshva dakhmaeshva vikaŋti, streibe an, heiliger Zarathustra, einen Jeden von der bekörperten Welt, an diesen Dakhmas einzureissen. Für vikaŋti liest eine Handschriftengruppe auch vikaŋtéé. Bei meiner Fassung ist vorausgesetzt, dass vikaŋti die 3 ps. pl. im Präsens sei. Formell lässt sich dagegen Nichts einwenden, vikaŋti steht dann statt vikanaŋti und die altéránischen Sprachen lieben es, gleichlautende Silben wie anan, wenn sie unmittelbar nach einander folgen, in dieser Weise zusammenzuziehen (vgl. meine altb. Gr. § 82); dass aber speciell die genannte Form in dieser Weise zusammengezogen werde, dafür schien mir im 3. Capitel des Vendidâd eine ganze Reihe von Beispielen vorzuliegen:

Vd. 3, 27. yaṭ bâ paiti fraestem çairi nikaŋti çpânaçca iriçta naraçca iriçta.

Vd. 3, 40. yaṭ bâ paiti fraestem uçkaŋti yahmya çairi nikaŋti çpânaçca iriçta naraçca iriçta.

Vd. 3, 43. yaṭ bâ paiti fraestem dakhma uzdaeza vikaŋti.

Vd. 3, 123. yaṯ aghâo zemô nikañti çpânaçca iriçta naraçca iriçta naemem yâre drâjô anuçkañti.

Da als Parallele zu obigen Sätzen Vd. 3, 30 und sonst vorkommt yaṯ bâ paiti fraestem dakhma uzdaeza kairyêiñtê, so schien mir die Auffassung von nikañti etc. als 3. ps. pl. praes. gesichert. Es muss indessen bemerkt werden, dass die Handschriften auch eine andere Textgestaltung erlauben. Bei Westergaard lautet der Text der obigen Sätze folgendermassen:

Vd. 3, 8. yaṯ bâ paiti fraestem çairê nikañtê çpânaca iriçta naraca iriçta.

Vd. 3, 12. yaṯ bâ paiti fraestem uçkañti yahmya çairê nikañtê çpânaca iriçta naraca iriçta.

Vd. 3, 13. yaṯ bâ paiti fraestem dakhma uzdaeza vîkañti.

Vd. 3, 30. yaṯ aghâo zemô nikañtê çpânaeca iriçtê naraeca iriçtê naemem yâre drâjô anuçkañtê.

Ueber diese Stellen hat bereits F. Justi (Göttinger gel. Anzeigen 1865. St. 21, pg. 627 flg.) eine genaue Untersuchung angestellt. Er richtet sich zuerst gegen meine Auffassung der Form annçkañti und behauptet mit Recht, dass Verbalformen, wie die 3. ps. pl. praes. mit a priv. fast unerhört seien. Er giebt darum dem Texte Westergaards den Vorzug und übersetzt die Stelle Vd. 3, 123, indem er anuçkañtê, nikañtê als part. perf. pass. und zwar als locat. abs. auffasst: »wenn in dieser Erde ein todter Hund oder Mensch eingegraben ist, ohne wieder ausgegraben zu sein, ein halbes Jahr lang«. Auch an den andern Stellen sieht Justi das part. perf. pass., aber substantivisch gebraucht, also Vd. 3, 27 : »wo am meisten in Eingrabung sind todte Hunde und Menschen« und Vd. 3, 40 : »wenn man am meisten ausgräbt wo in Eingrabung sind todte Hunde und Menschen«. Ganz richtig bemerkt Justi, wenn hier eine Verbalform stände, so müsste nicht das Präs., sondern das Perf. oder ein Aorist stehen. Die auch von Westergaard gebilligten Formen uçkañti und vîkañti fasst auch Justi als Verbalformen, nach dem Lexikon jedoch als 3. ps. sg. praes. Das Gewicht der von Justi angeführten Gründe hat mich denn auch bewogen, in den Nachträgen zu meiner altb. Grammatik seiner Auffassung der Stelle Vd. 3, 123 zuzustimmen. Eine spätere genaue Untersuchung der betreffenden Stellen in den Handschriften hat mich jedoch wieder zu meinem ursprünglichen Text zurückgeführt. Die Stärke des Westergard'schen

Textes liegt in den Lesarten nikañtè, anuçkafitè, welche offenbar besser beglaubigt sind als nikañti, anuçkanti. Sehen wir uns die betreffenden Lesarten etwas genauer an, so finden wir, dass Vd. 3, 27 folgende Varianten in meinen Handschriften sich finden: nikañti CE, nikeñti F, nikañtè abcd. Vd. 3, 40 finden wir: uçkañti CE, uçkeñti Fc, uçkañtè b, uçkeñtè ad. Ferner Vd. 3, 43: vīkañti C, vī.kañti E, vikeñti F, vīkañtè abcd. Endlich Vd. 3, 123: nikañti C, nikañtè AFabcd, anuçkañtè C F, anuçkañti E, anuçkentè d, anuçkeñtè ab, anuçkañti c. Es ist hauptsächlich die Handschrift C, welche an dem schliessenden i festhält, die übrigen Handschriften entscheiden sich für è. Allein in diesem schliessenden i und è sind selbst die besten Handschriften schwankend und daher unsichere Führer, auch wird es dem Leser nicht entgehen, dass man nach der Aussage der Handschriften eigentlich auch uçkañtè und vīkañtè zu lesen hätte. Wenn irgendwo, so ist man in diesem Falle genöthigt, vom kritischen Standpunkte aus durchzugreifen. Die Schwäche des Westergaard'schen Textes liegt vor Allem in der Lesart iriçtè in 3, 123. Diese Lesung ist neben nikantè, çpānaeca und naraeca durchaus nothwendig, aber Justi hat bereits bemerkt, dass die Handschriften diese Lesart eigentlich nicht bestätigen, ohne Frage ist iriçta die Lesart der besten Handschriften. Die Lesarten çpānaeca, naraeca sind zwar Vd. 3, 123 flg. ganz passend, nicht aber an den übrigen Stellen, wo sie gleichfalls vorkommen; Vd. 3, 27. 40 hat daher Westergaard die Formen çpānaca, naraca aufgenommen, die aber nur in ganz jungen Handschriften vorkommen, nämlich Vd. 3, 27: çpānaçca C, çpānaça c, çpānaeca Fabd, çpānaca E, nairica C, naraca E, die übrigen naraeca. Ferner Vd. 3, 40: çpānaçca CE, çpānaeca bc, çpānaica ad, naraeca Cabcd, naraca E, narèçca F. Endlich Vd. 3, 123: çpānaçca ACE, çpānaeca abcd, çpānaca F, narneçca F, die übrigen naraeca. Mein Text: çpānaçca iriçta naraçca iriçta ist durch die Parallelstelle Vd. 6, 5 beglaubigt und es leidet keinen Zweifel, dass auch in den angeführten Stellen çpānaçca die überwiegende Lesart ist. Schwach ist naraçca beglaubigt, aber nur scheinbar, ich nehme für meinen Text auch die Lesarten çpānaeca, naraeca in Anspruch. Ich bezweifle nämlich durchaus nicht, dass dieses è aus der oben (p. 15) besprochenen Ligatur çc entstanden ist, welche in alten Handschriften einem è zum

Verwechseln ähnlich sieht; hatte man aber statt çc einmal ê gelesen, so musste man auch ein c einfügen, denn çpânaça, naraça
sind Unformen. Einen ähnlichen Fehler, die Verwechslung des
ê mit dh, findet man Vd. 9, 190. Liest man nun aber çpânaçca
iriçta, naraçca iriçta, so fällt jeder Grund weg, nikañtê zu lesen.
Aber was soll nikañti, anuçkañti bedeuten? Die Einwendungen,
welche Justi namentlich gegen die letztere Form als Verbalform
gemacht hat, sind durchaus nicht widerlegt. Ich glaube nun jetzt
diese Formen nicht mehr als Personen des Verbum finitum, sondern als Infinitive auffassen zu müssen, welche den Casus ihres
Verbums regieren. Ich übersetze daher Vd. 3, 128: »in diese
Erde todte Hunde und Menschen eingraben, ein Jahr lang nicht
ausgraben«. Ebenso Vd. 3, 27: »am meisten todte Hunde und
Menschen köpflings eingraben« oder Vd. 3, 40: »am meisten ausgraben wo (ist) Eingraben todter Hunde und Menschen«. Ferner
Vd. 3, 43: Dakhmaerhebungen einebnen u. s. w. Hieher gehört wol
auch Vd. 3, 98: yaţ ughrem paiti yaokarsti »rüstiges Anbauen
von Getreide«, die Handschriften lesen fast ausnahmslos die
Form auf i. Endlich ist auch Vd. 3, 17 zu beachten: yaţ bâ
paiti fraestem uç zañti paçvaçca çtaorica »das am meisten Ge-
borenwerden von Vieh und Zugthieren«. Westergaard liest hier
zazeñti statt zañti, wofür er die Autorität von C und wahrscheinlich auch der übrigen Handschriften mit Uebersetzung hat. Nach
dieser Lesart würde man übersetzen müssen: »wo sie am meisten
Vieh und Zugthiere loslassen«. Für unsere Lesart sprechen die
Vendidâd-sâdes und die Huzvâresch-Uebersetzung, welche uçzañti
mit רישאר ושאר wiedergiebt. Uç zañti = uç zanenti aufzufassen,
würde allerdings bedeutende Schwierigkeiten haben, da man
uç zayêiñtê erwartete, aber als Infinitiv ist uç zañti ganz unbedenklich.

Eine ganz ähnliche Stelle finden wir Vd. 7, 122—126. Dort
heisst es in meiner Ausgabe:

122. cvañtem drâjô zrvânem çairi mashya iriçta zemê nidhâiti raocâo aiwi varena hvare dareçya zemô bavaiñti.

124. cvañtem drâjô zrvânem çairi mashya iriçta zemê nikañti
hvaţ zemô bavaiñti.

Auch hier ist Westergaards Text wieder verschieden, nämlich:

7, 45: cvañtem drâjô zrvânem çairê mashyêhê iriçtahê zemê
nidhâitê raocâo aiwi varena hvare-dareçya zemô bavaiñti.

7, 47: cvañtem dråjô zrvânem çairê mashyêhê iriçtahê zemê nikañtê hvaţ zemô bavaiñti.

Auch über diese Stelle hat Justi bereits (a. a. O. p. 830) gesprochen. Die Handschriften schwanken wie gewöhnlich zwischen nidhâitê und nidhâiti hin und her, so dass aus ihnen wenig zu entnehmen ist. Aber auch mashya iriçta ist schwach beglaubigt, wie ich bereits im Commentare gesagt habe, ebenso auch das von Westergaard vorgezogene mashyêhê iriçtahê; was die Handschriften geben, ist iriçtê oder iriçti. Diese letztere Lesart ziehe ich jetzt vor, ich fasse iriçti, nidhâiti, nikañiti als Infinitive und lasse mashya von iriçti abhängen. Uebrigens übersetze ich jetzt Vd. 7, · 122 abweichend von meiner früheren auf Anquetil gestützten Uebersetzung; doch davon unten.

Wenn diese meine Ansicht begründet ist, so hätten wir in den meisten dieser Stellen Nominative eines Verbalnomens, welches den Casus seines Verbums regiert. Es müssten diess neutrale Substantive sein, denn das s des Nominativs fehlt durchgängig; diess bestätigen nun auch die Stellen, wo dieses Nomen im Accusativ erscheint. So Vd. 5, 160: Kaţ tâ vaçtra hañm yûta paçca yaozhdâiti fraçnâiti, »wann werden diese Kleider wieder angewandt nach dem Reinigen und Waschen?« Vd. 6, 71: paçca naçâvô nizbbereithi paçca âpô para hikhţi aesha âfs yaozhdya bavaiti, »nach dem Heraustragen der Leichen, nach dem Ausgiessen des Wassers ist das Wasser rein.« Ebenso Vd. 6, 78: paçca naçâvô nizhbereithi paçca âpô vîtakhti und Vd. 6, 83: paçca .... âthritim aiwi varaiti, wo varaiti aus einem erweiterten Stamme gebildet sein muss, wie pavaiti. Westergaard corrigirt vareiti, was auch mir lieber wäre, doch wage ich von den Handschriften nicht abzuweichen. Zu den Infinitiven zähle ich endlich auch die Form vîkañiti in der im Eingange erwähnten Stelle Vd.˙7, 125. Der Accusativ des Infinitivs ist ebenso unbedenklich wie der Dativ vîkañitêê. Auch den Locativ vîkañita würde ich nicht durchaus verwerfen, wenn er durch bessere Handschriften beglaubigt wäre. Ich nehme jetzt auch keinen Anstand mehr, Yç. 2, 1 die Worte àyêçê yêsti zu fassen: ich verlange in das Opfer oder zum Opfer, wie die Tradition es will.

Ein weiterer Casus des Infinitivthemas ist der Instrumental. Einen solchen finde ich in der schon in der altb. Grammatik § 250 angeführten Stelle Vd. 8, 43: aiwiniticiţ çpânem zairitem,

»durch das Herzuführen eines gelben Hundes, oder: nachdem man einen gelben Hund hergeführt hat.« Als Instrumentale möchte ich auch die Infinitive in der oben angeführten Stelle Vd. 7, 122 auffassen, die ich jetzt übersetze: »Wie lange sind Landstrecken dem Lichte auszusetzen und von der Sonne anzusehen, nachdem Menschen gestorben (wörtlich: vermittelst des Sterbens) und auf der Erde niedergelegt sind.« Ich beziehe jetzt raocāo aiwi varena und hvare dareçya nicht mehr auf mashya, sondern auf zemō und entgehe dadurch der Nothwendigkeit, ein Wort ergänzen zu müssen. Hierher gehört auch noch Vd. 18, 126: thrishūm urvaranaňm uzukhshyéitinaňm çriranaňm zairi gaonanaňm vakhshāo apayaçaité paiti dū zarathustra »einem Drittel der aufwachsenden Blume, der schönen, goldfarbigen, vernichtet er das Wachsthum, nachdem er hingesehen hat.« Der vierte Casus endlich, in welchem wir das Infinitivthema belegen können, ist der Dativ, und an einigen Stellen hat auch dieser Dativ den Casus seines Verbums bei sich, so in der schon in der Grammatik angeführten Stelle Vd. 5, 78: khshayéité hé paçzaeta aesha yó ratus thrishūm aetahé cithāo apaǵharstéé, »es vermag ihm dann der Vorgesetzte ein Drittel davon an Busse zu erlassen.« Dazu füge man noch Yç. 57, 7. 8: (āvaedhayamaidhé) gaethāoçca tanvaçca nipātayaeca, um zu schützen Habe und Körper. An anderen Stellen wird jedoch der Infinitiv mit dem Genitiv verbunden, an vielen anderen steht er absolut.

Dass es noch andere Substantive im Altbaktrischen giebt, welche den Casus des Verbums regieren, ist schon in meiner Grammatik § 250 gesagt worden. Von den dort angeführten Beispielen gehört hierher Vd. 5, 239: aetem ātarem uzdareza, die aus dem Feuer gezogenen Bündel, dann Vd. 9, 146: āthravanem yaozhdathó dahmayāt parō āfritóiṭ, »einen Āthrava reinigen — um einen frommen Segensspruch«. Dagegen dürfen die Wörter auf aǵh, die man häufig als Infinitive anführt, nur als Substantive betrachtet werden, denn sie werden nicht mit dem Casus ihres Verbums construirt. Eine Ausnahme scheint die Stelle Yç. 9, 81. 82 zu bilden, die Burnouf und mir vergebliche Mühe gemacht hat, weil wir drajaǵhé als Infinitive auffassen wollten, während wir besser gethan hätten, bei der traditionellen Erklärung zu bleiben, welche das Wort »für lange Zeit« erklärt. Die Stelle lautet: frā té mazdāo barat paurvanim aiwyāoǵhanem çtehrpaeçağhem mainyû tâstem vağuhîm daenaûm mâzdayaçnîm âat aiğhê ahi aiwyâçtô bareshnus paiti gairinaûm drâjağhê aiwidhâitisca grûsca maûthrahê. Man übersetze: »Dir hat Ahura Mazda gebracht den ersten Gürtel, den mit Sternen besetzten, im Himmel gefertigten: das gute mazdayaçnische Gesetz, dadurch also bist du auf den Höhen der Berge für lange Zeit umgürtet mit den . . . . . des Manthra[1].« Auch die Dative çtaomainê, khshnumainê, ukhelmê (Wilhelm p. 14. 15) dürften als blose Substantive anzusehen sein.

Es ist bereits gesagt worden, dass die Infinitive im Altbaktrischen auch den Genitiv regieren, also wie Substantive angesehen werden müssen; dasselbe ist bei den arabischen Infinitiven der Fall (cf. de Sacy gramm. arab. 2, 164 flg.), und die Sache scheint mir sehr natürlich zu sein. Die Sprache sieht im Laufe der Zeit immer weniger ein, warum sie diese Verbalsubstantive anders construiren soll wie andere Substantive, der Unterschied verschwindet und die alte Construction erhält sich nur in einzelnen bevorzugten Wendungen. Ein recht auffallendes Beispiel der Construction des Infinitivs mit dem Genitiv ist Vd. 3, 74: vîkaûti ağrô mainyavanaûm geredhaûm, Einebnen ahrimanischer Höhlen. Ueber die Ablösung des Infinitivs durch das Verbum finitum nach dem Verbum des Könnens, welchen Gebrauch das Altbaktrische mit dem Neupersischen theilt, ist schon in der Altb. Grammatik § 296 die Rede gewesen. Ob die Construction schon in derselben Weise durchgeführt wurde, wie oben p. 53 flg. für das Neupersische angegeben ist, lässt sich aus Mangel an Material nicht sagen, doch steht nach khshayamna immer das Verbum finitum. — Die Aehnlichkeit dieser altbaktrischen Verbalsubstantive mit den indischen springt in die Augen, und wir brauchen darauf nicht besonders aufmerksam zu machen. Dagegen will ich die Unterschiede hervorheben, welche das Altbaktrische vom Indischen trennen, nämlich: 1) das Altbaktrische gebraucht nur das

---

[1] Wer sich für das êrânische Alterthum interessirt, dem dürfte diese Stelle auch noch in anderer als grammatischer Hinsicht wichtig erscheinen. Nach dem Shâhnâme wird Afrâçiâb von Hom mit dem Gürtel gebunden und davon geführt. Da Afrâçiâb als ein Zauberer erscheint, den keine Heldenkraft vernichten kann, so ist es offenbar das göttliche Gesetz, welches ihn schliesslich überwindet.

Verbalsubstantiv auf ti, nicht auf tu, 2) das Altbaktrische kann auch den Nominativ dieses Verbalsubstantivs mit dem Casus seines Verbums gebrauchen, endlich 3) das Altbaktrische gebraucht nach khshayamna das Verbum finitum, ohne Beigabe einer Partikel.

Eine andere Art sind die Infinitive auf dyâi, über welche neulich Jolly (Kuhns Beiträge 7, 416 flg.) eine Ansicht veröffentlicht hat, die von derjenigen, welche ich mir gebildet habe, nicht unerheblich abweicht; um so mehr finde ich mich veranlasst, meine eigene Auffassung ausführlicher darzulegen als bis jetzt geschehen ist. Dabei werden wir uns vielfach auf das Gebiet der so dunkeln Gâthâs begeben müssen, und ich muss daher gleich anfangs darauf hinweisen, dass der Gebrauch der Burnouf'schen Methode gerade hier einen grossen Gegensatz bedingt. Vergeblich sucht man glauben zu machen, Burnouf habe dieselbe Methode gehabt wie die neuere sprachvergleichende Philologie; es hat Burnouf denn doch allzu viele Stellen nicht blos besprochen, sondern ausführlich erörtert, als dass man über seine Methode im Unklaren sein könnte. Es ist kein Zweifel, dass Burnouf immer davon ausgeht, die Tradition einzusehen, dass er die traditionelle Ansicht auf das Eingehendste erörtert und gewöhnlich damit endet, sie anzunehmen; allerdings gilt dies hauptsächlich von der Ermittelung der Wortbedeutungen. In Uebereinstimmung mit dieser Methode habe denn auch ich bei meiner Bearbeitung der Gâthâs vor Allem die Tradition studirt und habe die Resultate meiner Studien im Vorworte zum zweiten Bande meiner Avestaübersetzung, p. VII. VIII, mitgetheilt. Ich bin zu dem Ergebnisse gekommen, dass man unmöglich sich an die Tradition mit Hinsicht auf die Construction anschliessen könne, dass aber die Wortbedeutungen von derselben meistens vortrefflich angegeben würden. Die Mängel meiner eigenen Uebersetzung habe ich durchaus nicht verschwiegen, aber die Hoffnung ausgesprochen, dass sie namentlich durch die lexikalische Bestimmung der Wörter zum bessern Verständniss beitragen könne, und ich glaube mich hierin auch nicht getäuscht zu haben. Die sprachvergleichende Philologie dagegen hat gerade in den Gâthâs bis in die neueste Zeit die traditionellen Angaben ganz ignorirt und die Wortbedeutungen sprachvergleichend bestimmt; daher so viele Unterschiede in der Auffassung, die auch bei dem Gegen-

stande hervortreten werden, welcher uns hier beschäftigt. Noch
ein zweiter wichtiger Punkt muss hier hervorgehoben werden, in
welchem die Burnouf'sche Methode von der sprachvergleichenden
abweicht. Burnouf hat uns nicht blos gelehrt, dass man die
Tradition benützen muss, er hat uns auch gezeigt, wie man sie
benützen muss. Wenn man überhaupt die Tradition benützt, so
versteht es sich, dass man mit ihr beginnt. Findet man die Tradition zuverlässig, so wird man natürlich davon absehen, eine
neue Erklärung zu schaffen; findet man sie unzuverlässig, so ist
statt des positiven zunächst ein negatives Resultat gewonnen,
und es bleibt nun die Aufgabe, etwas Besseres an die Stelle zu
setzen, eine Aufgabe, die meist ungemein schwierig ist, wenn
man sie nämlich ernst nimmt und sich nicht etwa mit einer Erklärung begnügt, die sich lautlich rechtfertigen lässt, sondern
etwas wirklich Historisches geben will. Auch Burnouf weiss ja
wohl, dass die Tradition nicht unfehlbar ist, dass sie meistens
erst entsteht, wenn schon ein Theil des Verständnisses der
Urschrift verloren gegangen ist. Er weiss aber auch, dass die
Tradition nicht erst dann entstanden ist, nachdem Alles verloren
war; indem also Burnouf einerseits die Tradition von den ihr
anklebenden Schlacken zu reinigen sucht, benützt er dieselbe vor-
nemlich, um von ihr zu lernen. Hier haben wir nun wieder einen
grossen Gegensatz gegen die neuere sprachvergleichende Philologie.
Diese will nicht etwa eine von Fehlern gereinigte Tradition, sondern etwas ganz Neues, Verschiedenes, sie setzt sich in Gegensatz gegen die Tradition und lehrt etwas Anderes. Gestützt auf
die grosse Verwandtschaft der beiden arischen Sprachen will sie
die Gâthâs aus den Vedas erklären und nimmt einen innigen
Zusammenhang zwischen den Gâthâs und den Vedas an. Ich
habe mich meinerseits gehütet, mir durch ein solches Dogma —
weiter ist es nichts — den freien Blick vom Anfang an zu trüben.
Wie kann ich im Voraus wissen, was in den Gâthâs steht, in
einem Buche, von dessen sieben Siegeln ich kaum eines zu lösen
vermag? Man weist uns hin auf die genaue Uebereinstimmung
zwischen der Sprache des Avesta und des Veda und zieht daraus
den Schluss, dass beide Bücher aus derselben Zeit sein müssten.
Es bedarf eben keines besonderen Scharfsinnes, um nachzuweisen,
dass diese Schlussfolgerung unhaltbar ist. Auch mir kommt es
nicht in den Sinn, die genaue Verwandtschaft der arischen Sprachen

zu leugnen, aber ich nehme sie für das, was sie ist: eine linguistische Ermittelung, die für die Philologie keine absolute Geltung hat. Niemand bestreitet der Sprachvergleichung das Recht, das relative Alter einer Sprache linguistisch zu bestimmen. So hat sie z. B. das Littauische für eine Schwestersprache des Sanskrit erklärt und stellt es in der vergleichenden Grammatik neben das Griechische und das Gotische. Wollte nun aber Jemand hieraus den Schluss ziehen, die littauische Bibelübersetzung oder die Jahreszeiten des Donaleitis seien so alt als Wulfilas Werk, so würde er eine Thorheit begehen. Man ist in der neueren Zeit zu der Ueberzeugung gekommen, dass das Arabische eine ältere Form des Semitischen sei als selbst das Hebräische. Wenn aber Jemand behauptet, der Qorân sei älter als das A. T., so wird ihm Niemand glauben. So verhält es sich nun auch mit dem Altêrânischen; aus der lingulstischen Stellung der Sprache folgt weder, dass die Sprachdenkmale 1500 v. Chr., noch dass sie eben so lange n. Chr. verfasst sind. Um das geschichtliche Alter des Altêrânischen zu ermitteln, bedarf man bestimmter Anhaltspunkte, wie die Sprache Altêrâns zu einer gegebenen Zeit ausgesehen hat. Einen ganz vortrefflichen Maasstab in dieser Hinsicht gewähren uns die Inschriften der Achämenidenkönige. Von ihnen können wir nicht nur fast bis auf das Jahr bestimmen, wann sie geschrieben wurden, sie sind uns auch so erhalten, wie sie ursprünglich verfasst waren, ohne durch Abschreiber entstellt zu sein. An ihnen wird man also vor Allem jedes êrânische Schriftstück zu messen haben und vermittelst der Linguistik ermitteln müssen, was früher oder später sei. Einen ganz sicheren Maasstab giebt natürlich die Sprachenfrage überhaupt nicht, sie wird mit ihrem Resultate nur neben andern Gründen ins Gewicht fallen; Fragen, wie die, welche wir oben berührten: über den Ursprung des Dualismus, über die Entstehung der Anschauung von Gott als einem unsichtbaren Geiste, über die êrânische Heldensage u. s. w., werden immer einen grossen Einfluss auf die Altersbestimmung des Avesta ausüben.

Es ist oben schon gesagt worden, dass die Burnouf'sche Methode in erster Linie auf die Bestimmung der Wortbedeutungen einwirkt. Für die richtige Bestimmung der grammatischen Formen ist die Tradition von weit geringerer Bedeutung. Dass sie übrigens nicht ganz ohne Werth sei, mag das Folgende lehren. Wir

müssen jedenfalls unsere Untersuchung mit einer Uebersicht der
in den Gâthâs vorkommenden Formen auf dyâi beginnen, und
ich füge diesen Formen gleich die traditionelle Auffassung bei,
die man jedenfalls kennen muss, wenn man sie auch nicht annimmt.

    âzhdyâi (50, 17) אַרְגּוּן mûlaṁ kuru (Verwechslung mit אַרְנּ, vgl.
    die Note zu d. St. in meiner Ausgabe Neriosenghs).

    uẑiredyâi (42, 12) אַרְדְשַׁן רַאֲרַוְ uccair utthânâya.

    (42, 14) וּרִא רַאֲרַוְ uccair utthâpaya.

    jidyâi (jaidyâi 32, 14) וַדְשַׁן vighâtaka.

    thrâyôidyâi (34, 5) יַחֲבַּנְשַׁן סְרַאִרִישַׁן pâlanañca dadâti.

    daidyâi (50, 20) וַחְשַׁן karoshi.

    (31, 5) יַחֲבָּנָיִ dânañ.

    dazdyâi (35, 10. 11) וַחְשַׁן deyaḥ.

    (43, 1) יַחֲבָּנִים dadâmaḥ.

    diwzhaidyâi (44, 4) רַ נַ סְרִישַׁן na vyâmohitâ.

    deredyâi (42, 1) וַחְשַׁן דַאֲרִישַׁן puṇyagrahasya dânañ.

    çarôi bûzhdyâi (43, 17) סְרַאֲ דַרְבְמַשַׁם svâmino bhavishyanti.

    mereñgaidyâi (45, 11) מְרוֹגִינַד nâçayanti.

    meraŭzhdyâi (43, 14) מְרוֹגִינִים mârayanti.

    arém vaedyâi (43, 8) בַּרְדָך אַסְמַאֲסַם paripûrṇavettṛitâ.

    vôizhdyâi (42, 13) סַיֲדְרַאֲסַוְ nivedayitâ.

    eres vîcidyâi (48, 6) רַאֲסְמַ וּגִּים satyena paripaxayâmi.

    vîcidyâj (31, 5) אֲכַאֲסְמַאֲסַו viviktañ.

    verezidyâi (42, 11) וְרַוֲגַּב יַחֲבַּנְ karmaṇi dadâmi.

    (33, 6) וְרַוֲבַּנְיַחְ יַחֲבַּנְ samâçaraṇaṁ datte.

    çazdyâi (30, 2) אֲמַחֲרַושַׁן çixâpayâmaḥ.

    (50, 16) סַאֲגְשַׁן çakyate jñâtuñ.

    çûidyâi (43, 2) סוּח וַחְשַׁן lâbhasya dâtâ.

    (48, 3) סוּח וַחְשַׁן lâbhaṁ dâtiḥ.

    çrûidyâi (34, 12) מִיחֲסַם çriṇomi.

    (44, 5) סְרַאֲרִישַׁן וַחְשַׁן samîlâpe deyaḥ.

    fraçrûidyâi (45, 13) סְרַאֲרִישַׁן וַחְשַׁן çlâghâdânena.

    (45, 14) סְרַאֲרִישַׁן וַחְשַׁן prakṛishṭoktidâne.

    Zu diesen Stellen wären nun auch noch diejenigen Formen auf
dyâi zu fügen, welche in den jüngeren Theilen des Avesta vorkommen. Es sind deren fünf, auf die wir später ausführlicher zurückkommen müssen. Hier genüge es zu sagen, dass an
einer Stelle der Infinitiv durch das Verbum finitum ersetzt wird

(Yç. 27, 1), an einer zweiten (Vd. 2, 56) steht das Abstractum auf esnis, in der dritten und vierten ist die traditionelle Fassung nicht recht klar, von der fünften liegt überhaupt keine Uebersetzung vor. Sehen wir uns nun diese Stellen näher an, so finden wir, dass die Formen auf dyâi in sehr verschiedener Weise wiedergegeben werden. Wir finden dafür verba finita in verschiedenen Personen, eine solche Uebersetzung braucht nicht unrichtig zu sein, sie ist aber jedenfalls eine freie. An vielen anderen Stellen finden wir die Formen auf dyâi durch Wörter mit der Endung esn oder esnis wiedergegeben, welche theils die Bedeutung eines Abstractums, theils eines Adjectivums der Nothwendigkeit hat, und diese Classe von Uebersetzungen ist gewiss viel genauer. Die genauesten Uebersetzungen sollen aber nach Ansicht der Uebersetzer wol diejenigen sein, welche die Form auf dyâi durch zwei Wörter wiedergeben: durch ein Substantivum und durch dehesn, das Abstractum von dâden, geben, schaffen; dieses letztere Wort soll dann speciell die Endung dyâi ausdrücken. Die letztere Erklärung ist ohne Zweifel eine etymologische, und es ist nicht zu leugnen, dass die Uebersetzer mit der Wurzel dhâ manche unnütze Spielerei treiben, einen solchen Fall haben wir schon oben (p. 106) angeführt. Wenn aber auch die etymologische Auffassung der einheimischen Uebersetzer an manchen Stellen falsch ist, so ist damit nicht gesagt, dass sie an allen Stellen falsch sein muss, und wir haben daher die Pflicht, nicht zu verwerfen, bevor wir die Sache untersucht haben. Im gegenwärtigen Falle scheint mir die Wahrscheinlichkeit für die traditionelle Ansicht zu sprechen. Dafür spricht erstens die Form merengeduyê (Yç. 52, 6), welche eine Zusammensetzung von du = dâ sein muss und auch von der Uebersetzung mit מרנגידין חיבה gegeben wird, merengeduyê und merengaidyâi sind also ziemlich gleichbedeutend. Es ist ferner darauf hinzuweisen (vgl. auch Wilhelm l. c. p. 22), dass im Gâthâdialekte die Endung dyâi nicht blos für Infinitive verwendet wird, sondern dass Yç. 11, 24. 43, 8 die merkwürdigen Zahlwörter mênâidyâi haptâzhdyâi vorkommen, die H. U. giebt 43, 8 auch in diesem Falle dyâi durch חזמן, es entsprechen auch diese Zahlen den indischen Zahladverbien auf dhâ, und hier dürfte wirklich die Wurzel dhâ die Stelle eines Sekundärsuffixes vertreten. Endlich sind auch noch einige andere Formen hier anzuschliessen, vor

Allem die Yç. 29, 5 vorkommende Form dvaidi, welche z w e i -
felhaft bedeuten soll, eigentlich aber zweifach heisst (vgl.
auch J. Schmidt in Kuhns Zeitschrift 16, 439), ferner das Femininum parefidi oder pârendi (Yç. 38, 6). Wenn ich Recht habe,
dieses Wort mit neup. پرند pirind, Glanz, zu vergleichen, so ist
dasselbe gebildet aus paren di und ein Wort para, Glanz (cf. πίμ-
πρημι und Kuhns Beiträge 6, 392), vorauszusetzen. Nahe verwandt ist wol auch das Wort gaoidhi, wie ich Vd. 14, 28 mit den
meisten Handschriften lese, während Westergaard (14, 6) dafür
gaoidhê giebt, worin ihm Justi beistimmt. Die alte Uebersetzung
giebt das Wort durch גושת, Fleischhalter, und wird darin auch
Recht haben; es wäre mithin gao–dhi zu trennen, das Geschlecht
muss zweifelhaft bleiben. Ohne Frage sind Sanskritwörter, wie
garbhadhi, jaladhi, udadhi, ishudhi, utsadhi etc. die nächsten
Anverwandten, trotz des verschiedenen Geschlechts, und auch
diese Bildungen auf dhi, dyâi dürften in den arischen Sprachen
als Substantive noch gefühlt worden sein.

Sehen wir uns um nach Verwandten dieser Formen auf dyâi
in den weitern Kreisen der indogermanischen Sprachen, so hat man
schon längst auf die indischen Infinitive auf dhyai aufmerksam
gemacht. Wenn wir auch dieses dhyai auf die Wurzel dhâ zurückleiten, so thun wir nicht etwas Neues. Schweizer-Sidler hat
schon gezeigt (Kuhn, Zeitschrift 3, 360), dass dieses dhyai sehr
wohl mit der Wurzel dhâ, vereinigt werden könne und dass z. B.
pibadhyai eigentlich »zum trinken thun« bedeute. Allgemein zugestanden wird auch die Verwandtschaft dieser Infinitive auf
dyâi, dhyâi mit dem griechischen Infinitiv pass. auf θαι, wiewol
das vorhergehende s immer noch Schwierigkeiten macht. Ich
glaube nun aber weiter gehen und auch das lateinische Gerun-
dium und Gerundivum sammt dem enge damit zusammenhän-
genden Adjectivum necessitatis herbeiziehen zu dürfen. Unter
allen Erklärungen des Gerundiums und der damit zusammen-
hängenden Formen haben mir immer die von Pott (Etymologische
Forschungen 2, 1, p. 459 flg.) und von Corssen (kritische Beiträge zur lat. Formenlehre, p. 120 flg.) am besten gefallen; dem
letztern Gelehrten stimme ich nun namentlich darin bei, dass ich
mit ihm annehme, das der Endung do vorhergehende on-, un-,
en- oder n- sei das Suffix ôn der Verbalnomina. Das Alt-
êrânische hat es natürlich unterlassen, diesen dem Lateinischen

eigenthümlichen Zusatz anzunehmen, es entsprechen ja ebenso
die lateinischen Verbalnomina auf -tion den éränischen auf -ti.
Was mich in meiner Ansicht noch bestärkt hat, dass die altéränischen Infinitive auf dyâi mit den lat. Gerundien zu vergleichen seien, ist der Umstand, dass im Altéränischen die Verba,
die nach der sogenannten ersten Hauptconjugation flectiren, die
Endung dyâi an den erweiterten Stamm treten lassen: vazaidyâi,
thrayôidyâi, verezidyâi¹), âfryêidyâi; in der zweiten Hauptconjugation dagegen tritt das Suffix dyâi unmittelbar an die Wurzel.
Eine Ausnahme könnte vereñdyâi bilden, doch lässt sich die
Sache auch anders erklären. Im Lateinischen haben wir ebenso
amandum, docendum, legendum, audiendum, und wenn man im
Lateinischen auch ferendum etc. sagt, so ist zu bedenken, dass
das Lateinische nur sehr wenige Verba kennt, welche die Fle-
xionsendungen unmittelbar mit dem Stamme verbinden und dass
diese wenigen Verba sehr leicht bewogen werden konnten, der
Analogie der übrigen Verba zu folgen. Was die syntaktische
Verwendung der lateinischen Gerundia betrifft, so war aus den
oben angeführten Untersuchungen von Pott und Corssen zu entnehmen, dass der Thätigkeitsbegriff der Wurzel auch im Gerun-
dium erhalten bleiben, dass aber auch drei andere Gedan-
kenbezeichnungen hinzutreten können: der passive Sinn, die
Vorstellung der Nothwendigkeit und die Beziehung auf die
Zukunft.

Soll ich nun von der Verwendung der Formen auf dyâi im Altéränischen sprechen, so muss ich vor Allem darauf aufmerksam
machen, dass es sich zunächst nicht darum handelt, die Uebereinstimmung dieser Formen mit denen anderer indogermanischen
Sprachen nachzuweisen, sondern umgekehrt den Gebrauch der
übrigen Sprachen dazu zu verwenden, dass die uns noch un-
bekannte Anwendung dieser Form im Altéränischen gefunden
werde. Die Nothwendigkeit einer Entscheidung drängte sich mir vor
Allem in den jüngeren Stücken des Avesta auf. Hier haben wir

---

1) Es mag sein, dass man deutlicher verezyêidyâi schreibt statt verezidyâi, doch ist letzteres blos eine andere Orthographie. Nach dem, was oben
p. 31 gesagt wurde, steht verezidyâi = verezyidyâi, das ursprüngliche a ist in
i gefärbt, wie in yima; verezyêidyâi färbt den Grundvocal in e und schiebt
epenthetisch i ein.

neben den ziemlich häufigen Formen auf -ti auch in seltneren
Fällen -dyâi im Gebrauche gefunden. Es fragte sich nun, worin
sich diese beiden Arten der Infinitive unterscheiden; denn ich
habe die auch von Schleicher mehrfach ausgesprochene Ueberzeugung, dass die Sprache nicht zwei Formen zu ganz gleichem
Gebrauche geschaffen haben werde. Es will mir nun scheinen,
als ob es besonders zwei der Nebenbeziehungen des lateinischen
Gerundiums seien, welche diese Formen auf -dyâi in den späteren Theilen des Avesta ausdrücken: den Begriff der Nothwendigkeit und den passiven Sinn. Darum habe ich diese Form in
meiner altbaktrischen Grammatik als Adjectivum verbale bezeichnet; richtiger freilich hätte ich gesagt, die Form auf -dyâi vertritt das Adjectivum verbale, denn für den Dativ eines Substantivs auf -di habe auch ich stets diese Form gehalten. Ich
führe nun die Stellen, um die es sich handelt, einzeln an.

Die erste Stelle ist Yç. 27, 1: aetat dim viçpanãm mazistem
dazdyâi ahûmca ratûmca yim ahurem mazdanm. »Nun wollen wir
ihn, den grössten von allen, zum Herrn und Meister machen:
den Ahura Mazda.« Hier steht dazdyâi absolut, ohne von einem
andern Worte abhängig zu sein, ganz am Anfange des Capitels.
Passiv ist dazdyâi nicht aufzufassen, aber den Begriff der Nothwendigkeit oder auch der Zukunft werden wir darin finden
müssen. — Die zweite ähnliche Stelle ist die vielbesprochene
Vd. 2, 58—60: tem âfs paourva vazaidhyâi paçca vitakhtô vafrahê
abdaca idha yima aghê açtvaitê çadhayât yat idha paçêus anumayêhê padhem vaenâiti. Ich möchte diese Stelle jetzt so übersetzen: »Zu ihm (dem Winter) muss zuerst Wasser fliessen und
nach Aufthauung des Schnees möchte für die bekörperte Welt
unwegsam erscheinen, was hier die Fusstapfen des Kleinviehs
sieht.« Ich halte die Stelle für wichtig genug, um unten in einem
kleinen Excurse darauf zurück zu kommen, hier interessirt uns
nur die Form vazaidhyâi. Diese wird von der H. U. durch
רמישׂר. מבא gegeben, also durch die Abstractbildung, welche auch
das Adjectivum verbale ausdrücken kann (vgl. meine Huzv.-Gramm.
§ 120), und hier scheint mir der Begriff der Nothwendigkeit in
der Form zu liegen. — Dasselbe ist der Fall in der dritten Stelle,
welche ich gleich anschliesse. Yt. 15, 28 heisst es: dazdi mê
vayô yô uparô-kairyô .... yat janâni hitâçpem raithê vazaidhyâi,
»Gewähre mir, o Luft, die in den Höhen wirkt .... dass ich

schlage den Hitâçpa, damit er an meinem Wagen ziehen müsse.
Eine traditionelle Angabe liegt hier leider nicht vor. — Die vierte
Stelle ist Vsp. 5, 3. 4 avi ratûs avi rathwya gereñtê frâ gavê vereñdyâi mazdayaçna zarathustrayô. Ich möchte jetzt diese Stelle
übersetzen: »Ich ergreife die richtigen Zeiten und was auf die
Zeiten Bezug hat, um das Rind zu pflegen, o zarathustrische
Mazdayaçnas.« Die H. U. der Stelle ist äusserst frei und gewährt
darum wenig Hülfe, gereñtê scheint ganz ausgelassen oder es ·
ist mit in סררטי enthalten, welches Wort an der Stelle von
vereñdyâi steht. Ueber die Schwierigkeiten habe ich schon im
Commentare gesprochen: es kommt hauptsächlich darauf an, wie
man gereñtê fasst. Sieht man darin die 3. ps. pl. praes. von gere,
so kann nur das nachfolgende mazdayaçna das Subject dazu sein
und man erhält die Uebersetzung, welche ich früher gegeben
habe: »es lobpreisen in der Zeit, an den Zeitpunkten, um das
Vieh zu beschützen, die Mazdayaçnier, die Anhänger Zarathustras.« Anders stellt sich die Sache, wenn man gereñtê als 1. ps.
sg. praes. med. auf gereñ zurückleitet, wozu uns Yç. 69, 2 berechtigt, es muss dann angenommen werden, dass es eine Wurzel
gereñ gebe, die natürlich mit skr. granth identisch sein müsste.
Auch hier liegt in vereñdyâi der Begriff der Nothwendigkeit, wo
nicht des Passivums. Die Form selbst macht einige Schwierigkeit: entweder ist vereñdyâi verkürzt aus verenedhyâi, d. i. vere
in dem Präsensstamme cl. 9, oder vereñd ist eine Wurzelerweiterung, wie môreñd, und vereñdyâi steht statt vereñd-dyâi, wie
unten vaedyâi für vaed-dyâi.

Die letzte Stelle in den jüngeren Theilen des Avesta, welche
die Form auf -dyâi zeigt, ist Yç. 70, 62. Sie gehört strenge genommen nicht hierher, sie ist eine Einschaltung aus einem Stücke
im älteren Dialekte; diess beweist weniger die Form âfryêidyâi,
als das in den jüngeren Dialekte ganz ungebräuchliche hvô. In
meiner Uebersetzung des Avesta habe ich eine ziemlich künst-
liche Erklärung versucht, weil es mir anstössig war, dass von
Zarathustra in der dritten Person die Rede sein sollte, während
er doch am Anfange des Capitels als der Sprecher eingeführt
wurde. Dieses Bedenken habe ich jetzt fallen lassen, ich betrachte die Stelle Yç. 70, 61—64, welche weder mit dem Vorhergehenden, noch mit dem Nachfolgenden im Zusammenhange
steht, als ein Citat aus einem andern Werke. Sie lautet im

Grundtexte: hvô ashava zarathustrô urvathem thrâtârem içôiț
ashavanem tê ashaonaț âfryêidhyâi mraomi urvathem urvathâț taț
zi vaghô hvô zi drvâo yé drvâitê vahistô hvô ashava yahmâi
ushava fryô.- Ich möchte jetzt übersetzen: »Was anbelangt den
reinen Zarathustra, so wähle man ihn als freundlichen Beschützer. Ich heisse dich verehren (wörtlich: ich nenne dir für
das Verehrt-werden-müssen, den der reiner ist als der Reine
(d. i. den Allerreinsten), den der freundlicher ist als der Freundliche, denn das ist sehr gut. Nämlich der ist schlecht, welcher
für den Schlechten der Beste ist, der ist rein, der dem Reinen
lieb ist.« Man wird es vielleicht etwas befremdlich finden, dass
ich im ersten Satze die Nominative ashava zarathustrô als vorgesetztes Object auffasse. Dazu bestimmt mich einestheils die
Tradition, welche içôiț als 2. ps. imperat., zarathustrô als Vocativ
fasst (verlange, o Zarathustra!), mehr aber noch der Umstand,
dass nur so ein Zusammenhang in das Ganze kommt. Die Tradition freilich betrachtet die Aufforderung als an Zarathustra
gerichtet und versteht ohne Zweifel unter dem freundlichen
Retter den Vistâçpa. Diess ist nach dem Texte nicht möglich,
vielmehr scheint mir die Aufforderung an die Menschen gerichtet, sich möglichst enge an Zarathustra anzuschliessen, da man
den Werth eines Menschen an seinem Umgange erkennt. Die
für uns wichtige Form âfryêidhyâi übersetzt die II. U. mit einem
mir unbekannten Worte, in welchem die jüngeren Uebersetzungen
den Sinn des Zueignens sehen. Am besten hält man sich an
die sonst vorkommende Bedeutung des Wortes âfri, diese ist
segnen, preisen und diese Bedeutung hat sich auch noch im neup.

آفرین âferin erhalten, das Wort wird dort nicht blos von der Anrufung Gottes, sondern auch von der Begrüssung vornehmer
Personen gebraucht. Sonst wird âfri nach cl. 9 flectirt, hier nach
cl. 4; es bedarf keines weiteren Beweises, dass wir der Form
einen passiven Sinn zuschreiben müssen.

Diess sind die Stellen im jüngeren Theile des Avesta, in
welchen Formen auf -dyâi vorkommen. Wenden wir uns nun
zu den Gâthâs, so liegen die Sachen etwas anders. Wir finden
da zwar mehrfache Infinitivformen, aber keine mit der Endung
-ti gebildeten, wir werden also annehmen müssen, dass sich in
diesem Dialekte die Formen und ihre Bedeutungen etwas anders

vertheilen. Die Infinitive auf -dyâi sind hier weit häufiger, aber auch hier tritt an vielen Stellen der Begriff der Nothwendigkeit mit ihnen in Verbindung, auch stehen sie nicht selten absolut, ohne von einem andern Worte regiert zu sein. Ich beginne mit diesen Stellen, denn es ist diese Constructionsweise wenn auch vielleicht nicht die älteste, doch die diesen Formen eigenthümlichste. Hier ist mir Wilhelm (l. c. p. 36) in syntaktischer Beziehung schon vorangegangen und hat eine Anzahl Stellen namhaft gemacht, in welchen Infinitive auf -dyâi im Sinne eines Gerundiums und Gerundivums gefasst werden müssen. So Yç. 42, 14 uzireidyâi azem çaredanâo çệghuhyâ, ich will aufmuntern (wörtlich: ich bin für das Herausgehen zu den etc.) die Häupter des Gesetzes. 50, 20 tat vê né hazaoshâoğhô viçpâoğhô daidyâi çavô, diesen Nutzen müsst ihr, willfährigen alle, uns gewähren. Hierher ziehe ich auch Yç. 43, 8 yâcâ ashâ aĝhêus arém vaedyâi, die Reinheit, welche in der Welt vollkommen zu wissen ist. Ich verbinde nämlich arém-vid zu einem Ganzen, wie Yç. 43, 5 arém-pitu, Yç. 44, 11 arém-man und tarém-man verbunden wird, dabei habe ich die Tradition auf meiner Seite; dass arém gebraucht werde wie skr. alam, dafür habe ich kein Beispiel, darf daher diese Construction nach meinen Grundsätzen nicht in die Gâthâs übertragen. Ferner Yç. 50, 16: athâ né çazdyâi ustâ, so müssen wir lehren zum Heile (oder das Heil, je nachdem man ustâ als Ausruf oder als Substantiv auffasst). Die Tradition lehrt çazdyâi von çaĝh ableiten und in der von uns angegebenen Bedeutung auffassen. Wenn man nach der Methode Burnouf's arbeitet, darf man von der Tradition nur abweichen, wenn zwingende Gründe vorhanden sind, und solche kann ich hier nicht finden. Ob die Sprachvergleichung das Wort auch anders ableiten könnte, ist gleichgültig, damit ist noch nicht gesagt, dass die Verfasser der Gâthâs es anders gefasst haben. Ich schliesse hier gleich die Stelle Yç. 30, 2 an, für die ich jetzt mit Hülfe der Tradition eine genügendere Erklärung gefunden zu haben glaube als die bis jetzt gegebenen. Die Worte lauten: parâ mazê yâoĝhô ahmâi né çazdyâi baodañtô paiti. Ich übersetze: »Für das von uns vor dem grossen Werke (der Auferstehung) zu Lehrende belohnt man uns.« Ich verbinde paiti-bud, das Verbum muss eigentlich »anerkennen« bedeuten, in übertragener Bedeutung »belohnen«, wie die Tradition will.

Die Bedeutung der Nothwendigkeit, die schon bei mehreren der angeführten Beispiele hervorgetreten ist, wechselt ab mit der passiven Bedeutung an anderen Stellen. So Yç. 44, 4 nóiţ diwzhaidyài ahurô, nicht zu betrügen ist Ahura, d. i. er kann nicht betrogen werden. Hieher ziehe ich auch die schwierige Stelle Yç. 43, 1:

aţ né ashà fryà dazdyài hâkurenà
yathà né à vohû jimaţ managhà.

»durch Reinheit mögen uns freundliche Helfer zu Theil werden, bis er (der wirkliche Helfer) zu uns kommt durch Vohumanô.« Will man an dieser Stelle dazdyài activ nehmen, wie wir diess oben in Yç. 27, 1 gethan haben, so wird man hâkurenà nicht mit »Helfer« übersetzen, sondern als Neutrum mit »Hülfe«. Indessen ist doch auch Yç. 35, 10. 11 die passive Construction vorzuziehen: fraeshyàmahî rámácà vàçtremcà dazdyài, »wir erbitten, dass Annehmlichkeit und Futter gespendet werden möge.« Hieher gehören auch die Formen çrûidyài und fraçrûidyài. Ueber die Wurzel çru habe ich mich schon anderwärts ausgesprochen. Wir finden in den Gàthàs, dass die Tradition diese Wurzel auf verschiedene Weise wiedergiebt, einmal nämlich mit niôkhaidan, hören, so çraotû 44, 6. 45, 7. 9, çraotà 30, 2. 44, 1, çuruuvaţ 35, 12 und auch çrûidyài 34, 12. An andern Stellen wiederum giebt die alte Uebersetzung das Wort entweder durch Caussativformen oder durch סרוד, Neriosengh setzt in diesen Fällen das Verbum vac, sprechen. So açrvàtem 30, 3, açrûdûm 32, 3, çràvî 32, 7. 44, 10. 52, 1. Ferner die Infinitive çrûidyài und fraçrûidyài. Ein Blick in das Neupersische zeigt uns, dass wir es hier nicht mit einem blosen Einfalle, sondern mit realen sprachlichen Verhältnissen zu thun haben. Wir finden dort die Verba شنودن sunûdan und شنيدن sunîdan, hören, beide Wörter gehen auf çru zurück, das r ist ausgestossen und ç dann vor n in s verwandelt worden. Beide Verba aber sind vom Präsensstamme abgeleitet, während das auf die Wurzel zurückführende رودن, çurûdan, in der Bedeutung des Caussativums gebraucht wird. Die oben angeführten Formen zeigen, wie diess Alles gekommen ist. Es sind ausschliesslich Formen des Mediums, an welchen sich die caussative Bedeutung zeigt, es wird also die Bedeutung des Gehörtwerdens in die des sich Hörenlassens über-

gegangen sein. So ist mir Yç. 44, 5 vacé çrûidyâi eine Rede,
ein Gebet, welches sich hören machen muss, d. i. welches recitirt
werden muss. Yç. 34, 12 bedaure ich jetzt, dass ich mich nicht
näher an die Tradition gehalten habe, çrûidyâi mazdâ frâvaocâ
heisst wol: Mazda sprich, damit es (von mir) gehört werde, was
dann auf den traditionellen Sinn hinauskommt: ich höre, sage
mir. Auch mit fraçru steht es nicht anders in den beiden Stellen, welche in den Gâthâs vorkommen.

> Yç. 45, 14 zarathustrâ kaçté ashavâ urvathô
>   mazôi magâi ké vâ fraçrûidyâi vaçtî.

»Zarathustra! wer ist dein reiner Freund zu grosser Grösse,
oder wer wünscht, dass gepriesen werde.« Es liessen sich übrigens eine ganze Reihe anderer Uebersetzungen aufstellen, je
nachdem man mazôi magâi [1]) zum ersten oder zum zweiten Verse
bezieht, auf Zarathustra oder auf den Freund. Uns kümmert hier
nur fraçrûidyâi. Dieses Wort muss, wie ich glaube, unter allen
Umständen passiv gefasst werden, und man hat blos die Wahl,
ob man übersetzen will: welcher wünscht, dass er (der Freund),
oder dass es (das Gesetz) gepriesen werde. Das Geschäft des
Verkündigens gehört keinenfalls dem Freunde, sondern dem Zarathustra. Dass fraçru gewöhnlich blos vom Verkündigen des
Gesetzes gebraucht werde, muss anerkannt werden; rühmen,
loben ist eher viçru. Gleichwol scheint die Tradition anzudeu-

---

1) Die Uebersetzung von mazôi magâi mit »grosse Grösse« gehört zu den
berüchtigten unverständlichen Uebersetzungen. Gleichwol ist aber diese Uebersetzung die einzige, welche man ehrlicher Weise mit Zuversicht geben kann.
Die Uebersetzung, wenn auch unverständlich, ist richtig; was damit gesagt
werden solle, können wir kaum mit Sicherheit vermuthen. Dass die Worte
bedeuten sollen »zum grossen Werke«, bezweifle ich sehr, obwol ich früher
auch diese Meinung hatte. Eher möchte ich jetzt übersetzen: zum grossen
Heile. Wir haben nur noch eine Stelle, Yç. 29, 11, wo der Ausdruck vorkommt, 50, 11 steht magâi und scheint mir causativ, obwol die Tradition
auch dort keinen Unterschied macht, maga allein findet sich noch 50, 16.
52, 7. Die Tradition übersetzt mazôi magâi mit בדבל, so wörtlich als nur
möglich, aber unverständlich; auch die Erklärung »reine Güte« macht den
Ausdruck nicht deutlicher. Mir scheint maga ein Glück, ein Gut, aber ein
geistiges, darin bestärkt mich, dass 50, 15 magavabyô geradezu durch »die
Himmlischen« übersetzt wird. Dass der Ausdruck alt ist, beweist das indische
mahimagha, Rgv. 122, 5, nach dem petersburger Wörterbuche: grosse Schätze
habend, nach Sâyana — devânâm saṅghah).

ten, dass fraçru auch im Sinne von vîçru gebraucht werden könne,
nämlich Yç. 45, 13 hvô nâ fraçrûidyâi erethwô, dieser Mann ist
würdig gepriesen zu werden. Die Person, von welcher die Rede
ist, ist wieder Vîstâçpa, wie in der vorhergehenden Stelle, dieser
verkündet niemals das Gesetz, er beschützt nur den Gesetzgeber.

Zu den Stellen, an welchen Formen auf -dyâi passiv gefasst werden müssen, ziehe ich auch die, welche den Infinitiv
çûidyâi enthalten. Man lasse sich nicht dadurch täuschen, dass
wir das Verbum çu gewöhnlich activ durch »nützen« übertragen.
Aber çu wird gewöhnlich nach cl. 4. med. flectirt und Justi hat
schon richtig für çu »schnell sein, stark sein« als Grundbedeutung
angegeben. Also Yç. 43, 2 kathé çûidyâi yô î paitishât, wie ist
zu nützen (wörtlich, wie für das Wachsen machen) dem, der
darnach begehrt, und Yç. 48, 3 ahmâi varenâi mazdâ nidâtem
ashem çûidyâi, »diesem Glauben, Mazda, ist eingelegt Reinheit
zum Nutzen.« Hierher ziehe ich auch den Infinitiv veresidyâi.
Es ist wahr, varez, handeln, thun, geht nach cl. 4, aber mit den
Activendungen, das passive verezyamna steht Yç. 35, 5. Unbedenklich übersetze ich Yç. 42, 11 tat verezidyâi byat môi mraotâ
vahistem, »das muss (von mir) gethan werden, was mir gesagt
wurde als das Beste.« Die zweite Stelle, Yç. 33, 6, ist sehr
schwer und dunkel:

    ahmât avâ manaġhâ yâ verezidyâi mañtâ vâçiryâ.

Wie sehr oft in den Gâthâs ist man in Verlegenheit, woher man
ein Verbum finitum nehmen soll. Die Uebersetzungen sehen
ein solches in avâ, welches mit ﬡﬠﬨﬠﬡﬠﬡ oder sahâyiyate gegeben wird. Ich habe zugestimmt, weil ich in der That nichts
besseres weiss, ich habe avô = avâo genommen, d. i. der Plural
von avaġh, und dazu das Verbum subst. ergänzt: »von ihm aus
sind Hülfe, d. i. gewähren Hülfe durch den Geist.« Den zweiten
Theil habe ich so gefasst: »welche Werke er bedachte für das
Gethanwerden«. Da ich die Stelle doch nicht ganz aufzuklären
vermag, so will ich hier kurz über sie hinweg gehn, wiewol
weitere Bemerkungen (namentlich über mañtâ) zu machen wären.
Zu der passiven Construction ziehe ich endlich noch Yç. 43, 17:

    tat thwâ pereçâ eres môi vaoçâ ahurâ
    kathâ mazdâ zarem carâni hacâ khshmat
    âçkitîm khshmâkanm hyatçâ môi qyât vâkhshaeshô

> çaröi bûzhdyâi haurvâtâ ameretâtâ
> avâ manthrâ yé râthemô ashâi hacâ.

»Das will ich dich fragen, sage mir es richtig, o Ahura! Wann werde ich zu dem Hunde gelangen, der von euch ausgeht, zu eurer Vollkommenheit und zu dem, was der Wunsch meiner Reden sein wird, damit Herrscher werden Haurvat und Ameretât, nach jenem Manthra, welcher die Pforte ist, welche von der Reinheit ausgeht.« Wie man sieht, fasse ich auch jetzt noch die Stelle so ziemlich wie in meiner gedruckten Uebersetzung, auch wüsste ich der Erklärung in meinem Commentare nur wenig hinzuzufügen. Dass dieselbe von der Jolly's sehr abweicht, erklärt sich eben aus meinen ganz verschiedenen Grundsätzen, welche mir nur dann erlauben von den traditionellen Angaben abzuweichen, wenn bestimmte Einwendungen gegen dieselben gemacht werden können, nur dann eine neue etymologische Deutung gut zu heissen, wenn sie sich als historisch erweisen lässt. Es ist übrigens nicht meine Absicht, auf die so schwierigen ἅπ. λεγ. der Strophe hier zurückzukommen, ich bemerke blos, dass es sich von selbst versteht, dass man bûzhdyâi von bu ableitet, sobald man sich auf die Tradition stützt. Die Tradition fasst eben bûzhdyâi ganz ebenso wie Vsp. 1, 8 âoghairyô gefasst ist. Der Begriff der Nothwendigkeit und der Zukunft scheint mir jedenfalls in den Ausdruck gelegt werden zu müssen, es fragt sich nur, ob man bûzhdyâi etwa für abgekürzt aus bûshidyâi ansehen oder bû-zhdyâi theilen und in zh blos eine lautliche Entwicklung sehen will, wofür das öfter vorkommende thrâzdûm zu sprechen scheint. Vergl. auch âbûsti und meine Bemerkungen zu Yç. 42, 6. Die Worte haurvâtâ ameretâtâ sind nach meiner Fassung natürlich nom. dual.

An manchen Stellen steht der Infinitiv auf -dyâi so, dass man nicht entscheiden kann, ob das Activ oder das Passiv beabsichtigt ist, Yç. 31, 5: tat môi vicidyâi vaocâ kann ebenso gut heissen: sage mir, damit ich entscheide, als: sage mir, damit entschieden werden könne; hieher gehört auch 48, 6:

> frô vâo fraeshyâ mazdâ ashemcâ mrûitê
> yâ vé khratéus khshmâkahyâ â managhâ
> eres vicidyâi yathâ î çrâvayaemâ
> tañm daenanm yanm khshmâvatô ahurâ.

»Ich bitte von euch, Mazda und Asha, es werde gesagt, was

durch den Geist, der aus eurem Verstande kommt, richtig unterschieden werden soll, damit wir es verkünden: euer Gesetz, o
Ahura.« Hier beachte man, dass im ersten Verse eine wichtige
Verschiedenheit der Lesart besteht. Jolly liest mruyê, ich aber
mrûitê; Westergaard liest gleichfalls mrûitê, die Handschriften
ebenso, mit Ausnahme einer einzigen, welche mrûidhi schreibt;
mruyê ist gar nirgends bezeugt. Von einer sonderbaren Uebersetzung der ersten Person kann also keine Rede sein, es steht
eben keine da. Mrûitê habe ich nun passivisch und zwar im
Sinne des Imperativs gefasst, wie diess ja auch die Lesart mrûidhi
andeutet. Die Worte erea vicidyâi können wieder heissen: damit wir richtig entscheiden oder: damit richtig entschieden werde.
Derselbe Fall tritt ein 42, 1:

> utayûiti têvîshî gat tôi vaçemî
> ashem deredyâi tat môi dâo ârmaitê
> râyô ashîs vaghéus gaem managhô.

»Deine Kraft und Stärke mögen kommen, ich wünsche es. Damit
ich die Reinheit aufrecht erhalten könne, gieb mir das, o Ârmaiti:
Reichthum, Segen und das Leben des Vohumanô.« Diese Uebersetzung schliesst sich ziemlich an meine früher veröffentlichte an,
und ich benütze die Gelegenheit, die Stelle hier von Neuem zu
besprechen, da ich im Commentare der Sprachvergleichung ein
ungehöriges Zugeständniss gemacht habe. Meine frühere Lesart
vaçemê halte ich nicht mehr fest; denn wenn es auch möglich
ist, nach dem Muster von dahma etc. ein Subst. vaçema zu bilden, so gebe ich doch zu, dass die Annahme desselben unsicher
und durchaus nicht wünschenswerth sei. Aber auch, dass es eine
Partikel gat, fürwahr, gebe, hätte ich nie annehmen sollen. Die
H. U. führt das Wort hier und 50, 10 auf ga, kommen, zurück,
gewiss mit vollem Rechte, die Wurzelform ga ist durch Formen
wie gaidî, aogemadaecâ bezeugt (vgl. auch Schleicher in Kuhns
Beiträgen 2, 92 fig.). Gat, fürwahr, ist nichts als ein etymologischer Wechselbalg; dass es ihm an traditioneller Bezeugung
fehlt, versteht sich von selbst, aber auch kein sanskritisches ghat
ist vorhanden, dem er gerettet werden könnte. Im Altbaktrischen
giebt es zwar ein gat, das mit skr. gha griech. γα verglichen
werden kann, aber dieses ist enklitisch wie seine Verwandten und
kann nicht am Anfange des Satzes stehen. Im Uebrigen sieht man
leicht, dass ashem deredyâi mit demselben Recht übersetzt werden

kann: damit das Reine erhalten werde, wie: damit ich das Reine erhalte.

Dass übrigens die Form auf -dyâi auch im activen Sinne verwendet werden könne, ist niemals von mir geleugnet worden, man wird dafür meist den gen. des lat. Gerundiums mit caussa, gratia setzen können. Nur dürfte es die Minderzahl der Stellen sein, in welchen sich dieser Gebrauch nachweisen lässt. Ganz alleinstehend ist Yç. 50, 17 ashahyâ âzhdyâi gerezdûm, wo sich der Infinitiv mit dem Genitiv construirt findet. Ich habe übersetzt: »ergreifet (den Ahura Mazda), um nach dem Reinen zu begehren.« Ganz ähnlich Justi (s. v. âzhdyâi) »ergreifet ihn (den Ormazd) zur Erlangung der Reinheit.« Dagegen Jolly mit Haug: »ruft (betet), um die Wahrheit zu erlangen.« Er meint, die Deutung Haugs, nach der man âzhdyâi von aç abzuleiten hat, sei jedenfalls der andern höchst problematischen von az vorzuziehen. Wer nach der Burnouf'schen Methode arbeitet, wird jedenfalls die Justi'sche Ableitung der hier vorgeschlagenen vorziehen. Nach dieser Methode beginnt man nämlich mit der Tradition, denn es handelt sich darum, für die vorzuschlagende Etymologie wo möglich eine historische Grundlage zu erhalten. Nun wird âzhdyâi von der Tradition durch אירֵץ d. i. neup. آرزُو übersetzt und es fragt sich weiter, ob es etymologisch möglich ist, dem Worte diese Bedeutung zu geben. Zur Vergleichung bietet sich sofort altb.

âzis, und neup. آز Begierde, welche Wörter doch auch irgendwo herkommen müssen; sie berechtigen zur Annahme einer Wurzel az, begehren, die ich für ganz sicher halte, wenn sie auch dem Sanskrit nicht gerettet werden kann. Gerezdûm heisst nach der alten Uebersetzung ergreifet, machet, und auch dabei kann man bleiben, wenn man das Wort von der Vsp. 20, 1 vorkommenden Wurzel geredh ableitet. Wenn ich nun auch nicht dafür einstehen kann, dass diese Erklärung das Richtige trifft, so ist sie doch mit Berücksichtigung der historischen Factoren gewonnen und jedenfalls einer blos etymologischen Erklärung weit vorzuziehen. Von den sechs noch übrig bleibenden Stellen übergehe ich Yç. 32, 14, weil ich über dieselbe jetzt ebensowenig etwas Sicheres zu sagen vermag wie früher. Ueber die Stelle Yç. 34, 5 ist heut zu Tage wenig Zweifel, thrâyôidyâi drigûm yûshmâkem heisst wörtlich: »für die Unterstützung eurer Armen«, wie die

Tradition zu fassen vorschreibt, und nicht »um eure Dreiheit zu
verdreifachen«.   Eine weitere Stelle, Yç. 42, 12, erfordert genauere Darlegung :

> hyaįcâ môi mraos ashem jaçô frâkhshnenê
> aį tû môi nôiį açrustâ pairyaoghzhâ
> uzireidyâi parâ hyaį môi âjimaį
> çraoshô.

Meine frühere Uebersetzung würde mit Rücksicht auf den Commentar umzuändern sein : »Weil du mir befohlen hast: 'komme
zum Reinen besonders', so befiehl mir nicht, im Ungehorsam
mich zu erheben, ehe für mich gekommen ist Gehorsam.«   Hier
ist meine Fassung von nôiį pairyaoghzhâ, befiehl mir nicht, mit
Recht beanstandet worden, es müsste heissen mâ pairyaoghzhâ.
Die Tradition trifft dieser Vorwurf nicht, denn sie will offenbar
übersetzen : weil du mir gesagt hast: komme zum Reinen besonders (oder viel), so hast du mir nicht Ungehorsam verkündet.
Allein das Schwierige ist eben pairyaoghzhâ als 2. ps. imperf.
zu fassen, wie auch Jolly thut, ich kenne keine 2. ps., die auf
â ausgeht, als die 2. ps. imperat. Ueberhaupt bin ich nicht einmal ganz gewiss, ob pairyaoghzhâ eine Verbalform ist.   Eine
Wurzelerweiterung durch zb liegt bestimmt vor in diwzh, betrügen, zunächst aber gehören zu pairyaoghzhâ die dunklen Formen
mímaghzhô, 44, 10 und dîdraghzhô, 47, 7, die aber beide Nominal-
formen zu sein scheinen.   Ganz bestimmt muss ich mich gegen
den Vorschlag erklären, nôiį açrustâ mit »nicht ohne Gehciss« zu
übersetzen.   Auf diese Art darf bei Erklärung der Gâthâs nicht
verfahren werden, der êrânische Sprachgebrauch ist unter allen
Umständen festzuhalten und dieser ist für açrusti ein sehr bestimmter.   Die Tradition sagt uns, dass das Wort »Nichthören«
bedeute; dass es etwas Schlechtes ist, erfahren wir aus Yç. 33, 4.
43, 13.   Noch zweimal wird açrusti wie an unserer Stelle, dem
çraoshô entgegengesetzt, Yç. 10, 49. 59, 8, an ersterer Stelle wird
unter çraoshô derjenige verstanden, der sich einen Deçtûr oder
geistlichen Führer hält, hier wird von der Tradition Vîstâçpa als
dieser Çraosha bezeichnet.   Wie zu helfen sei, ist schwierig zu
sagen, da wir ja nur unvollkommen wissen, wovon die Rede ist.
Am wahrscheinlichsten scheint mir, dass nôiį zu uzireidyâi zu
ziehen ist, also: »befiehl mir, nicht bei Unfolgsamkeit aufzustehen,
bevor zu mir der Gehorsam (Vîstâçpa) gekommen ist.«   Dass der

Prophet, der die Aufgabe übernimmt, die geoffenbarte Religion
zu verkünden, auch an den richtigen Ort gesendet werden will,
scheint mir ganz in der Ordnung und den árnischen Vorstellungen gemäss. — Kürzer fasse ich mich über Yç. 42, 13, da die
Verschiedenheit der Fassung nicht durch die Verschiedenheit der
Construction, sondern der angenommenen Wortbedeutungen bedingt ist. Wie sonst, bestreite ich auch hier der sprachvergleichenden Philologie das Recht, die traditionellen Wortbedeutungen
nach Willkühr umzuändern. Begründete Einwände gegen die
traditionelle Fassung lassen sich nur in Bezug auf vôizhdyâi
machen; wenn das Wort auf vid zurückgeführt werden soll, wie
die Tradition will, so erwartet man vôizdyâi, was in keiner Handschrift steht. Man könnte nun das Wort von vîç ableiten, aber
ich ziehe doch vor, bei der traditionellen Erklärung zu bleiben
und lieber einen Fehler in der Orthographie anzunehmen. Dazu
veranlasst mich Yç. 33, 9 frô môi fravôizdûm arethâ, wo das
Wort richtig geschrieben gleichfalls mit arethâ verbunden und
ganz ähnlich gefasst wird.

Auch die Stelle Yç. 43, 14 braucht uns nicht weiter zu beschäftigen. Die Verschiedenheit der Uebersetzung ist nur dadurch
bedingt, dass ich, wie Westergaard, ashâ lese, während Jolly
ashâi vorzieht. Ich habe mich hierüber bereits im Commentare
zu der Stelle ausgesprochen. Dagegen verdient die letzte der zu
besprechenden Stellen, Yç. 45, 11, noch einige Worte:

khshathrâis yûjén karapanô kávayaçcâ
akâis skyaothanâis ahûm merengaidyâi mashîm.

Ich übersetze: »Zu Reichen haben sich vereinigt die Karapas
und Kavis (geistig Tauben und Blinden), um durch schlechte
Thaten die Welt zu verderben für den Menschen.« Dagegen
Jolly: »Mit den Königen haben sich die falschen Propheten und
Götzenpriester vereinigt, um durch ihre Uebelthaten das mensch-
liche Leben zu zerstören.« Wie man aus der Vergleichung dieser
Uebersetzungen sehen wird, ist über die Fassung von merengaidyâi kein Streit, um so mehr über die übrigen Wörter der
beiden Verse, und diese Stelle ist darum ein ganz gutes Beispiel
für den Unterschied der Burnouf'schen Methode von der sprachvergleichenden Philologie. Wenn ich in Uebereinstimmung mit
der Tradition khshathrâis übersetzt habe »zu Reichen«, so weiss
ich natürlich, dass diese Uebersetzung grammatisch nicht ganz

genau ist und man eigentlich übersetzen sollte »sie haben sich geeinigt vermittelst der Reiche«, d. i. indem sie sich zu Reichen zusammenthaten. Dass khshathra als »König« gefasst werden könne, wie ich früher selbst an einigen Stellen angenommen habe, glaube ich längst nicht mehr, weder die Tradition, noch die éranischen Sprachen, ja auch nicht einmal das Sanskrit bestätigen diese Bedeutung. Composita wie vaçô-khshathrô, dus-khshathra etc. begründen natürlich ebensowenig eine Ausnahme wie die Stellen, in welchen khshathra = khshathravairya zu fassen ist. — Ueber ahu habe ich schon oben (p. 40) gesprochen; wer nicht von vorn herein an das Dogma von der Identität des Avesta mit den Veda glaubt, wird nie zugeben, dass dieses Wort mit »Leben« zu übertragen sei. Am wichtigsten sind aber die beiden Wörter karapan und kavi. Diese hat Burnouf zuerst besprochen (Etudes p. 252 fig.). Es ist ihm nicht gelungen, eine Etymologie für dieselben zu finden, demungeachtet bezweifelt er die traditionelle Bedeutung nicht im mindesten, mit vollem Rechte, denn damit, dass man keine Sanskritetymologie auffinden konnte, war nicht im mindesten bewiesen, dass die überlieferte Bedeutung falsch sei, und das Altbaktrische um jeden Preis dem Sanskrit zu retten, lag nicht in Burnouf's Absicht. Als ich neben der Sanskritübersetzung auch die alte in einer éranischen Sprache geschriebene Uebersetzung gebrauchte, da musste mir bald klar werden, kavi sei nicht blos der Bedeutung, sondern auch der Wurzel nach identisch mit dem neupersischen kôr, blind, ebenso wie karapan mit kar, taub. Windischmann (Mithra, p. 34) hat noch auf das armenische khoul ev kuir hingewiesen mit Beziehung auf eine Stelle des Eliseus (p. 41 ed. Ven.). Wer die Stelle nachschlägt, der wird finden, dass sie der Anfang eines sâsânidischen Aktenstückes ist und im Zusammenhange lautet: »Ihr werdet wissen, dass alle Menschen, welche auf der Erde wohnen und nicht den mazdayaçnischen Glauben haben, taub und blind sind.« Ich glaube, eine glänzendere Bestätigung kann die traditionelle Erklärung nicht mehr erhalten, nach welcher die Tauben und Blinden Ketzer sind. Wenn wir darunter nun auf einmal falsche Propheten und Götzenpriester verstehen sollen, so müsste diess auf eine wissenschaftliche Art erwiesen werden. Es müsste erstens gezeigt werden, dass die traditionelle Angabe falsch ist und warum, es müsste zweitens auch gezeigt werden, dass die neue Erklärung besser ist. Ein Bedürfniss, die Gäthäs um jeden Preis den Vedas zu retten, ist in diesem Falle ebensowenig vorhanden wie bei géus urvä und in vielen anderen Fällen.

Ich habe mich bei diesen Bemerkungen des Ausdrucks Infinitiv bedient, wiewol ich weiss, dass derselbe neuerdings beanstandet wird. So lange aber die Linguistik nicht einen neuen Ausdruck geschaffen hat und dieser allgemein gebilligt ist, halte ich es für die Pflicht des Philologen, bei der herkömmlichen Bezeichnung zu bleiben. So lange man noch von Infinitiven im Arabischen und im Hebräischen spricht, wird man diese Bezeichnung auch für das Altbaktrische gebrauchen können, selbst wenn man nicht blos einen erstarrten Casus unter diesem Namen versteht.

Beilage.
Ueber Vendîdâd 2, 48—60.

Es scheint mir leicht zu erweisen, dass die Exegese des Avesta wieder auf die Bahnen einzulenken hat, welche ihr von Burnouf vorgezeichnet worden sind, wenn sie anders das Ziel erreichen will, dem sie zustreben muss: den Sinn wieder aufzufinden, den die Schreiber des Avesta mit ihren Worten verbunden haben. Eine gleichmässige Benutzung aller vorhandenen Hülfsmittel ist die unerlässliche Vorbedingung für die Erreichung dieses Zweckes. Durch den einseitigen Gebrauch des Sanskrit und namentlich durch die Tendenz, die Anfänge der Avestaliteratur mit dem Veda um jeden Preis zu vereinigen, ist die sprachvergleichende Philologie der Tradition gegenüber in eine ganz schiefe Stellung gekommen. Was sie uns als Kritik der Tradition giebt, ist mindestens keine solche. Die sprachvergleichende Philologie verschmäht es nicht, Kläger und Richter in einer Person zu sein, an der grösseren oder geringeren Uebereinstimmung mit ihren eigenen Voraussetzungen pflegt sie den Werth oder Unwerth der Tradition zu messen; dass die Ansicht der Schreiber des Avesta mit der des sprachvergleichenden Philologen übereinstimme, wird stillschweigend vorausgesetzt. Ein solches Verfahren zeugt zwar von einem bedeutenden Selbstvertrauen, aber nicht gerade von grosser Selbstkenntniss. Es ist schwer zu sagen, woher gerade die sprachvergleichende Philologie die richtige Ansicht haben soll, wenn man nicht etwa von vorn herein an das Dogma von der Identität des Avesta und Veda glaubt, gegen welches wir uns oben schon ausgesprochen haben. Allerdings ist die Tradition kein unfehlbares Orakel, die Uebertragung, die sie uns giebt, kann ja falsch sein. Sie kann aber auch richtig sein. Neue Erklärungen aufzustellen ist nicht blos erlaubt, sondern an gar manchen Stellen durchaus nöthig und geboten. Damit ist aber noch nicht gesagt, dass die neue Erklärung immer besser sei als die alte, oder gar, dass sie die Wahrheit schlechthin enthalte. Wer also wahre Kritik üben will, der wird sie nach zwei Seiten zu üben haben: er wird nicht blos die Tradition, sondern auch seine eigenen Ansichten mit kritischen Blicken betrachten und beide gegen einander abwägen. Die nachfolgenden Bemerkungen sollen ein Beispiel solcher Selbstkritik liefern.

Obwol ich bei meiner Uebersetzung des Avesta nach Burnouf's Vorgange die Tradition stets berücksichtigte, so habe ich doch dieselbe nicht selten unterschätzt, namentlich in den frühesten Theilen meiner Arbeit. Dieser Fall ist nun auch nach meiner jetzigen Ueberzeugung bei der in der Ueberschrift genannten Stelle eingetreten. Als ich diese übersetzte, konnte mir natürlich nicht verborgen bleiben, dass die einheimischen Uebersetzer die Uebel des Winters, von denen in ihr die Rede ist, auf den Regen Malkosān beziehen, welcher einige Zeit vor der Auferstehung eintreten soll, also in zukünftiger Zeit. Dagegen habe ich (vergl. meine Uebers. p. 69. 70) angenommen, dass das Eintreten des Winters für das Ende der Regierung Yima's prophezeit werde, also für eine jetzt längst vergangene Zeit. Ferner habe ich geglaubt, dass Yima den Vara in der Absicht anbauen solle, damit das Glück, dessen sich früher die ganze Erde erfreute, wenigstens einem kleinen Kreise erhalten bleibe. Bei den Ansichten, welche ich damals hatte, war diese Abweichung von der Tradition fast unerlässlich. Ich glaubte nämlich damals, dass die Ansichten der Verfasser des Avesta von denen der Uebersetzer wesentlich verschieden seien, dass die ersteren am Ende der Tage nur einen einzigen Retter erwarteten, während in den späteren Perioden drei angenommen würden. Für den Regen Malkosān, welcher in der Zeit des Oshédar-bāmi eintritt, wäre demnach im Avesta kein Raum gewesen. Es ist nun Windischmanns Verdienst, einleuchtend gezeigt zu haben, dass die grosse Kluft, welche die Ansichten der Schreiber des Avesta und ihrer Uebersetzer trennen soll, in gar vielen Fällen nur in unserer Einbil-

dung besteht. Es ist längst erwiesen, dass der Avestatext ebenso
gut drei künftige Retter annimmt wie die Uebersetzer. Damit
fallen die Bedenken weg, welche dagegen sprechen, dass die
fragliche Stelle sich auf den Regen Malkosân beziehe.

Auf die Frage, was der Regen Malkosân sei, habe ich schon
in meiner Alterthumskunde (Bd. 2, 155) eine kurze Antwort gegeben, hier setze ich die betreffenden ausführlichen Nachrichten
her, welche mir darüber bekannt sind. Die eine findet sich im
Sadder Bundehesh (Cod. Anq. no. 13 flg. 140 vso) und lautet:

ديوى پديدار آيد كه آن ديو ملكوش خوانند ومردمان را گويد پادشاىء عالم
بمن دهيد اورا گويند دين بپذير تا پادشاى ترا دهيم وان را نپذيرد و قبول نكند
و پس بدان ستيزه و لجاج سه سال بجادوى برف وباران پديدار آورد واين
جهان خراب كند چنان كه هيچكس درين جايگه نماند وچون سه سال
بر آيد آن ديو بميرد و برف (و add.) باران باز ايستد واز در جم كرد و ايران
ويج و كنگدز وكشمير اندرون راهين و گذرها كشاد شود بعين كشور آيند
و عالم آبادان كنند »Ein Dév kommt zum Vorschein, den man den
Dév Malkos nennt; er sagt zu den Menschen: Gebt mir die Welt-
herrschaft! Sie erwidern ihm: Nimm erst das Gesetz an, damit
wir dir die Herrschaft geben können. Er geht darauf nicht ein
und nimmt es nicht an; dann wird er wegen jenes Streites und
Zankes drei Jahre lang durch Zauberei Schnee und Regen her-
vorbringen und diese Welt dergestalt verwüsten, dass Niemand
an diesem Orte übrig bleibt. Wenn die drei Jahre um sind, wird
jener Dév sterben und der Schnee und Regen aufhören. Man
wird die innern Wege und Pässe des Var, den Yima gemacht
hat, und von Erân-véj, Kangdizh und Kashmir öffnen, sie werden
in diesem Welttheil gehen und die Welt wieder anbauen.« Die zweite
Stelle steht im Jâmaçpnâme (fol. 168 reto. der pariser Hdschr.):

چون عزارا اوتبدر بآخر رسد زمستان ملكوش باشد و سه سال زمستان
باشد وزان سرماى سخت وباد وغمه وبارانهاى پيوسته كه آيد جهان ويران
شود ومردم وجنوران بيشتر بميرند ...... ازان زمستان ملكوش مردم
وچهارپاى پرنده ودرخت و تخمها نيست شوند ومردم ديگر از و در جم كرد
بيرون آيند وچهارپاى و تخمها بيرون آرند وجهان آبادان باز كنند

»Wenn das Jahrtausend der Oshédar zu Ende geht, wird der Winter
des Malkos eintreten, es wird drei Jahre Winter bleiben und
von jener starken Kälte, Wind, Sturm und den unaufhörlichen
Regengüssen, welche stattfinden, wird die Welt wüste und Menschen wie Thiere sterben zumeist . . . . Von jenem Regen des
Malkos werden Menschen, Vierfüssler, Vögel, Bäume und Samen-
körner vernichtet, andere Menschen werden aus dem Var, den
Yima gemacht hat, herausgehen und Vierfüssler und Samen her-
ausbringen und die Welt wieder anbauen.« Demnach wird also
künftighin eine Zeit eintreten, in welcher die Erde durch Jahre
lang andauernden Schnee und Regen so verwüstet wird, dass
nicht blos Menschen und Thiere umkommen, sondern auch der
Same der verschiedenen Pflanzenarten abstirbt und die Erde auf
diese Art öde und unbewohnbar wird. Für diese Zeit sind die
Bewohner des Vara aufgespart; nicht blos sie, sondern auch Thiere
und Gewächse sind im Vara wie in einem Magazine aufgespei-
chert, um die Welt wieder zu bevölkern. Das Leben in der Welt
wird von dieser Zeit an mit mehr Annehmlichkeit verbunden
sein als jetzt, denn es sind natürlich auch schlechte Thiere und
Pflanzen zu Grunde gegangen, diese werden von da an fehlen,
da aus dem Vara nur Gutes kommen kann. Es stehen sich also
jetzt zwei Ansichten gegenüber: die früher von mir aufgestellte
und die traditionelle, und es ist nun zu untersuchen, welche von
beiden Erklärungen dem Texte unterzulegen sei. Ich habe jetzt
die Ueberzeugung, dass die traditionelle Erklärung vorzuziehen
sei, weil nämlich bei ihrer Annahme mehrere nicht unerhebliche
Bedenken beseitigt werden, welche die andere Erklärung her-
vorruft. Erstens: wenn wir annehmen, dass Yima das Glück,
welches er früher der ganzen Welt zu Theil werden liess, später
auf den Vara einschränkte, so müssen wir annehmen, dass er
selbst mit seinen Getreuen dahin gewandert sei. Dagegen spricht
aber Vd. 2, 141 flg., welche Stelle einen andern Herrscher im
Vara nennt, und man muss dann, um einem Widerspruche zu
entgehen, annehmen, es sei der Schluss des zweiten Fargards
erst später von anderer Hand zugefügt worden, was immer misslich ist. Zweitens: zugegeben, dass man annehmen dürfte, der
Vendîdâd betrachte den Yima als den Herrscher im Vara, so
würde man dadurch dieses Buch in Widerspruch setzen mit
Yt. 19, 34 und überhaupt mit der gesammten eranischen Helden-

sage; denn es ist allgemein angenommen, dass sich Yima am
Ende seiner Regierung dem Stolze und der Lüge ergab und desshalb ein schlechtes Ende nahm. Allen diesen Schwierigkeiten
entgeht man, wenn man bei der traditionellen Ansicht bleibt.
Dann erhält Yima den Auftrag, bei Zeiten ein Magazin anzu-
legen für ein zukünftiges Ereigniss, welches Vd. 2, 48—60 in
seinen Wirkungen beschrieben wird. Es ist dann ganz natürlich,
dass Yima nicht selbst die Aufsicht über diesen Vara übernimmt,
sondern ruhig weiter regiert.

Wenn ich nun glaube, dass die Tradition uns bei der Betrachtung unserer Stelle im Ganzen auf den richtigen Weg leitet,
so ist es mir natürlich auch nicht wahrscheinlich, dass sie uns
im Einzelnen irre führe. Ganz wird man freilich in der oben
angeführten Stelle Vd. 2, 58 der Tradition nicht folgen können.
Der Sinn, den uns die II. U. nach meiner jetzigen Auffassung
giebt, ist ein ganz passender, nämlich: »Zuerst wegen Fliessen
des Wassers, nachher wegen Thauen des Schnees (zuerst und
nachher) erscheint hier in der bekörperten Welt ungangbar, was
hier die Fusstapfen des grössern und kleinern Viehs sieht.« Hier
ist aber zu bemerken, dass ein wichtiges Wort des Textes ganz
ausgelassen ist, nämlich das den Satz beginnende tem. Dieses
Wort kann sich meines Erachtens nur auf das vorhergehende
zemô oder zimô beziehen und von dieser Ueberzeugung geht
meine obige Uebersetzung aus. Man kann das Wort weder auf
daghus beziehen, da müsste es taôm heissen, noch auf beretô-
vâçtrem, denn da wäre taṭ erforderlich.

Zum Schlusse will ich noch bemerken, dass in meiner Ausgabe des Avesta dem Worte paurva oder paourva nicht eine
Doppelstellung gegeben ist, sondern dass die Wörter, welche mit
skr. puru verwandt sind, von den mit skr. purâ zusammenhängen-
den geschieden werden, wozu uns die Handschriften vollkommen
berechtigen. Das indogermanische paru wird zwar im Sanskrit zu
puru, im Griech. dagegen entspricht πολύς und im Gothischen
filu. Dem indogermanischen paras entspricht im Sanskrit puras,
aber im Griech. πάρος. Mit puras hängt nun skr. pûrva zusammen. Das Altpersische hat für diese beiden Wortklassen das a
der Wurzelsilbe gewahrt, wir finden dort nicht nur paru, viel,
sondern auch paruviya, der frühere. Anders das Altbaktrische.
In dieser Sprache finden wir das altpersische paru als pôuru

wieder, dieses ô ist blos eine Verdunklung des a und kann niemals zu ao gesteigert werden, genau hängt damit paurva zusammen, welches Wort eine Erweiterung von paru ist und von der II. U. mit כבד, viel, übertragen wird. Die zweite Wortklasse ist den Spuren des Sanskrit gefolgt, sie hat aber nicht blos a in u umgewandelt, sondern den letztern Vocal auch noch gesteigert, so dass dem skr. pûrva hier ein paourva zur Seite steht (vgl. auch altb. gaoyaoiti neben skr. gavyûti). Für paourva gebraucht nun die H. U. קדם oder ריון, vor. Namentlich die Vendidâdsâdes sprechen dafür, dass man paourva von paurva abtrennen soll. Ich gebe die Varianten der Stellen, an welchen die Bedeutung »früher« durch die Uebersetzungen bezeugt ist:

Vd. 2, 56 paurva C E a b c, paorva F.
Vd. 4, 67 paurvâṭ C E, paorvâṭ F a c d, paourvâṭ b.
Vd. 4, 127 purva C, pôurva E, paourva F b c, paorva a d.
Vd. 5, 125 paourvaeibya B C b c d, paurvaeibya C corr., paourvaibyô E, purvaeibya F.
Vd. 13, 131 paurvaeibya A B b c, paurvaeibyô E, paurvaeibyô d, paourvaeibya F, paorvaeibya C.
Vd. 15, 133 vaurvaeibya A B C corr., paurvaibya C E, paourvaibya F, paourvaeibya b c d.
Vd. 16, 91 paurva A, Cett. paourva.
Yç. 9, 69 paourva B C, Cett. paurva.
Yç. 17, 11 paurvâo A C, paorvâo B c d, paourvâo b.
Yç. 64, 39 paurvanm A C, Cett. paourvanm.
Yç. 70, 1 paurvatare A, paurvatarem C, paourvataram b, paourvatari c, paourvatare d.
Yç. 50, 6. 5 paourvatâtem A B C b c, paurvatâtem d.
Vsp. 10, 19 paurvatâtô blos A, Cett. paourvatâtô.

Ich übergehe die Stellen der Yashts, da nach meiner Ansicht die Handschriften dieser Stücke nicht genug Autorität besitzen, um bei der Entscheidung orthographischer Fragen mitzuwirken. Inconsequent bin ich an drei Stellen gewesen: Yç. 5, 4. 33, 14 habe ich paurvatâtâ, paurvatâtem geschrieben, die Stellen werden nur von einem Theile der Handschriften gegeben, ich glaube jetzt, ich hätte getrost paourvatâtem etc. corrigiren können. Zweifelhaft ist mir die dritte Stelle, Yç. 9, 81, wo statt paurvanim gleichfalls paourvanim zu schreiben wäre, wenn man das Wort mit Neriosengh durch prâktana giebt. Die II. U. stimmt aber nicht überein und das Wort hat möglicher Weise eine andere Bedeutung.

Verzeichniss der besprochenen Wörter.

Zusätze und Verbesserungen.

Pag. 6. Zu den Beweisen für die Aussprache des añ = ô kann man auch die in neueren Schriften vorkommende Form Çoşloç für das altb. Çaoshyañç zählen.

- 20, 7. Die von Ascoli (Vorlesungen p. 41) angeführten Beispiele für den Uebergang des ç in kh: çpakhatî und ênakhatâ, sind zu unsicher um hier in Betracht gezogen zu werden.

- 28, 3 v. u. ç ist ferner zu s entartet im neup. شاخ sâkh, skr. çâkhâ, litt. szaka, dann in شكستي sikaçtan aus çkend.

- 50. Auf das über das innere Object Gesagte lege ich jetzt kein Gewicht mehr; da auch das Littauische denselben Gebrauch kennt, so wird er wol beiden Sprachstämmen gemeinsam sein.

- 84, 16. Zur Vermeidung von Missverständnissen füge ich noch bei, dass es nicht meine Ansicht ist, alle auf ן endigenden semitischen Wörter im Huzvâresh seien mit ô auszusprechen; gar manche derselben sind als Singulare aufzufassen.

- 105. zu 9. b. Die Lesung dadrannesnn schliesst sich an die Tradition an. So misslich es auch ist, dem Zeichen, welches bereits g, j, d, y ausdrücken muss, noch die Geltung eines b beizulegen, so wird dies doch nicht zu umgehen sein, da sich manche Wörter schlechterdings nicht anders erklären lassen. So steht dadranatann = بردن tragen, davon wie von dadrannesnn scheint die Wurzel דבר zu sein. Für das v. 10. b. und c. vorkommende Wort, welches ich zweifelnd dnoçenntann gelesen habe, hat bereits Sachau (Zeitschr. D. M. G. 24, 726) auf נבז verwiesen. Das Wort, welches man gewöhnlich nakad oder vakad (Frau) liest, dürfte nakab zu lesen und an נקבה anzuschliessen sein. Auch mkiranntann (vic, annehmen) ist wol besser בכברניתכן zu lesen und an קבל anzuschliessen.

www.ingramcontent.com/pod-product-compliance
Lightning Source LLC
Chambersburg PA
CBHW020547270326
41927CB00006B/756